Claudia Roth

Das Politische ist privat

Erinnerungen für die Zukunft

Aufbau-Verlag

Herausgegeben von Michel Friedman

Mit 22 Abbildungen

ISBN-10: 3-351-02635-8
ISBN-13: 978-3-351-02635-6

1. Auflage 2006
© Aufbau-Verlag GmbH, Berlin 2006
Einbandgestaltung Bea Klenk
Druck und Binden C. H. Beck, Nördlingen
Printed in Germany

www.aufbau-verlag.de

Inhalt

1. Die Gewalt des Gesetzes 9
2. In einem Raum 20
3. Quo vadis, Deutschland? 32
4. Helenas Exil 50
5. Eine zivile Gesellschaft ist politisch 65
6. Brokdorf 77
7. Ton Steine Scherben 84
8. Gleiches Recht für gleiche Liebe 100
9. Geteilte Stille 110
10. Franziska und Franziskus 120
11. Für Ertuğruls Narben 131
12. Folter zerstört die Wirklichkeit 140
13. Leylas offene Rechnung 146
14. Der Himmel über Cizre 156
15. Über Grenzen 163
16. Vielheit und Gleichheit 175
17. Flucht aus dem Alltag 191
18. Bleiben dürfen 197
19. Asymmetrische Antworten 205
20. Macht weiter, was gut war 223
21. Wasser bergauf 235
22. Der 11. September und der 26. November 245
23. Mein Name ist Mensch 255
24. Links ohne Dogma 267

Bildnachweis 275

»Der reißende Strom wird gewalttätig genannt
Aber das Flußbett, das ihn einengt
Nennt keiner gewalttätig.«

Bertolt Brecht, Über die Gewalt

1. Die Gewalt des Gesetzes

Am 7. Januar 1982 überfielen Karl und Walter La Grand die Valles National Bank in Marana. Marana ist eine 20 000-Seelen-Stadt im US-Bundesstaat Arizona, dessen Landschaft aussieht, wie Karl May sie in seinen Büchern beschreibt. Walter La Grand war zu diesem Zeitpunkt 20 Jahre alt, sein Bruder Karl erst 17. Mit einer Spielzeugpistole bewaffnet, wollten sie den 63-jährigen Filialleiter der Bank, Ken Hartsock, zwingen, den Tresor zu öffnen. Doch Hartsock kannte nur die eine Hälfte des Tresorcodes. Darauf fesselten die La Grands ihn und seine Mitarbeiterin Dawn Lopez und verletzten die beiden durch Schläge und Stiche mit einem Briefoffner schwer. Hartsock starb, Lopez überlebte.

Karl und Walter wurden gefasst und zum Tode verurteilt. Nach 15 Jahren Haft wurde Walter am 3. März 1999 hingerichtet, Karl 14 Tage später. Sie hatten das Recht, sich zwischen zwei Hinrichtungsarten zu entscheiden, der Giftspritze und der Gaskammer. Nicht zufällig werden in Kinofilmen meist Hinrichtungen durch die Giftspritze gezeigt. Dieser Tod ist auf eine fast perverse Art steril und wird durch eine Lähmung der Atemmuskulatur herbeigeführt. Verglichen damit, ist der Tod in der Gaskammer archaisch und grausam. Gaskammern sind achteckig, aus Stahl und haben einen Durchmesser von drei Metern, ausgenommen eine Fensterfront im oberen Teil, durch die die Hinrichtung beobachtet werden kann. Der Verurteilte wird auf einem Stuhl festgeschnallt, und unter seinem Sitz wird Zyanwasserstoffgas freigesetzt. Das Gas verhindert die Zellatmung. Der Körper erstickt. Da das Gas durch den Blutkreislauf transportiert wird, versagen die Lungen schneller als das Bewusstsein. Dem Verurteilten wird deshalb empfohlen, sofort und tief einzuatmen, damit sein Geist schneller stirbt als sein Körper. Aber wer kann das? Welches Bewusstsein wäre bereit, sich selbst auszulöschen? Wer würde nicht bis zur letzten Sekunde um sein Leben kämpfen?

Walter und Karl La Grand entschieden sich für die Gaskammer, in der Hoffnung, die Grausamkeit dieser Hinrichtungsart würde ihr Todesurteil noch einmal in Frage stellen. Aber ihr Gnadengesuch wurde abgelehnt. Karl änderte daraufhin seinen Wunsch und wurde durch die Giftspritze hingerichtet, Walter blieb bei seiner Entscheidung und starb in der Gaskammer.

Anderthalb Wochen vor der Hinrichtung traf ich Walter La Grand in seiner Todeszelle. Ich war zu diesem Zeitpunkt Vorsitzende des Bundestagsausschusses für Menschenrechte und als Vertreterin des Deutschen Bundestages bei der Gnadenanhörung des zuständigen Gerichts anwesend. Gegen die Hinrichtung der La Grands gab es eine Reihe juristischer Einwände und politischer Initiativen. Karl war zum Zeitpunkt der Tat minderjährig gewesen – erst im März 2005 schränkte der Oberste Gerichtshof die Hinrichtungspraxis ein, nach der auch Jugendliche, die zur Tatzeit noch nicht 18 Jahre alt waren, zum Tode verurteilt werden können. Außerdem waren Karl und Walter La Grand deutsche Staatsbürger. Sie hätten damit für ihre Verhandlung von Anfang an das Recht auf konsularischen Beistand gehabt, sie und die deutschen Behörden hätten informiert werden müssen – was jedoch unterblieben war.

Als ich den Verhandlungssaal, in dem die Gnadenanhörung stattfand, betrat, saß Walter La Grand in seinem Gefängnisoverall in der Mitte des Raumes in einem Käfig. Man hatte ihm Ketten angelegt, er trug Schellen um den Hals, die Hüfte und die Füße waren gebunden und die Ketten so kurz gehalten, dass er wie ein gefährliches Tier in gebückter Haltung vor der Jury kauern musste. Diese Anhörung hatte nichts, aber auch gar nichts mit Gnade zu tun. Walter La Grands Gefängnisoverall hatte genau dasselbe grelle Orange wie die Häftlingskleidung in Guantanamo – als wären auch diese Gefangenen zum Tode verurteilt. Dies wird kein Zufall sein, ist doch das ganze Lager darauf angelegt, die Persönlichkeit der Inhaftierten zu brechen und sie zu erniedrigen.

Noch heute erscheint mir die Erinnerung an diesen Tag auf eine beklemmende Art surreal. Ich hatte im Grunde genau eine solche Zurschaustellung der Exekutivgewalt erwartet und war doch perplex, dass alles so eins zu eins zutraf. Meine Vorstellungen waren geprägt von Büchern und Filmen, aus denen ich Szenen wie diese kannte. Und nun war die Filmkulisse Wirklichkeit. Natürlich ist mir klar, dass es vor der fiktiven Wirklichkeit der Hollywood-Filme immer schon die reale Wirklichkeit des Justizapparates gab, aber in dem Moment, in dem ich Walter La Grand vor der Jury, die über die Verlängerung seines Lebens entscheiden sollte, sah, vertauschten sich für mich die Ebenen. Da, wo die Wirklichkeit den größten Ernst hätte haben sollen, da, wo es um Leben und Tod ging, wo ein Mensch buchstäblich leibhaftig betroffen war, empfand ich die größte Unwirklichkeit. Und ich frage mich bis heute, ob nicht der Schematismus der Hollywood-Filme, die von Millionen gesehen werden, auch die realen Entscheidungen über Leben und Tod beeinflusst. Menschen entwerfen ihr Leben nach Vorbildern, manchmal auch nach denen, die sie im Kino gesehen haben. Wer kennt sie nicht, die Männer, die nach einem Western im Wiegeschritt aus dem Kinosaal gehen, als ob sie gerade selbst die halbe Prärie durchritten haben? Warum sollte das für Richter – und Politiker – nicht auch gelten?

Wir saßen den ganzen Tag im Gerichtssaal. Die Verhandlungen dauerten viele, viele Stunden. Schließlich war es an mir, vor der Jury für Walter La Grand um Gnade zu bitten. Und noch während ich zu sprechen anfing, kam es mir vor, als befände ich mich in einer irrealen Welt. Der Staatsanwalt, der in Arizona *Mr Death* genannt wird, sah aus wie Charles Bronson. Während ich sprach, war es, als würde ich neben mir stehen und mich selbst wie in einem Spiegel sehen, erst nur verschwommen, dann immer deutlicher. Und als ich mich selbst erkannte, zerfiel plötzlich die ganze Fiktion aus Show und Klischees, und mir wurde plötzlich klar, dass auch von meiner Rede, auch von mir, von jedem Wort, das ich sagte, abhängen würde, ob ein Mensch weiterleben durfte oder nicht. Diese Rede war anders als jede andere Rede, die ich in meinem Leben gehalten habe.

Dann sprach der Staatsanwalt noch einmal und bezeichnete die Brüder als »german dogs«, als deutsche Hunde, die nichts anderes verdient hätten, als getötet zu werden. Er wusste also sehr wohl, dass die La Grands deutsche Staatsbürger waren. Diese Aussage war später bei dem Verfahren vor dem Internationalen Gerichtshof in Den Haag, das die Bundesrepublik gegen die USA anstrengte, von erheblicher Bedeutung. Und umso größer war mein Schock, als die Jury nach stundenlangen Verhandlungen für ihre Entscheidung weniger als zwei Minuten benötigte. Der Sprecher der Jury sprach kalt und gefühllos von dem Delinquenten, und ich glaube, ich tue der Jury nicht unrecht, wenn ich sage, dass ihre Entscheidung von vornherein feststand und die ganze Gnadenanhörung nur ein Ritual war.

In den Tagen nach der Anhörung besuchte ich Walter La Grand in der Death Row. Eine ganz eigene synthetische Welt empfing mich. Es gibt dort kein natürliches Licht, kein Laut der Außenwelt dringt in den Todestrakt, das einzige, immer wiederkehrende Geräusch ist das penetrante Bollern der Coladosen, die aus dem Automaten in den Ausgabeschacht fallen, wenn einer der Wärter seinen Durst löschen will. Alles ist steril, es riecht nach Chemie und Reinigungsmitteln. Diese Sinneseindrücke waren so intensiv, dass ich unwillkürlich an den Geruch von Blumen, an das Gefühl von Sonne auf der Haut und das Geräusch des Windes über einem See denken musste. Anders als im Gerichtssaal vergaß ich im Todestrakt die Wirklichkeit nicht, sondern vermisste sie.

Walter suchte das Gespräch mit mir. Er versicherte mir gegenüber immer wieder, dass nur er allein das Verbrechen begangen habe, dass sein kleiner Bruder zwar dabei gewesen sei, aber dass er, Walter, den Bankdirektor tödlich verletzt habe. Wir unterhielten uns durch ein Mikrofon, getrennt durch eine dicke Glasscheibe, in der sich mein Gesicht spiegelte. Es war, als redete ich durch ihn mit mir.

Wir sprachen englisch. Aber plötzlich brach die lange verschüttete Muttersprache durch, und Walter La Grand fielen wieder ein paar deutsche Brocken ein, obwohl er seit über dreißig Jahren nicht mehr deutsch gesprochen hatte. Walter kam wie ich aus der Gegend um Augsburg und erinnerte sich wieder an das schwere »Federbett« seiner Großmutter, an das »Oktoberfest« in München und den »Plärrer« in Augsburg und an »Leberwurstbrote«, die die Kinder zum Spielen mit hinaus nahmen. Inmitten der Sterilität entstand plötzlich Nähe und Intimität, eine Vertrautheit, die er wohl schon lange nicht mehr erfahren hatte. Das Paradoxe war, dass er, der zum Tode Verurteilte, mir durch das Vertrauen, das er mir schenkte, die Kraft gab, diesen Moment der psychischen Anspannung überhaupt auszuhalten.

Walter La Grand war, wie so viele Menschen, die auf ihre Hinrichtung warten, religiös geworden, bekannte seine Tat, die Schuld, die er auf sich geladen hatte, und sagte, was ihn am meisten verzweifeln lasse, sei nicht, dass er sein Leben verlieren werde, sondern dass ihm damit die Möglichkeit genommen werde, seine Tat zu sühnen. Er stellte sich die Frage, wozu es ihn und sein Leben überhaupt gegeben habe, wenn man ihm nun die Chance nehme, seinen Beitrag für eine bessere Welt zu leisten. Das Ausmaß seiner Schuld war ihm vollständig bewusst, er wusste, dass er nie wieder frei sein würde, aber er wollte die Möglichkeit haben, etwas Sinnvolles zu tun. Die Umwandlung seiner Todesstrafe in lebenslange Haft wäre theoretisch möglich gewesen. Doch bedeutet lebenslängliche Haft in den USA auch, im Gefängnis zu sterben. Die Möglichkeit einer Entlassung nach fünfzehn Jahren, wie in Deutschland, ist nicht vorgesehen. Trotz der erbärmlichen Lebensaussichten, die er so gehabt hätte, glaubte Walter La Grand, etwas beitragen zu können. Vielleicht hatte er auch aus diesem Grund die qualvolle Art der Hinrichtung in der Gaskammer gewählt. Er wollte erreichen, dass ein neues Verfahren eröffnet würde, das ihm zumindest diese Chance gegeben hätte.

Immer wieder argumentieren Befürworter der Todesstrafe, dass sie durch Abschreckung Verbrechen verhindere. Zahlreiche Studien widerlegen das. Die US-Staaten Illinois und Missouri verhängen die Todesstrafe und haben eine deutlich höhere Mordrate als ihre Nachbarstaaten Wisconsin und Iowa, wo es keine Todesstrafe gibt. 1976 hat Kanada die Todesstrafe abgeschafft, und die Mordrate ging zurück. Die Brutalität einer Gesellschaft und ihre Verbrechensraten hängen von vielen Ursachen ab: von Armut und sozialer oder ethnischer Benachteiligung, von einem mehr oder weniger leichten Zugang zu Waffen, von allgemeiner Hoffnungslosigkeit oder individueller Ausweglosigkeit und nicht zuletzt von der Gewaltverherrlichung in den Medien. Die Todesstrafe ist ein symbolischer Akt, der eine Beschäftigung mit den Ursachen von Gewalt unnötig erscheinen lässt, ja verhindert. Die Todesstrafe ist selbst Teil der gesellschaftlichen Grausamkeit. Sie ist die finale Menschenrechtsverletzung.

Neben dem Argument der Abschreckung verteidigen die Befürworter der Todesstrafe sie oftmals mit Ansprüchen auf »Sühne« oder »Rache«. Vor allem den Angehörigen der Opfer scheint dieser Vergeltungsaspekt wichtig – so war es ja auch im La-Grand-Prozess bei den Angehörigen des Getöteten. Diese Reaktion ist verständlich angesichts des schrecklichen Todes von Ken Hartsock und des unermesslichen Leids, das ihnen damit angetan wurde. Aber es gehört zur Tragik einer solchen Situation, dass auch Rache und Vergeltung keine Sühne sind für das, was geschehen ist. Untersuchungen zeigen, dass auch der Tod des Delinquenten den Angehörigen nicht wirklich Ruhe oder Trost bringt. Kann es hier so etwas wie Sühne überhaupt geben? Wie können die

Angehörigen des Opfers Trost finden? Und was kann der Mensch, der Schuld auf sich geladen hat, beitragen? Auf diese Fragen gibt es keine einfachen Antworten. Und die einfachen Antworten, die dennoch gegeben werden, machen aus der Welt keinen besseren Ort.

Dem alttestamentarischen Aspekt der Vergeltung steht eine neutestamentarische Gerechtigkeitsauffassung entgegen, die Vergebung verheißt. In der weiteren Entwicklung unserer Gesellschaft hat sich das humanistische Prinzip der Gewaltenteilung herausgebildet, das nicht die Opfer über den Täter richten lässt. Zu dieser humanistischen Rechtsauffassung gehört, dass der Staat sich von den Verbrechern auch in der Wahl seiner Mittel unterscheiden muss, um seiner humanisierenden und zivilisierenden Rolle gerecht zu werden.

Diese Auffassung ist heute vielen Angriffen ausgesetzt. Wir müssen sie verteidigen. Das ist ein Anliegen, das mich in meinem gesamten politischen Engagement umtreibt und mir gegenwärtig dringender denn je erscheint. Denn im Fahrwasser der neokonservativen Ideologen gibt es in Europa und auch in Deutschland Stimmen, die sich für die Einführung der Todesstrafe stark machen. Zu denen, die diesbezüglich die Stimme am lautesten erheben, gehört der ehemalige Hamburger Justizsenator Roger Kusch, immerhin ein Mann, der der Union angehörte und in der politischen Verantwortung stand.

Als ich eigentlich schon wieder nach Deutschland abreisen wollte – ich war ja in offizieller Mission, als Beobachterin der Gnadenanhörung, nach Arizona gekommen –, erreichte mich die Nachricht, dass Walter La Grand mich auf die Liste derjenigen Menschen gesetzt hatte, die er bei seiner Hinrichtung dabeihaben wollte.

Bei einer Hinrichtung in Arizona sind drei Gruppen von Zuschauern zugelassen: die Angehörigen des Opfers, die des Hinzurichtenden, die in diesem Fall nicht aus Angehörigen bestand, und eine neutrale Beobachtergruppe, zu der auch Journalisten gehören. Als ich am Tag der Hinrichtung im

Gefängnis eintraf, demonstrierten draußen viele Menschen gegen die Todesstrafe, Kirchen hatten Mahnwachen organisiert. Drinnen aber, im Vorraum zur Gaskammer, herrschte eine geradezu lockere Stimmung, wie bei einer Party oder einer Abschlussfeier. Es gab belegte Brote und Kaltgetränke – da war sie wieder, die Surrealität, der Verlust der Wirklichkeit. Mich verließ alle Kraft, die ich in den Gesprächen mit Walter La Grand gespürt hatte, und ich wusste, dass ich bei der Hinrichtung nicht anwesend sein konnte. Das ganze Spektakel, diese Jahrmarktsatmosphäre, nahm seinem Tod die letzte Würde.

Noch am gleichen Abend schrieb ich, zwischen Wurstbroten und Coladosen, einen Brief an Walter La Grand, den er nie lesen würde. Darin versuchte ich ihm zu erklären, warum ich seine Bitte nicht erfüllen könne. Dann ging ich hinaus und wartete. Sein Todeskampf dauerte achtzehn Minuten. Draußen sah ich den Mond und den weiten Sternenhimmel.

Nach der Hinrichtung von Walter La Grand reichte die deutsche Bundesregierung einen Eilantrag in Den Haag ein, um wenigstens das Leben von Karl La Grand zu retten. Sie begründete ihn mit der Verletzung des Protokolls zur Wiener Konvention, das im Ausland inhaftierten Personen konsularischen Beistand zusichert. Dem Antrag wurde stattgegeben, und das Gericht ordnete an, dass keine Maßnahmen ergriffen werden durften, die nicht widerrufbar waren. Doch das Todesurteil gegen Karl La Grand wurde von den amerikanischen Behörden trotzdem vollstreckt. Die Bundesregierung betrachtete den Vorgang als gravierend und diskutierte ihn ausführlich im Kabinett. Nicht zuletzt wegen der Verfahrensfehler im La-Grand-Prozess hat sie das Verfahren beim Internationalen Gerichtshof durchgefochten. 2001 wurde der Klage stattgegeben. Die USA akzeptierten das Urteil des Gerichts zunächst und verpflichteten sich, das Recht ausländischer Bürger auf konsularische Beratung nicht mehr zu verletzen. Da waren Karl und Walter La Grand bereits zwei Jahre tot.

Walter La Grand wusste, dass er sterben würde. Aber er sprach mir gegenüber von der Hoffnung, den Tod seines Bruders noch verhindern zu können – und wenn nicht den, dann doch den Tod von anderen Gefangenen, die auf ihre Hinrichtung warten. Tatsächlich mussten nach seiner Hinrichtung einige Verfahren in den USA wieder aufgerollt und neu verhandelt werden, weil die ausländischen Behörden nicht informiert worden waren, dass es sich um ihre Staatsbürger handelte.

Doch im März 2005, wenige Wochen nach ihrer Ernennung zur US-Außenministerin, schrieb Condoleezza Rice an Kofi Annan, dass sich die USA nicht länger an das Protokoll zum konsularischen Beistand gebunden fühle. Damit wolle die USA sich vor einer Einmischung des Internationalen Gerichtshofs in die nationale Strafgerichtsbarkeit schützen. Dabei waren es die USA selbst gewesen, die das Protokoll 1963 vorgeschlagen, 1969 ratifiziert und sich während der Geiselkrise in Teheran 1979 darauf berufen hatten.

Was mir beim Eintreten in den Anhörungssaal des Gnadenausschusses in Arizona passierte, das Gefühl, nur noch Teil eines Spiels zu sein, dessen Regeln von vornherein feststanden, das bedroht nach meiner Auffassung auch die Politik im Allgemeinen. Die Reduktion von Entscheidungen auf bloßes rechnerisches Kalkül drängt den menschlichen Anteil dabei oft in den Hintergrund. Darüber hinaus gibt es einen Teufelskreis der Berichterstattung, der Schlagzeilen und Fernsehbilder, in dem Selbstwahrnehmung und persönliche Verantwortung sich in einer medial gespiegelten oder vollends konstruierten Wirklichkeit verflüchtigen. In diesem Buch möchte ich den Spieß einmal umdrehen. Es ist ein persönliches Buch, das aus den besonderen Erfahrungen heraus, die es beschreibt, ein politisches wird. Denn dem Bereich des persönlichen Erlebens, der ja von einem »coolen« Zeitgeist schnell ins »bloß« Private abgeschoben wird, entspringen wichtige Maßstäbe und Motivationen für Politik. Es sind

Werte und Antriebe, die weiterführen und die tragfähiger sind als die vermeintlichen Sachzwanglogiken, denen Politik sich viel zu schnell unterwirft. Das ist jedenfalls meine feste Überzeugung. Und in diesem Sinne glaube ich auch, dass das Politische persönlicher werden sollte.

Es geht mir um eine Authentizität, die es heute nicht leicht hat. Denn sie wird von mindestens zwei Seiten bedrängt – von der postmodernen Beliebigkeit, die in ihrer ironischen Geste erstarrt, und von einem politischen Paternalismus und Neokonservativismus, der von sich glaubt, dass er die Wahrheit als Fertigprodukt mit sich führt.

Ich setze auf einen Weg dazwischen, einen Weg, der Geschichte – auch persönliche Geschichte – nicht ignoriert, der sich nicht blind in der Gegenwart verbeißt, indem er die Person zur »persona«, zur bloßen Maske im medialen Spiel, macht – der aber auch der konservativen Suche nach Ursprung widersteht, der nicht in der Vergangenheit verharrt, in der Suche nach überkommenen Autoritäten, die unhinterfragt und ein für alle Mal gültig sein sollen.

Dieser Weg ist für mich die Verbindung von Vergangenheit, Gegenwart und Zukunft, das ist Erinnerung in und für die Zukunft. Und das meint keine Sammlung von Gedankensplittern zur Erbauung künftiger Generationen, sondern Erinnerung von einem Standpunkt des Hier und Jetzt, der etwas von der Zukunft will. Hier liegt für mich der Punkt, an dem auch vermeintlich Privates politisch werden kann und sollte, an dem persönliche Geschichte, das Einfühlen in die Welt anderer Menschen, gemeinsam geteilte Erfahrung sich einschreiben können in Ziele, Projekte, neue politische Entwürfe, in gemeinsames Engagement. Um einen solchen Anspruch auch an persönliche Geschichte, an gelebte Erfahrung, an Vernunft und Empathie geht es mir – gegenüber der universellen Verspaßung der Gesellschaft, wie wir sie seit einigen Jahren erleben, und gegenüber dem muffigen Konservativismus, der uns in überkommene Rollenbilder zwängen will. Es geht um Freiheit, die nicht ironische Beliebigkeit ist, um Ansprüche auf Selbstbestimmung, die sich nicht durch verstaubte Traditionen beschneiden lassen, um den Anspruch auf Emanzipation, der in einer Welt mit millionenfachen Menschenrechtsverletzungen, mit Hunger, Armut und Diskriminierung längst nicht obsolet ist. Das ist jedenfalls meine Überzeugung. Dafür werde ich manchmal gescholten, manchmal gelobt. Aber dafür streite ich.

2. In einem Raum

Wie kam die Politik in mein Leben? Ich erinnere mich an viele Gespräche, die in unserer Familie mit großer Offenheit geführt wurden. Die Debatte war dem Inhalt nach oft heftig, aber in der Atmosphäre stets von gegenseitiger Achtung und Zuneigung geprägt. Es war der Diskurs der Menschen, die in den sechziger Jahren jung waren. Der Nationalsozialismus war erst zwanzig Jahre zuvor überwunden worden. Alles war noch frisch. Beim Räuber-und-Gendarm-Spielen im Wald stießen wir Kinder noch auf Munitionsreste. Und an einigen Gebäuden schimmerten noch die Adler mit den Hakenkreuzen in den Krallen unter der neuen Farbe durch. Die Frage, inwieweit meine Familie, Nachbarn, Freunde mitschuldig waren an den Verbrechen des Nationalsozialismus, trieb mich um.

Die Gespräche mit meinen Eltern haben mich auch deshalb tief geprägt, weil es nicht nur um die Aufklärung von Tatsachen oder objektiven Sachverhalten ging, sondern auch um die Frage individueller Verantwortung. Die Judenvernichtung als Tatsache wurde von meinen Eltern nie in Frage gestellt, nie geleugnet oder verharmlost. Stets sprachen sie voller Scham über die Jahre bis 1945. Nie wurde irgendetwas relativiert oder als Preis für vierspurige Autobahnen abgetan. Erklären konnten meine Eltern dennoch nicht, was geschehen war und wie es geschehen konnte.

Ich bin auch später sehr oft und in den verschiedensten Lebensbereichen mit der Frage nach der Schuld am Naziregime konfrontiert worden. Das liegt vermutlich auch daran, dass ich diese Konfrontation immer wieder gesucht habe und weiterhin suchen werde – denn was verdrängt wird, holt uns unweigerlich irgendwann wieder ein.

Mein Vater musste in die Hitlerjugend. Im Zweiten Weltkrieg war er Soldat an der Westfront in Frankreich, wo er schwer verletzt wurde, ebenso wie mein Onkel, der ein Auge verlor. Der Bruder meiner Großmutter und der Ehemann ihrer Schwester sind gefallen. Ich, das junge Mädchen, machte meinem Vater schwere Vorwürfe, ich bestand darauf, dass es die Möglichkeit zur Desertion immer gegeben habe. Ich wollte nicht wahrhaben, dass man die Kraft zur individuellen Entscheidung verlieren kann. Und es hat lange gedauert, bis ich begriff, wie es geschehen konnte, dass Deutschland seine Zivilisation in Barbarei verkehrte. Ich war noch keine zehn Jahre alt, als ich im Fernsehen die Bilder von der Befreiung der Konzentrationslager sah, von Ghettokindern und von den Erschießungen, die die deutsche Wehrmacht durchgeführt hatte. Menschen standen an ausgehobenen Gruben, ihnen gegenüber Soldaten, die aus nächster Distanz auf sie feuerten. In den Gruben lagen bereits die Körper von Erschossenen übereinander. Die Bilder von abgemagerten Leichen, die auf Schubkarren geworfen worden waren, als wären es Säcke, um zu Massengräbern gefahren zu werden, die wahnsinnigen Augen der wenigen, die überlebt hatten, sie verfolgten mich bis in den Schlaf. Aber ich wollte diese Bilder weiter sehen, und auch meine Eltern wollten, dass ich sah, was Menschen von Menschen angetan worden war. So sah ich den Film »So weit die Füße tragen«, der vom Schicksal deutscher Soldaten in Sibirien erzählt, von deren Flucht über Eis und Schnee, von Tod und Überleben. Ich lernte durch diese Dokumentationen und Filme und durch die vielen Diskussionen, nicht zu werten zwischen richtigem und falschem Widerstand. Es gibt verschiedene Möglichkeiten, sich zur Wehr zu setzen – wie in jenem Märchen, wo Hund, Katze, Nadel und Stein zusammen in einem Haus wohnen, bis sie vom Hausbesitzer hinausgeworfen werden sollen. Jeder wehrt sich auf seine Weise, die Nadel sticht ihn, der Hund beißt ihn, die Katze schleudert ihm Asche ins Gesicht und der Stein erschlägt ihn schließlich.

Ich schreibe nicht von den politischen Ursachen, von

einer anerzogenen, wilhelminischen Unfähigkeit zur Demokratie, von den Wurzeln des Antisemitismus, vom Versagen der demokratischen Instanzen, sondern darüber, dass das Naziregime die Menschen auf der persönlichsten, intimsten Ebene brach, weil es ihnen die Kraft und Verantwortung für eigene Entscheidungen nahm.

Mein Vater sah sich nicht nur als Täter, sondern auch als Opfer. Und tatsächlich war er seiner Jugend beraubt worden. Es hat lange gedauert, bis ich verstehen konnte, welche Lebenswirklichkeit es war, in der meine Mutter als BDM-Mädchen jeden Sonntag turnen und ihren Körper stählen musste, so wie mein Vater das Anpirschen, Marschieren, Motorradfahren und Schwimmen in eiskalten Bächen bei der Hitlerjugend zu üben hatte.

Meine Mutter hatte auch Sophie Scholl gekannt, die später als Anführerin der Widerstandsgruppe Weiße Rose erhängt wurde. Sophie war etwas älter als meine Mutter und zu dieser Zeit ihre BDM-Führerin. Ich weiß, dass meine Mutter sich mit ihr verglichen hat – auch in den schwierigen Gesprächen mit ihrer aufmüpfigen Tochter nach dem Krieg. Das Wissen um das Schicksal Sophie Scholls ließ sie so offen und ehrlich über Schuld und Verbrechen reden, wie ich es von ihr forderte.

Der Lebenstraum meines Vaters war, Sänger zu werden und in Frankreich zu studieren. Er war das, was man frankophil nennt, las Voltaire und die Fabeln von La Fontaine und sang die Lieder von Yvette Guilbert. Dann wurde er an die Westfront geschickt und sollte mithelfen, das Land, das er so liebte, zu zerstören.

Wie um mir seine verlorene Jugend zu zeigen, fuhr mein Vater später mit mir nach Frankreich. Wir bereisten die Orte, an denen er während des Krieges gekämpft hatte, aßen im »Cheval blanc«, wo er viele Jahre zuvor eine junge Französin getroffen hatte, die dort bediente. Aber er war ein Deutscher, ein *Boche*, und er wusste, sie würde nicht mit ihm tanzen. Er erzählte auch, dass er einmal mit seinem Gewehr einem jungen Franzosen, der ebenfalls bewaffnet war, gegenüberstand. Beide starrten sich an. Es war Krieg, und einer von beiden musste schießen. Mein Vater konnte nicht weiterreden. Aber er hat überlebt.

Am 20. Januar 2003, vierzig Jahre nach der Unterzeichnung des Elysée-Vertrages, reiste der gesamte Deutsche Bundestag zu einer gemeinsamen Sitzung mit der Französischen Nationalversammlung nach Versailles. Die »Bild-Zeitung« empörte sich tagelang über die angeblich riesige Steuerverschwendung, und unter dem Druck des Boulevards wurde das Treffen auf nur einen Tag beschränkt. Wenn man sich aber die deutsch-französische »Erbfeindschaft« vor Augen führt, die das gegenseitige Verhältnis so lange geprägt, und das millionenfache individuelle Unglück, das sie bedeutet hat, dann kann ich das nicht nachvollziehen. Die Sitzung war ein denkwürdiges Ereignis.

Die Abgeordneten, deutsche und französische, saßen nicht nach Nationalitäten und Parteien gruppiert, sondern nach Freundschaften, es gab keine feste Sitzordnung, Zufall und Sympathie bestimmten die Plenaranordnung. Ich ließ meinen Blick durch den Raum streifen, in dem 1871 Wilhelm I. nach dem Sieg Preußens über Frankreich zum Kaiser ausgerufen wurde und in dem 1919 dann den Vertretern der jungen Weimarer Republik der Versailler Vertrag vorgelegt wurde. Es gibt wohl keinen Ort, der die gegenseitigen Kränkungen der beiden Nationen eindrücklicher veranschaulicht.

Und plötzlich spürte ich, dass etwas von meinem Großvater und meinem Vater, etwas von ihren Hoffnungen und Wünschen mit mir im Raum war. Das, was sie für ihr Leben ersehnt hatten, die deutsch-französische Freundschaft – war für mich Wirklichkeit geworden. Durch sie und ihre Hoffnungen hindurch erlebte ich meine Rolle anders – das Gefühl ihrer Anwesenheit machte mir klar, welche Bedeutung es hatte, dass ich hier war.

Die Liebe zur Musik und zu Frankreich hatte mein Vater von meinem Großvater väterlicherseits, Maximilian Roth, geerbt. Maximilian Roth war Dorfschullehrer im württembergischen Bellamont, wo er mit meiner Großmutter, Anna Roth, lebte und den Kirchenchor leitete, selbst komponierte und leidenschaftlich Orgel spielte. Heute noch steht sein Name auf den Notenheften in der Kirche. Er war ein gläubiger Christ und hielt schon aufgrund dessen stets eine sehr große Distanz zu den Nazis. Dies bezahlte er mit einer Strafversetzung nach Heidenheim, fort von seinen Freunden und in eine Gemeinde ohne Orgel. Auch er selbst wurde später noch in den Krieg eingezogen, kam in Kriegsgefangenschaft, aus der er gebrochen zurückkehrte und bald darauf starb.

Meine Großmutter mütterlicherseits, Franziska Frank, war katholisch und kam vom Land, ihr Mann, mein Großvater Wilhelm, war protestantisch und kam aus Ulm. In meiner Familie kursieren Geschichten, dass er seine geliebte Franziska richtiggehend entführen musste, weil ihre Familie nicht zulassen wollte, dass sie einen Protestanten heiratet. Die religiösen Unterschiede bedeuteten damals viel, aber meine Großeltern überwanden sie. Religion war für sie nichts Trennendes, sondern eine Aufforderung, Gemeinsamkeit zu entwickeln. Sie heirateten 1919 als eines der ersten ökumenischen Paare, die im Ulmer Münster kirchlich getraut wurden. Damit unterschieden sie sich sehr von der damaligen religiösen Engstirnigkeit, die solche »Mischehen« nicht akzeptieren wollte. Toleranz gegenüber dem Glauben des jeweils anderen war für die beiden gelebter Alltag. Vielleicht ist mein Großvater so zu dem politischen Menschen geworden, der er war – ein württembergischer Radikaldemokrat, wie er im Buche steht. Der Stolz auf seine liberalen Standpunkte war an seiner Körperhaltung abzulesen. Er ging stets hoch erhobenen Hauptes, trug die weißen Haare lang, war stur, klug und reagierte allergisch auf die Dummheit der Naziparolen. Eigentlich hatte auch er Lehrer werden wollen, aber sein Vater, der Steinmetz war und unter anderem die Rosen an der Rosette des Ulmer Münsters fertigte, starb früh an einer Staublunge. Da Wilhelm Frank nun die Großfamilie mit einer ganzen Geschwisterschar ernähren musste, gründete er ein Gipser- und Stukkateurgeschäft in Ulm.

Ulm hatte eine große jüdische Gemeinde, und viele der Kunden meines Großvaters kamen aus dieser Gemeinde. Mein Großvater bediente seine jüdischen Kunden besonders zuvorkommend. Zweimal wurde ihm der Laden von SA-Trupps zerschlagen und das Auto beschlagnahmt. Er fing wieder von vorn an, bediente auch weiter jüdische Kunden – solange es sie gab. Sehr bewusst kaufte auch meine Großmutter in jüdischen Geschäften ein und suchte das Gespräch mit den Inhabern. Als Hitler dann in den letzten Kriegstagen zum Volkssturm trommelte und selbst Kinder kämpfen mussten, ging mein Großvater mit seinem vierzehnjährigen Sohn, meinem Onkel, und dessen Freunden auf die Schwäbische Alb und versteckte sich und die Kinder dort in den Höhlen.

Im Nachbarhaus meiner Großeltern in Ulm überlebte ein geistig behinderter junger Mann all die Kriegsjahre versteckt, weil die Nachbarn ihn nicht verrieten. Jeder wusste, dass Menschen mit Behinderungen im »grünen Wägelchen« abgeholt wurden und in die Vernichtungslager kamen. Und jeder wusste, dass Wissen schwere Strafe oder sogar den Tod bedeutete. Dennoch wurde der junge Mann nicht verraten. Auch wenn es mir in den Gesprächen mit meinen Eltern schwerfiel, das einzusehen und zuzugeben, heute würde ich sagen, dass dies Geschichten eines kleinen Widerstands sind. Sie zu erinnern, zu wissen und zu erzählen hilft, Mut für sein eigenes Leben zu sammeln. Man muss nicht gleich Widerstandskämpfer sein, in den Untergrund gehen, sein Leben riskieren. Gegen den Blockwart aufbegehren, am jüdischen Kinderarzt festhalten – auch das zeugte damals von Mut. Es gibt auch die alltäglichen Formen des Widerstandes, des sich Widersetzens gegen verbrecherische Regime und Ideologien. Sie zeugen von der Würde der Menschen. Und es war diese Würde, die ich in den Gesprächen mit meinen Eltern kennen und begreifen lernte. Das Konkrete, die eigene Geschichte, die der Nachbarn und Freunde – das war der Ausgangspunkt. Von hier aus haben sich die weiteren Fragen ergeben.

Der Nazi-Feldmarschall Erwin Rommel kam aus einem kleinen Dorf bei Ulm, in dem mein Großvater Kunden hatte. Und der KZ-Arzt und Schlächter von Auschwitz, Joseph Mengele, der die entsetzlichsten medizinischen Versuche an den Gefangenen im KZ durchführte und dabei auch vor Kindern nicht haltmachte, kam aus Günzburg, das etwa fünfzig Kilometer von meinem Heimatdorf Babenhausen entfernt ist. Es gab das Gerücht, dass er immer mal wieder nach Hause kam, um das Grab seiner Eltern zu besuchen. Plötzlich war sein Leben für mich vorstellbar – dass auch er bei seinen Eltern am Küchentisch saß, dass auch er eine Familie hatte. Aber nicht jeder suchte damals das Konkrete in seiner Nähe und in seinem Leben. Viele, zu viele Menschen haben sich nie in irgendeiner Form dazu verhalten, dass übelste Naziverbrecher aus ihren Heimatorten kamen. Keine Kritik zu üben erwies sich nicht als Unschuld, sondern als Wegsehen.

Dachau war nur eine Autostunde von Babenhausen entfernt, und wir besuchten die dortige KZ-Gedenkstätte sowohl mit der Familie als auch mit der Schule. Aber diese Besuche reichten nicht aus, um mich den Wahnsinn begreifen zu lassen. Das einschneidendste Erlebnis hatte ich im Washingtoner Holocaust Memorial Museum vor einer riesigen Glaswand, auf der alle Ortschaften aufgelistet sind, in denen es vor dem Nationalsozialismus jüdisches Leben und jüdische Kultur gegeben hatte. Ich las Namen und Dörfer aus meiner unmittelbaren Nachbarschaft, ich hatte keine Ahnung gehabt, welche Gräuel so nah am Ort meiner Kindheit geschehen waren. In meiner Familie wurde viel über den Nationalsozialismus geredet, aber in der Schule, in der sogenannten Heimatkunde, wurden wir nicht darüber aufgeklärt, warum die Judengassen so hießen, obwohl dort gar keine

Juden mehr lebten, dass mitten in einem Europa, das Werte der Vernunft, der Aufklärung und der Menschenwürde hervorgebracht hatte, im Namen Deutschlands die schrecklichsten Verbrechen gegen die Menschlichkeit verübt wurden. Zu Hause diskutierten wir ausführlich darüber, ob angesichts solcher Gräueltaten Gewalt und Krieg per se zu verdammen sind oder ob es Situationen gibt, in denen sie gerechtfertigt sind, zum Beispiel, wenn sie sich gegen einen Tyrannen richten. Schwieriger waren die Gespräche über die alliierte Kriegführung, über die Bombenangriffe auf Hamburg und Dresden. Auch Ulm war von englischen Flugzeugen bombardiert worden, nachdem es die ersten fünf Kriegsjahre fast unbeschadet überstanden hatte. Am Abend des 17. Dezember 1944 warfen 300 englische Bomber 700 Tonnen Brandbomben über der Altstadt ab. Über 700 Menschen starben. Mehr als 80 Prozent der Stadt wurden zerstört.

Neben den Ängsten, die mein Vater als Soldat an der Front durchlitten hatte, dem Tod, dem er so nahe gekommen war, sprachen wir auch über die Kriegserlebnisse derer, die zu Hause geblieben waren – in täglicher Angst um ihre Angehörigen, aber auch um das eigene Leben. Bei meiner Mutter sitzt diese Beklemmung so tief, dass sie sich zum Beispiel den Fernsehfilm »Dresden« nicht ansehen konnte. Die Bilder vom Feuersturm, vom Tod in den Bunkern, die orientierungslose Panik nach der Zerstörung, das taube Gefühl der Ohnmacht – all das hat so an ihrer Seele genagt, dass sie auch nach so vielen Jahren noch nicht darüber hinweg ist. Wie so viele andere auch. Und doch empfand niemand bei uns zu Hause Hass oder Zorn auf die Engländer. Sie und die anderen Alliierten führten zu Recht diesen Krieg gegen Hitler, sie befreiten unser Land von der Nazibarbarei. Es hat viele Jahre gedauert, bis ich mich der Frage annäherte, ob dabei jedes Mittel rechtens und verhältnismäßig war. Es ist auch heute noch schwer, über diese Themen zu reden, weil zu viele Menschen damit von der deutschen Schuld ablenken und Täter zu Opfern machen wollen.

Die immer wiederkehrenden Versuche, die deutsche Geschichte zu entsorgen, bedrücken mich sehr. Jemand, der so tief in den Nationalsozialismus verstrickt war wie Kurt Georg Kiesinger, hätte nie Kanzler der Bundesrepublik werden dürfen. Ebenso inakzeptabel ist es, dass Hans Filbinger Ministerpräsident von Baden-Württemberg werden konnte oder Helmut Kohl die Nominierung des mit einer völlig unhistorischen und geschichtsklitternden Weltsicht ausgestatteten Steffen Heitmann zum Bundespräsidenten betrieb. Auch Einlassungen, die anlässlich des sechzigsten Jahrestages des Kriegsendes und der Befreiung vom Nationalsozialismus zu hören waren, werden nicht als Glanzstücke historischer Einsicht in die Geschichte eingehen. Ein bisschen mehr Bescheidenheit, ein bisschen mehr europäische Dimension und ein bisschen weniger Nationalstolz tun einem solchen Tag sehr gut. Richard von Weizsäckers Rede von 1985 zum vierzigsten Jahrestag der Befreiung hat hier positive Maßstäbe gesetzt.

Dass Beate Klarsfeld 1968 auf dem CDU-Parteitag Kiesinger vor laufenden Kameras ohrfeigte, dass Filbinger zurücktreten musste, weil er als Marine-Richter in den letzten Kriegstagen noch Deserteure hinrichten ließ, und Steffen Heitmann 1993 nach einem beschämenden Interview, in dem er die Deutschen vor »Überfremdung« warnte, seine Kandidatur zurückziehen musste, beweist immer wieder, dass die Zivilgesellschaft über ausreichend starke Reflexe verfügt, um die Würde der Opfer des Nationalsozialismus und die ihrer Familien nicht verhöhnen zu lassen. Aber diese Wachsamkeit muss stets erneuert werden.

Ein historisches Ereignis, das beim Versuch, mit der Vergangenheit abzuschließen, immer wieder herhalten muss, ist die deutsche Wiedervereinigung. Manchmal denke ich, dass das Zusammenwachsen der beiden Teile Deutschlands gerade von diesem »Schlussstrichdenken« erschwert wird. Weil wir nicht mit Problemen rechnen wollen, weil wir sie ausschließen und negieren, sind wir über sie erstaunt. Dabei trägt schon das Datum diesen Widerspruch in sich. Der 9. November ist eben nicht nur der Tag des Mauerfalls oder der gescheiterten Novemberrevolution von 1918, sondern auch das Datum eines organisierten Generalangriffs auf jüdisches Leben, der Reichspogromnacht von 1938. Als ich am 9. November 1990 unter dem Titel »Kein schöner Land – offene Wunden von Anfang an« mit Opfern des Nationalsozialismus über die Wiedervereinigung diskutierte, war diese Spannung greifbar. Und sie muss greifbar bleiben, weil Leben, das sich seiner Verletzlichkeit, aber auch seiner aggressiven Potentiale bewusst ist, immer der Reflexion, der Erinnerung bedarf.

Auch meine Abgeordnetentätigkeit im Europäischen Parlament war von dieser Ambivalenz berührt. Sie zeigte sich vom ersten Tag an – im zeitgleichen Einzug der Republikaner um Franz Schönhuber ins Europäische Parlament 1989. Das Entsetzen unter den Abgeordneten, dass jetzt aus Deutschland wieder solch eine Partei ein Mandat zur Vertretung des Volkes erhielt, war groß. Und Schönhuber und seine Truppe taten alles, um das Entsetzen weiter zu schüren. Absurd war geradezu, dass alle Nationalisten und Rechtsextremen, die Deutschen, die Franzosen, der Vlaams Blok aus Belgien und die Neofaschisten aus Italien, sich zu einer Fraktion zusammenschlossen. Als Reaktion darauf richtete das Europäische Parlament einen Untersuchungsausschuss »Rechtsextremismus, Rassismus, Antisemitismus« ein, in den ich für die Grünen gewählt wurde. Das war der Beginn meiner parlamentarischen Beschäftigung mit dem Rechtsextremismus, die mich bis heute nicht loslässt. Denn der Drang, endlich vergessen zu wollen, es endlich einmal »gut sein« zu lassen, meint nicht Flucht aus der Verantwortung angesichts eines historischen Verbrechens, es meint auch Verblendung der Gegenwart. Es ist ein völlig falsches Verständnis von gedeihlichem Zusammenleben, wenn man Geschichte neutralisieren, alles Störende ausschließen will. In einer so geglätteten Gegenwart will ich nicht leben.

Helmut Kohls fatales Diktum von der »Gnade der späten Geburt« zeugt von einem solchen falschen Verständnis. Diese Formel, die Kohl während einer Israelreise prägte, lügt darüber hinweg, dass ein Ausstieg aus der Geschichte unmöglich ist. Geschichte fängt nicht erst mit meiner Geburt an. Natürlich bin ich nicht schuldig an Taten, die vor meiner Geburt begangen wurden, aber ich bin verantwortlich für meine Gegenwart – eine Gegenwart, die ohne ihre Geschichte nicht zu verstehen ist. Deshalb kann es keine Gnade der späten Geburt geben, denn mit der Geburt und mit meiner Gegenwart bin auch ich Teil der Geschichte.

Heute bin ich milder gegenüber dem Handeln meiner Eltern in der Nazizeit. Ich weiß inzwischen besser, was ihr kleiner Widerstand bedeutete. Ich bin jedoch auch kompromissloser geworden, was meine individuelle Beteiligung am Lauf der Geschichte angeht. Nur wenn jeder einzelne sich verantwortlich fühlt, werden Geschichte und Politik nicht anonym.

Nicht anonym zu handeln und die eigene Geschichte ernst zu nehmen bedeutet für mich auch, anzuerkennen und anzunehmen, dass ich Deutsche bin. Solange und insoweit Politik nationalstaatlich ist, ist es auch die historische Verantwortung. »Ich bin Deutsche«, das kann ich und das muss ich sagen. »Ich bin stolz, Deutsche zu sein« ist allerdings ein Satz, der sich selbst widerspricht. Stolz kann man nur auf etwas sein, das man selbst verantwortet. Stolz bin ich zum Beispiel darauf, so zu arbeiten, dass ich morgens guten Gewissens in den Spiegel schauen kann.

Auch »lieben« halte ich für das falsche Verbum für meine Beziehung zu Deutschland. Nicht weil das Land nicht schön wäre oder ich an so verschiedenen Orten wie Augsburg, Leck oder Berlin nicht aus den unterschiedlichsten Gründen gern lebe und bin, sondern weil ich die Individualität in meiner Beziehung für Menschen reserviere, um den Begriff des Menschen in seiner vollen Umfänglichkeit zu schützen. Gustav Heinemann hat gesagt, dass er nicht

Deutschland liebt, sondern seine Frau. Das bringt es auf den Punkt.

Deutsch zu sein ist für mich also am ehesten eine Aufgabe und Herausforderung. Es meint: Aus der Geschichte Konsequenzen ziehen für das Leben jetzt.

Patriotismus kann in diesem Zusammenhang einen positiven Sinn haben, wenn man ihn nicht geographisch oder als »Blutsbande« definiert, sondern verbunden mit demokratischen Werten, zum Beispiel als »Verfassungs-Patriotismus« begreift: Wir können zu Recht stolz sein auf unser Land – wenn es die Würde des Menschen schützt, wenn es in besonderer Weise die Menschenrechte und die verfassungsmäßigen Rechte der Menschen garantiert und respektiert. Und dazu gehört auch der Respekt vor Menschen, die ihrer Zugehörigkeit zum demokratischen Gemeinwesen nicht mit Fahnen und Hymnen Ausdruck verleihen.

3. Quo vadis, Deutschland?

Von den Tischgesprächen mit meinen Eltern bis zur Rechtsextremismus-Kommission der Grünen zieht sich ein roter Faden. Und aus diesem Faden lässt sich ein ganzer Teppich politischer Fragen weben. Analysiert man, wie es geschehen konnte, dass Juden, Sinti und Roma, Homosexuelle und politisch Andersdenkende, Kranke und Menschen mit Behinderungen, die so genannten Asozialen, alle Rechte auf Glück, Leben, Dasein abgesprochen bekamen, wird man sensibel für die Brüche und Lücken in unserem Rechtssystem und die allmähliche Erosion, der es unterliegt – weil scheinbar zufällig hingestreute Worte und falsches Verständnis es unterspülen. Es sollte uns große Sorge bereiten, dass das Gedankengut, das Intoleranz und Menschenvernichtung fordert und hervorgebracht hat, wieder hoffähig wird, ja den Status einer Mode gewinnt, einer Jugendkultur – wie die Rechtsrockszene, die mit ihrer Musik mehr oder weniger »lässig« faschistoides Gedankengut verbreitet.

Viele rechte Lieder handeln vordergründig von Freiheit, doch unter dem vermeintlichen Freiheitsbegriff wird harte Diskriminierung gefordert. Die Gruppen haben Namen wie »Blutharsch«, »Noie Werte«, »Weisse Wölfe« oder »Landser«, ihre Songs heißen »Endlösung«, »Ran an den Feind« oder »Rassenmischung ist Volksverrat«.

Mitunter übernehmen die Nazi-Gruppen jedoch auch linke Lieder, wie »Allein machen sie dich ein« von Ton Steine Scherben, in dem es heißt: »Allein machen sie dich ein, / schmeißen sie dich raus, lachen sie dich aus, / und wenn du was dagegen machst, / sperr'n se dich in den nächsten Knast (…) Zu hundert oder tausend kriegen sie langsam Ohrensausen. / Sie werden zwar sagen, das ist nicht viel, / aber tausend sind auch kein Pappenstiel. / Und was nicht ist, das kann noch werden. / Wir können uns ganz schnell vermehren. / In dem Land, in dem wir wohnen, / sind aber 'n paar Millionen. / Wenn wir uns erst mal einig sind, / weht, glaub ich, 'n ganz anderer Wind. / Und du weißt, das wird passieren, wenn wir uns organisieren.«

Als das erste Mal ein Nazi-Magazin den Scherben-Song abdruckte, waren wir mit der Band gerade auf Tournee. Wir waren entsetzt und fragten uns, ob es etwas zu bedeuten habe, dass man scheinbar bruchlos einen Text aus einem linken Zusammenhang in einen rechten stellen kann, und wir fühlten uns ungut an die krude Theorie erinnert, die den Nationalsozialismus als Reaktion auf den Bolschewismus erklären will. Was Kunst eindeutig macht, ist zum einen der Zusammenhang, in dem sie aufgeführt oder produziert wird. Zum anderen aber muss man die Auseinandersetzung auch über die ästhetische Form suchen, gerade wenn, wie derzeit, die Rechtsextremen versuchen, die Jugendszene mit ihren CDs zu indoktrinieren. Beides war einer Band wie den Scherben klar, und wenn man sie auftreten sieht, und erst recht, wenn man Rio Reisers Stimme hört, die voller Verachtung für jede Form von Herrschaft und Unterdrückung war, dann wird man nie auf die Idee kommen, dieses Lied könne für Konformität und Ausgrenzung werben. Die blanken, aus dem Kontext gelösten Textzeilen sind jedoch missverständlich und doppeldeutig.

Ähnlich heißt es in »Deine Schuld« von Die Ärzte: »Glaub keinem, der dir sagt, dass du nichts verändern kannst. / Die, die das behaupten, haben nur vor Veränderung Angst. / Es sind dieselben, die erklären, es sei gut so, wie es ist. / Und wenn du etwas ändern willst, dann bist du automatisch Terrorist.« Mit ähnlichen Worten und entsprechender Argumentation sprengte im Landtagswahlkampf in Sachsen-Anhalt im Februar 2006 eine Gruppe von Neonazis eine Diskussionsveranstaltung im Wernigeroder Rathaus. Obwohl die Veranstaltung den sehr allgemein gehaltenen Titel »Kultur und Demokratie« trug, war klar, dass sie den

Zorn der Neonazis auf sich ziehen würde. Das Landeskriminalamt hatte die Gruppen vorher beobachtet und den Eingang kontrolliert, und der Bürgermeister hatte angeordnet, die Türen des Rathauses von innen zu verschließen – so unglaublich es klingt, dass man sich in öffentlichen Gebäuden einschließen muss. Dennoch gelang es den Neonazis, einen von ihnen anonym ins Publikum zu schmuggeln, der die Türen von innen öffnete, und nach ungefähr einer Stunde betrat eine Gruppe von jungen Männern und einigen blond gefärbten Frauen den Raum. Sie sahen eher unauffällig aus, und im ersten Moment dachte ich, die Antifa sei aufgetaucht. Erst als sie anfingen zu sprechen, wurde ihre Gesinnung deutlich. Sie hielten ein riesiges Transparent hoch und warfen Flugblätter in den Saal, auf denen sie nicht etwa »Deutschland den Deutschen« forderten, sondern »Toleranz und Mitsprache«. Sie nehmen für sich in Anspruch, »das Volk« zu sein und nur »ihre Bürgerrechte« wahrzunehmen. Dass sie diese Rechte keineswegs allen Bürgerinnen und Bürgern zugestehen wollen und dass sie von einem Staat träumen, in dem es diese Rechte nicht mehr gibt, das sagten sie nicht.

Als der Trupp aufmarschierte, bekam ich wie alle im Saal einen ziemlichen Schreck. Aber Angst machten mir diese jungen Männer nicht. Anders als früher, wo solche Trupps durch laute Pöbeleien auffielen, sind sie heute sehr gut geschult und lassen sich auf Diskussionen ein. Sie, die gegen die Demokratie und das Recht auf freie Rede sind, reklamieren die demokratischen Rechte der freien Meinungsäußerung für sich und inszenieren sich als Opfer einer Demokratie, die sich ihrer erwehrt.

Wir wollten die Veranstaltung auf gar keinen Fall abbrechen. Der Bürgermeister forderte die Nazis auf, das Rathaus zu verlassen, und die Polizei eskortierte sie schließlich hinaus. Im Nachhinein zeigte sich, dass diese »Kämpfer für die freie Meinungsäußerung« am selben Nachmittag eine Gruppe der Antifa zusammengeprügelt hatten. So war es um diese »harmlosen Bürger« bestellt, die um Mitsprache baten.

Die Opferrolle, die Neonazis für sich reklamieren, hat in einem der Wortwahl nach kaum fassbaren Ausspruch von Bundesinnenminister Wolfgang Schäuble eine schlimme Unterstützung erfahren. Schäubles Satz, wonach auch »blonde« und »blauäugige« Menschen in Deutschland Verbrechensopfer werden, ist keine lapidare Feststellung, eine solche Aussage ist Balsam für diejenigen, die tatsächlich glauben, dass die Angehörigen der blonden und blauäugigen »Herrenrasse« die eigentlich Unterdrückten unserer Zeit seien.

Das Schema ist immer das gleiche: Erst wird provoziert, die Szene freut sich. Dann köchelt die Sache, und die rechtsextreme Zeitung »Junge Freiheit« schlägt behutsam die publizistische Brücke zur politischen Salonfähigkeit. Dann rudert man etwas zurück, damit nicht zuviel am eigenen Namen kleben bleibt. Im Ergebnis ist ein weiterer Schritt in der Öffnung nach rechts vollzogen. Und selbstverständlich herrscht höchste Empörung, wenn man dieses Spiel einmal mit klaren Worten benennt.

Oskar Lafontaines Spruch von den »Fremdarbeitern«, die deutschen Familienvätern die Arbeitsplätze wegnähmen, schlägt in die gleiche Kerbe. Letztlich geht es um eine populistische Methode des Stimmenfangs – hier geschehen im Bundestagswahlkampf 2005 –, um Signale in die Szene hinein. Man setzt auf den Wiedererkennungswert rechtsextremer Begrifflichkeit. Augenzwinkernd signalisiert man Einverständnis. Lafontaine hat seine Worte nicht zurückgenommen. Bei anderen fallen die Dementis so zurückhaltend aus, dass auch der letzte Rechtsextreme dies als Bestärkung der Botschaft verstehen muss, die er sowieso schon herausgehört hat. Noch verheerender als dieses untergründige Zusammenspiel sind Kampagnen, die die Union immer wieder gegen Migranten und andere Minderheiten und für eine »deutsche Leitkultur« initiiert, mit der sie diesen Minderheiten auf den Leib rücken will. Solche Kampagnen werden gegenwärtig wohl auch weitergeführt, um das Profil der Union zu stärken, das unter der Käseglocke der Großen Koalition verloren zu gehen droht. Rechtsextreme jedoch verstehen das als Aufforderung zur Tat. Wenn Unionspolitiker fast täglich mit neuen Zwangsideen Sanktionen gegen Migranten vorbereiten, wenn sie Schulkinder mit schlechten Deutschkenntnissen abschieben wollen, wenn sie in Wahlkämpfen für diskriminierende Muslimtests werben, wenn sie elektronische Fußfesseln für »verdächtige« Muslime fordern, dann diskutieren sie nicht nur jenseits unserer Verfassung, sie betreiben auch eine Stimmungsmache, auf deren Boden rassistische und neonazistische Gewalt gedeihen. Wer »deutsche Leitkultur« fordert, der bekommt von den Neonazis »national befreite Zonen« beschert.

Zugleich haben Unionspolitiker in einem Augenblick, in dem wir einen dramatischen Anstieg rechtsextremer und antisemitischer Gewalttaten verzeichnen, nichts anderes zu tun, als zivilgesellschaftliche Projekte gegen Rechts zu delegitimieren. Sie entziehen mutigen Menschen, die sich den Neonazis entgegenstellen, die Rückendeckung, indem sie die Bundesmittel für Initiativen gegen Rassismus und Rechtsextremismus kürzen wollen. Wer so diskutiert, der verunsichert die Menschen, die sich in diesen Initiativen engagieren, der untergräbt die Planungssicherheit, die sie für eine langfristige Arbeit dringend brauchen. Auch damit sendet er Signale nach ganz weit rechts außen, und Politiker, die so agieren, zeigen damit, dass ihnen Wählerstimmen von dort willkommen sind. Ein solches Vorgehen hat rein gar nichts mit einer Einbindung von »Protestwählern« ins demokratische Spektrum zu tun – dies ist ja das Lieblingsargument, wenn man nachfragt, was solche höchst doppeldeutigen Äußerungen zu bedeuten haben –, sondern es ist eine Bestätigung für die Rechtsextremen und bestärkt sie in ihrem menschenfeindlichen Tun.

Wenn es um den Kampf gegen »Multi-Kulti« geht, um die angebliche Gefahr, die von Flüchtlingen und Migranten ausgeht, dann gibt es kein Mikrofon, in das Rechtspopulisten aus der Union nicht hineinbeißen. Wenn es aber um 134-fachen Mord und Totschlag geht, um die vielen tausend Gewalttaten mit rassistischem und neonazistischem Hintergrund, die es seit 1990 gegeben hat, da heißt es: Still, still, still, weil's Kindlein schlafen will!

Ich frage mich, was noch passieren muss, bis Bundesregierung und Länderregierungen entschlossen und umfassend das Problem Rechtsextremismus angehen und ihre Relativierungen, Verharmlosungen und Schönfärbereien aufgeben. Neonazis sind längst kein Phänomen einer Jugendkultur mehr – und waren es nie. Sie sind geschult, sie werden unterstützt von vielen Altnazis, die auch durch hohe Erbschaften dafür sorgen, dass diese Gruppen über eine materielle Grundlage verfügen.

Auch das Scheitern des Verbotsverfahrens gegen die NPD, das auf erhebliche Verfahrensfehler, aber auch auf die mangelnde Kooperation der Landesämter für Verfassungsschutz zurückzuführen ist, hat die NPD in den Augen vieler konservativer Menschen zu einer demokratischen Partei geadelt. Ich bin alles andere als eine Freundin einer Politik, die bei jedem Problem gleich nach Verboten und ordnungspolitischen Maßnahmen ruft. Viel wichtiger als Verbote ist in aller Regel ein kritisches Problembewusstsein in der Zivilgesellschaft und den staatlichen Institutionen. Aber fatal ist es, wenn wie bei der NPD ein angestrebtes Verbotsverfahren scheitert. Und noch fataler ist es, wenn selbst Politiker, die es besser wissen müssten, den Fehlschluss, dass das gescheiterte Verbotsverfahren eine Legitimierung bedeutet, auf ihr tägliches Urteil übertragen.

Die rechten Gruppierungen unter Führung der NPD gehen mehr und mehr strategische Bündnisse ein. Die Zeiten, in denen Republikaner, DVU und NPD sich gegenseitig bekämpften, sind vorbei. Gleichzeitig versucht man, freie Kameradschaften, also militante Skinheadbanden, in die Allianzen mit einzubeziehen. Und man späht in die Mitte der Gesellschaft. Nazis stellen Stadtbeiräte, und ihre Wortführer sind nicht mehr tumbe Glatzen, sondern Rechtsanwälte und Akademiker.

Wenn Neonazis heute auf ein Scharnierspektrum zwischen Rechtskonservativ und Rechtsextrem zielen, bekommen sie tatkräftige publizistische Unterstützung, zum Beispiel von einer rechtsextremen Wochenschrift wie der »Jungen Freiheit«. Dort ist man darauf aus, rechtsextremes Denken unter dem Label »rechtskonservativ« hoffähig zu machen. Rassismus, Revisionismus, Chauvinismus – das sollen im breiten öffentlichen Diskurs wieder ganz normale Positionen sein: Kann denn wirklich jemand etwas dagegen haben, wenn's noch ein bisschen bunter wird im Meinungsspektrum und die Farbe Braun auch noch dazukommt? So fragt der Wolf im Schafspelz!

Die Annäherung von Rechtskonservativ und Rechtsextrem spiegelt sich auch in intellektuellen Kreisen. Bei Autoren wie Martin Walser und Botho Strauß, Michael Stürmer, Armin Mohler oder Rainer Zitelmann sind seit den neunziger Jahren rechte Thesen präsent. Inzwischen wachsen auch junge Schriftsteller und Philosophen nach, die sich deutlich nach rechts ausrichten, sich in Vereinen wie der »Deutsch-Europäischen Gesellschaft«, »nation24« oder »Sleipnir« zusammenschließen und sich dabei Werte wie Pflicht, Ehre und Vaterland auf das Panier schreiben. Und ähnlich wie bei den aus dem Zusammenhang gerissenen linken Liedertexten üben rechtslastige »Alt-68er« wie Bernd Rabehl dabei den Brückenschlag zwischen alternativem Protest und nationaler Rechter: Die neuen Nazis setzten doch nur fort, was 1968 wollte – so lautet die aberwitzige Devise. Dabei macht auch eine neue Argumentationsfigur die Runde, die die Koexistenz vieler gleichberechtigter Kulturen und Ethnien zugesteht, daraus aber folgert, dass Identität und Heimat nur in der eigenen Kultur und »Rasse« möglich sind und erwachsen können – bei uns dann wohl unter der Ägide einer »deutschen Leitkultur«.

Ein Dammbruch für das Zusammenspiel zwischen dem

bürgerlichen und dem rechtsextremen und antisemitischen Lager waren die Äußerungen des Jürgen W. Möllemann vor und während des Bundestagswahlkampfs 2002 und sein Wahlkampfflyer. Seine Attacken auf die jüdische Gemeinschaft, den Staat Israel und Michel Friedman, den damaligen stellvertretenden Vorsitzenden des Zentralrates der Juden in Deutschland, waren voller antisemitischer Klischees und zeugten von einer nicht mehr erträglichen rechtspopulistischen Verkommenheit.

Möllemann sprach von einer »zionistischen Lobby« und bemäntelte das mit der Phrase, dass man Israel ja wohl noch kritisieren dürfe. Michel Friedman warf er eine »gehässige, intolerante und überhebliche« Art vor und verknüpfte diesen Vorwurf mit rassistischen Gedanken. Ich verklagte Möllemann damals wegen Volksverhetzung, übler Nachrede und Verleumdung.

Möllemanns Rechtspopulismus war deshalb so gefährlich, weil er einer langfristigen Strategieüberlegung entsprang, nämlich die FDP wie die Schwesterparteien in Österreich und in den Niederlanden zu einer nationalen Partei umzubauen. Dass Westerwelle diese Idee in der Proklamation des Wahlziels 18 Prozent für die Bundestagswahl 2002 widerspiegelte, zeigt, dass er entweder nicht begriff, was Möllemann vorhatte, oder dass er es goutierte. Ich weiß nicht, was schlimmer ist. Auch dass Westerwelle, schon damals Parteivorsitzender, Möllemann in dieser Sache nicht einmal in seine Schranken wies, ist erbärmlich.

Möllemann, aus dem gleichen Landesverband wie Westerwelle kommend, wollte den Leistungsgedanken der FDP völkisch zuspitzen. Im Landtagswahlkampf 2000 plante er ernsthaft, mit einem Plakat Adolf Hitlers für die FDP zu werben.

Die hessische CDU unter Roland Koch hatte in einer perfiden Kampagne gegen die doppelte Staatsbürgerschaft Unterschriften gegen Ausländer gesammelt und damit die Landtagswahl 1999 gewonnen. Und die Union eskortierte die Möllemann-Debatte erstmals mit den Leitkultur-Thesen von Friedrich Merz, die sie ja noch heute umtreiben. Als ich im Frühjahr 2006 auf einer öffentlichen Veranstaltung in Düsseldorf mit Friedrich Merz darüber diskutierte und darauf hinwies, dass diese propagierte Leitkultur Verbrechen an Menschen anderer Hautfarbe und Andersgläubigen mit einschloss, war die Häme im Publikum förmlich greifbar. Mir wurde vorgeworfen, ich würde Einzelfälle dramatisieren. Dabei ging es nicht einfach um Einzelfälle. Es ging um Schicksale in einer langen Reihe von Fällen. Ich empfehle jedem die Internetseite von »Mut gegen rechte Gewalt«, die die vielen von Rechtsextremen begangenen bestialischen Morde dokumentiert.

Wer mit seinen Eltern nie ein ehemaliges KZ besucht hat, wer nie von seiner Großmutter erzählt bekam, wie groß die Angst bei jedem Anklopfen an die Haustür war, der ist abstrakten Ideen über Autorität und Ordnung gegenüber anfälliger und mehr in Gefahr, über dem allgemeinen Schwadronieren das individuelle Leid, das einzelne Schicksal zu vergessen.

1995 wurde ich als Fraktionsvorsitzende der Grünen im Europäischen Parlament vom Jüdischen Weltkongress und vom Europäischen Jüdischen Kongress eingeladen, bei der Gedenkfeier zum fünfzigsten Jahrestag der Befreiung des KZ Auschwitz teilzunehmen. Bevor wir das ehemalige KZ besuchten, waren wir in Krakau, wo das jüdische Leben in Polen seinen Schwerpunkt hatte. In der aus dem 16. Jahrhundert stammenden Synagoge ist heute das Jüdische Museum untergebracht. Der damalige Vorsitzende des Zentralrats der Juden in Deutschland, Ignatz Bubis, hielt eine Rede. Ich spürte die Reichhaltigkeit und Tiefe dieser Kultur, die mir verwirrend fremd und vertraut zugleich erschien. Dann fuhren wir ins KZ Auschwitz, das die Nazis ja sehr bewusst in der Nähe dieser multikulturellen und multireligiösen Metropole angelegt hatten. Es war nicht mein erster Besuch dort, aber es war der erste mit Menschen, die ich aus der täglichen politischen Arbeit kannte und die selbst in diesem Lager inhaftiert gewesen waren. Simone Veil, die ehemalige Präsidentin des Europäischen Parlaments, und die belgische Sozialistin Marijke van Hemeldonc waren als Mädchen hier, in diesem KZ, gewesen, hatten die Leichenberge, die Gaskammern und die Schlächter täglich gesehen. Jetzt nahmen sie mich in ihre Mitte und schritten mit mir die endlos lange Reihe der Baracken ab.

Der Wind pfiff, es war bitterkalt. Und dann fingen Simone und Marijke an, Erinnerungen auszutauschen, suchten die Baracke, in der sie geschlafen hatten, zeigten mir das Haus der Aufseherin, erzählten von den dreistöckigen Pritschenbetten, in denen sie zu neunt schlafen mussten, ohne Bettdecken, auf fauligem Stroh, wie Vieh. Sie sprachen über die Latrinen, und ich werde hier nicht wiedergeben, was sie an Details erinnerten. Dafür muss ich festhalten: Das Problem des Antisemitismus darf nicht zum Problem der Juden marginalisiert werden. Es ist unser aller Aufgabe, dafür zu sorgen, dass jeder Mensch ohne Diskriminierung leben kann – unser aller heißt: auch meine. Als ich zehn Jahre alt war, lagen die Morde in den Gaskammern erst zwanzig Jahre zurück. Und die ungeheuerliche Industrialisierung des Mordens, die unvorstellbare Zahl der Toten, die Abstraktion und Menschenferne des Kalküls ließen als einzig möglichen Zugang nur den persönlichen, individuellen. Jedenfalls erschien es mir damals so. Immer wieder stellte ich auch mir die Fragen, die ich meinen Eltern stellte, und versuchte, sie mir so wahrhaftig wie möglich zu beantworten: Wie hätte ich mich verhalten, wäre ich eine Mitläuferin geworden, oder hätte ich Mut genug gehabt, dem Bösen zu trotzen. Selbstverständlich war mir schon damals klar, dass selbst tausend Schwüre und Beteuerungen des eigenen Mutes im Grunde nichtssagend sind und nicht Worte, sondern Taten entscheiden. Aber was ich aus jenen Gesprächen mitnahm, war die Überzeugung, immer zu versuchen, hinter jeder Entscheidung die Menschen zu sehen, die von ihr betroffen sind, zu erinnern, dass Individualität und Menschlichkeit umstrittene und umkämpfte Begriffe sind und dass es immer die Gefahr gibt, in der Abstraktion der politischen Nützlichkeit gegen die Rechte und den Schutz der Person zu verstoßen.

Wir fragten, wie konnte Auschwitz möglich sein, und manchmal denke ich darüber nach, welche Fragen die Kinder von heute an meine Generation, an mich richten werden. Immer wieder suche ich den Punkt, den mir die Kinder von heute später vorwerfen, über den sie mich befragen könnten, warum ich Lehren aus der Geschichte nicht gezogen, warum ich nicht energischer aufbegehrt habe.

Gegen das Vergessen von Auschwitz und der Nazimorde hilft nur Aufklärung – auch wenn diese Forderung uns schon wie Asche im Mund ist. Aufklärung darüber, was der Nationalsozialismus tatsächlich bedeutet, welche Schrecken mit ihm verbunden sind. Es ist Aufklärung auf allen Ebenen, in den Schulen, in den Medien – und vor allem »vor Ort«. Man muss zeigen, dass nicht nur in der Berliner Reichskanzlei die Verbrecher saßen, sondern dass das ganze Land von der Mordmaschinerie überzogen war. Der Terror hat sich vor unseren Haustüren abgespielt, auch in kleinen und mittleren Städten, auf Bahnhöfen, Verladestellen, an Küchentischen, in Wohnzimmern.

Die Resistenz von Individuen gegen rechtsextremistische Haltungen ist wesentlich eine Frage des historischen Wissens und seiner Vermittlung. Dabei geht es nicht nur um Faktenwissen, sondern auch um die emotionale Verankerung dieses Wissens. Und es geht grundlegender um eine »emotionale Bildung«, die einen Menschen aufschließt für die Erlebniswelten anderer Menschen. Eine solche Bildung ist ein gutes Gegengewicht gegenüber der Versuchung menschenfeindlicher Haltungen. Menschen erfahren eine solche Bildung am besten dann, wenn sie in gute und solidarische Beziehungen eingebunden sind, in denen sie sich auch selbst als wertvoll und wichtig erfahren. Und genau hier liegt heute ein Problem, das viel zu wenig gesehen wird.

Wir leben in einer Welt, die für viele von neuer Unsicherheit, Arbeitslosigkeit, schlechten Berufsaussichten und sinkendem Wohlstand geprägt ist. Diese Probleme werden uns täglich vor Augen geführt. Viel seltener Thema sind die dramatischen Erfahrungen der Abwertung und Entsolidarisierung, die Anerkennungsverluste, die für viele Menschen damit verbunden sind. Denn schlechte Ausbildung, Arbeitslosigkeit, Armut – das bedeutet nicht nur weniger Geld und weniger Chancen, es bedeutet leider nur zu oft, in den eigenen Augen und denen anderer weniger wert zu sein.

In die gleiche Richtung wirkt auch der Verlust des Geborgenheitsgefühls in einer komplexer werdenden globalisierten Welt. Heimat, nicht als geographischer Ort, sondern als emotionales Konzept, verschwindet. Menschen erfahren ihr Leben immer öfter als nicht beeinflussbar, als nicht veränderbar. All das bewirkt eine Suche nach einer emotionalen Heimat, einen Hunger nach Anerkennung, nach dem Gefühl, gebraucht zu werden. Weil unsere Gesellschaft hier viel zu wenige Antworten gibt, endet diese Suche häufig bei den primitiven Antworten des Rechtsradikalismus. Hier muss eine Politik und Kultur der Anerkennung ansetzen. Neben allen konkreten Programmen zur Aufklärung, zum Schutz vor Rechtsextremismus und zur Erleichterung des Ausstiegs brauchen wir insgesamt ein gesellschaftliches Klima, das Menschen nicht ausgrenzt und dauerhaft zu Verlierern macht.

Dazu gehört auch ein Umdenken, eine Erweiterung unseres Menschenbildes. Denn wir sehen Menschen noch viel zu sehr wie »Atome« – und ihr Zusammenleben wie ein Billardspiel. Was es tatsächlich heißt, dass Menschen soziale und politische Wesen sind, ist uns noch viel zu wenig bewusst. Die Dimension des »Zwischen«, die alltäglichen Bindungen, die wechselseitigen Anerkennungsbeziehungen – sie sind ebenso Teil unseres Menschseins wie der Körper, wie Knochen, Haut und Haar. Und wie wir den Körper und seine Bedürfnisse beachten, indem wir ihm Nahrung, Kleidung, Wohnung geben, müssen wir die Bindungen beachten, den Respekt und die Solidarität zwischen Menschen. Diese Bindungen sind schwerer sichtbar zu machen als ein Stück Brot oder eine Wohnung, die fehlen. Deshalb entgehen uns so oft die Probleme, die damit verbunden sind. Aber sie sind ebenso real. Der Verlust von Anerkennung, der Bruch von sozialer Solidarität greifen denkbar tief in das Leben eines jeden ein, der davon betroffen ist. Dies sichtbar und verstehbar zu machen ist die große Aufgabe einer emotionalen Bildung, die der Verrohung und Entsolidarisierung unserer Gesellschaft entgegenwirkt.

Wenn Anerkennung nicht positiv durch Erfolg oder durch gelingende zwischenmenschliche Beziehungen erlangt werden kann, dann wird sie negativ erworben – zum Beispiel durch Tabubruch. Wir steuern auf vielen Ebenen auf eine »Tabubrechergesellschaft« zu. Ein Jugendlicher, der ein Symbol über dem Bett hat, mit dem er sich strafbar macht – zum Beispiel ein Hakenkreuz –, findet bei seinen Freunden dafür oft besondere Anerkennung. Dabei geht es weniger um Zustimmung zu dem, worauf das Symbol verweist, sondern weit eher um die Anerkennung der Stärke und Entschlossenheit, die das Überschreiten des Verbots anzeigen will. Jean-Paul Sartre hat in seiner Erzählung »Die Kindheit eines Chefs« sehr eindringlich gezeigt, wie ein solches negatives Anerkennungsspiel funktioniert.

Die Auswüchse einer Tabubrechergesellschaft lassen sich durch staatliche Härte kaum in den Griff bekommen. Auch der Aufklärungsdiskurs ist, verglichen mit der Anerkennung, die man durch den Tabubruch erreichen kann, oft seltsam kraftlos. Deshalb benötigt gerade auch das aufklärerische Herangehen eine emotionale Basis, auf der seine Werte und Ansprüche Geltung haben. Es geht um Grundwerte wie Demokratie, Selbstbestimmung, Gerechtigkeit und Nachhaltigkeit – und um eine Wertebildung, die kein blindes Einschwören sein kann, sondern Erschließung eines Wertehorizonts, die zusammengeht mit Kritikfähigkeit und der wachsenden Fähigkeit zum Einfühlen in den anderen.

Wertebildung ist deshalb keine paternalistische Werteerziehung, wie einige sie propagieren. Ich glaube nicht, dass man Werte durch Erziehung vorgeben kann, es geht vielmehr um Bildungsprozesse, in denen sie eigenständig erworben werden können. Ein Bündnis für Erziehung ist deshalb kein Bündnis für Bildung. Bildung bedeutet die Entwicklung der Eigenständigkeit eines Menschen. Erziehung bedeutet, ein Kind entlang vorgegebener Ideale aufzuziehen. Sinnvolle Erziehung beruht auf Bildung und unterstützt sie. Aber sie geht ihr nicht voran. Es ist der Unterschied zwischen Freiheit und Gängelung, zwischen Schule und Anstalt, zwischen Urteilskraft und Gehorsam, zwischen Selbstbestimmung und Paternalismus.

Es ist bekannt, dass die Union die Wahlkämpfe von George W. Bush genau beobachtet und auch Mitarbeiter in seinem Planungsstab untergebracht hat. Vor dem Hintergrund der neokonservativen Politik der Bush-Administration erhalten die Wertedebatte in der Union und ihr vermeintlich christliches Leitbild eine neue Dimension. Einige Vertreter der Union wollen eine nationalistische Wertedebatte und eine Relativierung der Trennung von Kirche und Staat. Als Folge und Flankierung hiervon werden Minderheiten mit Ausgrenzung bedroht. Zweimal wurde Bush in den USA aufgrund dieser Strategie gewählt. Die Phobie gegenüber anderen zu schüren ist die eine Seite der Münze, auf deren anderer Seite volks- und glaubensgemeinschaftliche Werte stehen. Das ist nicht Ausdruck eines christlichen Denkens, das Nächstenliebe in den Mittelpunkt stellt, oder eines an humanistischen Werten orientierten Konservativismus, sondern eine politische Strategie, die von einem negativen Menschenbild ausgeht, einem, das auf Angst und Verunsicherung beruht. Demokratische Errungenschaften stehen zur Disposition, und eine Kultur des Dialogs soll zu einer des autoritären Monologs umgebaut werden. Es bleibt zu hoffen, dass die Deutschen einem solchen neokonservativen Rezept nicht auf den Leim gehen.

Das negative Menschenbild, das nicht auf Bildung, sondern auf Bevormundung und »deutsche Leitkultur« setzt, bringt keine Lösung. Im Gegenteil, es verschärft die Probleme. Ein neuer Nationalstolz soll die Verunsicherung der Menschen, ihre Abstiegsängste und den Verlust sozialer Anerkennung kompensieren. Doch ist dies eine Strategie, die viele Millionen Menschen in Deutschland ausgrenzt, die fast die Hälfte der Menschen in den großen Städten, die einen Migrationshintergrund haben, übergeht. So denken sich rechte Unionspolitiker den neuen Kanon der gesellschaftlichen Integration. In Wahrheit treiben sie die Desintegration der Gesellschaft voran. Es ist eine Strategie, die nicht das Land, sondern in erster Linie die Traditionsbataillone der Union zusammenhalten soll.

Eine Politik und Kultur der Anerkennung geht einen anderen, entgegengesetzten Weg. Sie sucht nicht nach einem Feind, sie will nicht einen falschen Stolz aufstacheln, sondern fragt nach den Teilhabechancen der Menschen im wirtschaftlichen, sozialen und politischen Leben, nach der Qualität von sozialen Bindungen und Solidaritäten und nach den Infrastrukturen, die solche Bindungen schützen und ermöglichen. Und von hier aus fragt sie kritisch zurück – nach den Erfahrungen von Deklassierung und Abwertung, nach den Gründen für die Herausbildung einer wieder deutlicher abgegrenzten sozialen Unterschicht, nach den Deklassierungsängsten, die inzwischen auch die Mittelschichten erreicht haben – und die sich manchmal Luft machen in einem Naserümpfen, einem künstlich hochgehaltenen Überlegenheitsgefühl, einer neuen Unkultur der »feinen Unterschiede«, die der Soziologe Pierre Bourdieu so gut beschrieben hat. Manchmal habe ich den Eindruck, dass die Rede von der »neuen Bürgerlichkeit« die Kehrseite einer Deklassierungsangst ist, die inzwischen auch gut ausgebildete und relativ gut verdienende Menschen betrifft – so als könnte man den bedrohten sozialen Status symbolisch befestigen, um den Ängsten vor Arbeitslosigkeit und sozialem Abstieg auf diesem Weg zu entgehen.

So gesehen, ist Arbeitslosigkeit selbst ein Problem von Anerkennung, denn in unserer Gesellschaft funktioniert Anerkennung wesentlich über Arbeit. Die Gefühle des Nicht-mehr-Dazugehörens, des Überflüssigseins, der eigenen Wertlosigkeit resultieren oft aus dem Anerkennungsverlust, der mit Arbeitslosigkeit einhergeht.

Aber es geht nicht nur um Arbeit, es geht mehr und mehr auch um würdige Arbeit, und es geht um weitere Bereiche, um Familie, Politik und zivilgesellschaftliches Zusammenleben. Menschen müssen sich in all diesen Bereichen als »wertvoll« und anerkannt begreifen können, um der Gefahr eines ausgrenzenden Denkens, der rechtsextremen Versuchung nicht zu erliegen. Ein wirksames Konzept gegen Rechtsextremismus muss die Ansprüche auf Achtung und Anerkennung, die Menschen in den unterschiedlichen Kontexten zu Recht erheben, gut kennen – und vor allem auch die Defizite bei deren Einlösung. Und von diesen Defiziten her ist der Kampf gegen den Rechtsextremismus heute eine politische Querschnittsaufgabe, eine integrative Aufgabe u. a. in der Familien-, Bildungs- und Arbeitsmarktpolitik, eine Aufgabe, die auf erweiterte Möglichkeiten von sozialer Teilhabe und demokratischer Partizipation zielt.

Das Problem ist, dass eine so weitreichende gesellschaftliche Dimension nicht am Reißbrett entwickelt werden kann. Sie kann sich nur durch die Einsicht und das Zusammenwirken vieler Menschen entfalten. Aber die Politik kann vielleicht diese Entfaltung fördern, indem sie dem kritischen Hinterfragen der Gegenwart Raum gibt. Jan Philip Reemtsma wies einmal darauf hin, dass Populisten, also diejenigen, die den Sündenbock- und Starken-Mann-Diskurs bedienen, nur dann auf die Bühne können, wenn sie bereits leer geräumt ist. Demokratische Politik, die sich an der humanistischen Tradition orientiert, darf die Bühne nicht freigeben.

Dies ist eine umso schwerer wiegende Aufgabe in einer Zeit, in der immer weniger Menschen, die den Holocaust und die anderen Schrecken der Nazidiktatur überstanden haben, noch leben und Zeugnis geben können. Eine Kultur der Anerkennung hat eines ihrer wichtigsten Fundamente in einer Erinnerungskultur, die aufzeigt, wohin die Unkultur der Ausgrenzung und Missachtung führt, einer Kultur, die die Erinnerung an die katastrophalen Folgen einer chauvinistischen, rassistischen, menschenverachtenden Politik wach hält.

Erinnerungskultur ist Ausdruck einer historischen Solidarität mit den Opfern, sie benennt das Leid, das ihnen angetan wurde, und die Täter ebenso wie die gesellschaftlichen Verhältnisse, die diese Taten ermöglichten. Und es geht um ein Erinnern für die Zukunft. Die Menschen, die so unsäglich unter dem Naziregime gelitten haben, können uns etwas mitgeben für unser Leben in der heutigen Welt. Ein Bild, das diese Aufgabe sehr deutlich macht, stammt von einem Schauspieler, von Til Schweiger, der in einer Diskussionsrunde, in der viele vermeintlich schlaue Dinge gesagt wurden, den schlauesten und eindringlichsten Satz des Abends sagte: Wir Deutsche sollten nicht versuchen, den Rucksack unserer Geschichte loszuwerden. Denn die Erinnerung an Geschichte, die wir mit uns tragen, ist nicht etwas, das uns behindert, sondern etwas, das uns gerade in der Welt von heute weiterbringt.

Dieser unspektakuläre Satz markiert für mich einen wichtigen Zugang zu einer zeitgemäßen Erinnerungskultur, die danach fragt, was Geschichte und Erinnerung in einer Welt bedeutet, so wie sie heute ist oder in absehbarer Zukunft ist oder sein kann. Die globalisierte Welt stellt viele Fragen an uns und ruft auch viele Ängste hervor. Aber das Leitbild von Rassismus und Fremdenfeindlichkeit, von territorialer Abschließung und sozialer Ausgrenzung, von absoluter Kommunikationsverweigerung steht im tiefsten Widerspruch zu dem, was diese Welt braucht. Eine Erinnerungskultur, die dem entgegensteht, kann einen Weg bahnen für das neue Denken, das wir brauchen. Es sollte uns an die Fähigkeit zum Gespräch erinnern, die wir entwickeln und verteidigen müssen, die Fähigkeit zur Akzeptanz von Andersheit, die mehr ist als passive Toleranz, die Fähigkeit zur wechselseitigen Anerkennung. Deutsche Geschichte ist kein Rucksack, den wir ablegen sollten. Sie ist eine Herausforderung, die eine Chance birgt, für uns und unsere Partner in aller Welt. Dieser Geschichte entspringen die aktuellsten Lehren für unsere Zeit.

4. Helenas Exil

Mein Vater wurde, nachdem er aus dem Krieg zurückgekehrt war, nicht Sänger, sondern Zahnarzt und eröffnete eine Praxis in Babenhausen. Meine Mutter wollte eigentlich Innenarchitektin werden, wurde dann aber Lehrerin. Als meine beiden Schwestern geboren wurden, gab sie ihren Beruf schweren Herzens auf, denn er war damals mit einem Leben mit Kindern nicht vereinbar. Heute, mehr als vierzig Jahre später, ist das Problem der Vereinbarkeit von Familie und Beruf noch immer nicht gelöst, sondern hat sich in Deutschland zu einem demographischen Problem ausgewachsen. Noch immer reichen die Infrastrukturen der Kinderbetreuung bei weitem nicht aus – und das CSU-regierte Bayern hinkt am weitesten hinterher. Viele Konservative stecken noch immer in den fünfziger Jahren fest und wollen den Prozess der Emanzipation wieder zurückdrehen.

Vom Elterngeld bis zur Steuerbefreiung bei der Vererbung von Betriebsvermögen geht dieser Umbau, der so gar nichts mit der Selbstbestimmung und Freiheit zu tun hat, die ich dank meiner Eltern leben durfte. Ich wusste ziemlich schnell, dass ich nicht die Praxis meines Vaters übernehmen würde. Die wenigen Male, in denen ich in den Ferien aushalf, endeten stets damit, dass er mich nach Hause schickte, weil ich mich völlig unmöglich anstellte.

Wie mein Vater und meine Mutter war auch ich sehr an Musik, Kunst und Literatur interessiert. Und da sie ihren Traum nie leben konnten, war von vornherein klar, dass sie mir meinen nicht verwehren würden.

Ich werde nie die Weihnachtstage bei uns zu Hause vergessen, wenn Bachs Weihnachtsoratorium durch das Haus schallte, die Szenen der Adventssonntagnachmittage, die wir, meine Mutter und ihre drei Töchter, auf der Couch verbrachten, Kinderpunsch auf einem kleinen Tischchen vor uns, das Haus roch nach Tannengrün und Keksen, Zimt und Holz. Wir hörten Verdi-, Puccini- und Rossini-Opern, weinten bei »Don Carlos« und waren zornig darüber, wie die Männer ihre Frauen in »La Boheme« und »Madame Butterfly« behandelten. Vielleicht war es diese Atmosphäre aus Liebe und Geborgenheit, die mich Musik und Kunst ganz allgemein mit allen Sinnen erfahren ließ. Und diese emotionale Teilhabe an der Kunst ließ mich nicht einfach kontemplativ vor den großen Meisterwerken erstarren, sondern ermutigte mich, spornte mich an, mich einzumischen.

Es gab durchaus nicht nur klassische Musik bei uns zu Hause. Meine Mutter begeisterte sich für die Beatles, mein Vater schwärmte außer fürs französische Chanson für Ella Fitzgerald und Louis Armstrong, und ich fügte mit den Stones und Jim Morrison noch eine Klangfarbe hinzu. Jim Morrison hing, nachdem ich Winnetou, Nscho-Tschi und die Bee Gees wieder abgenommen hatte, neben Che Guevara als Poster an meiner Zimmerwand. Die goldenen Stimmen von Karel Gott oder Roy Black aus dem benachbarten Augsburg hatten bei uns keine Chance. Dann eher schon ein anderer berühmter Augsburger, Bertolt Brecht.

Wenn ich Brecht-Stücke sah – »Mutter Courage« war das erste Theaterstück, das ich jenseits des Kindertheaters gesehen hatte – oder »Frühlings Erwachen« von Wedekind oder Lessings »Nathan der Weise«, veränderte das meine Weltwahrnehmung. Kurzgeschichten von Wolfgang Borchert, Goethes »Stella« betrafen mich auch immer selbst. Kunst ermutigte mich dazu, dem Anpassungsdruck zu widerstehen, an meiner Eigenständigkeit, am Widerspruchsgeist festzuhalten. Kunst ist materialisierte Individualität. Daran wollte ich glauben. Ich wollte mein Leben so führen und so einrichten, wie ich es für richtig hielt – und andere ermutigen, es auch zu tun und die Welt humaner und gerechter zu gestalten.

Ich übertrug das Gesehene und Gelesene auf Szenen meines Alltags, zum Beispiel auf den Kirchgang und den

Religionsunterricht. Am Sonntagmorgen in die Kirche zu gehen war in Babenhausen Pflicht. Eine Pflicht, der sich meine Eltern nie unterwarfen. Die Konsequenz waren für mich schlechte Noten in Religion. Über eine Drei kam ich nie hinaus. Dabei wurde bei uns zu Hause viel über Gott und die Bibel gesprochen und auch gestritten, aber Gläubigkeit wurde nicht mit dogmatischen Bekenntnissen gleichgesetzt.

In der Schule wurmte mich nicht die Drei, sondern die Ungerechtigkeit hinter dieser Note. Und sie machte mir auch Angst. Wie um ein Gegengewicht herzustellen und dafür zu sorgen, dass meine Familie doch noch in den Himmel käme, ging ich jeden Morgen zur Andacht, betete viel, ich war damals von den katholischen Riten fasziniert. Diese Faszination wandelte sich jedoch bald zu kritischer Anteilnahme. Mit meinem Religionslehrer stritt ich heftig über Ehe und Zölibat, die untergeordnete Rolle der Frau in der katholischen Kirche, die Verdammung der Scheidung, den Sinn der Beichte. Das war für mich eine gute und wichtige Erfahrung – auch was den respektvollen Stil der Debatten anging.

Ich ging sehr gern zur Schule. Lernen fiel mir nicht wirklich schwer, zum einen, weil ich mehr wissen wollte, zum anderen, weil ich Lehrer hatte, an denen ich mich reiben konnte, die mich provozierten und an denen ich wuchs. Neben meinem Religionslehrer mochte ich vor allem meinen Französischlehrer. Für ihn war die Vermittlung von Sprache und Geschichte Teil von lebendiger Kommunikation und Streitkultur. Und das brachte er uns auf vielfältige Weise nahe, über Chansontexte – wir hörten Edith Piaf und Georges Moustaki, über politische Texte, auf Klassenfahrten. Wir spielten Theater, und ich schrieb im Deutschunterricht vierzig Seiten lange Aufsätze zu Themen wie »Immer noch Goethe?« oder »Brecht jetzt« und wurde im mündlichen Abitur in Französisch über den Unterschied zwischen Voltaire, Camus und Sartre geprüft. Sehr schlecht war ich in Fächern wie Latein, in denen es um Pauken statt um Verstehen, um Grammatik statt um lebendige Sprache ging.

Wenn wir über Schule reden und über Schulreformen, dann kann ich aus meiner eigenen Schulzeit nur den Schluss ziehen, dass wir an den Schulen auf Vertrauens- statt auf Misstrauenskultur setzen müssen, auf starke Lehrer und Lehrerinnen, die den Kindern einen Kredit einräumen und sie nicht unter Druck setzen, auf eine Schule, in der Kinder begreifen, welch hohes Gut die Bildung für ihr Leben ist. Dass ich Reitunterricht erhielt und Klavierstunden bekam, dass ich frei und in der Sicherheit, bei einem Scheitern nicht ins Bodenlose zu fallen, meinen Beruf wählen konnte, war ein materielles Privileg. Aber gerade wenn die Gesellschaft auseinanderdriftet, muss die Schule ein Ort werden, wo solche Privilegien möglichst ausgeglichen werden, wo die Schüler Selbstvertrauen vermittelt bekommen und die Gewissheit, dass sie Teil einer Gesellschaft sind, die auf ihre Fähigkeiten nicht verzichten möchte. Die Drangsalierungen, das Sitzenbleiben, das frühe Aussortieren in unserem Schulsystem, eine veraltete Pädagogik, schlechte Berufsaussichten – das alles zerstört die Grundlage, ohne die Schule nicht funktionieren kann: Vertrauen.

Den Bruch mit der katholischen Kirche vollzog ich, nachdem Karol Wojtyła 1980 seine erste Deutschlandreise als Papst unternahm und seine konservativen Standpunkte als Gottes Willen verkündete. Ich trat mit der Zustimmung meiner sehr religiösen Großmutter aus der Kirche aus. Ohne ihren Segen hätte ich diesen Schritt zu diesem Zeitpunkt vermutlich nicht getan. Sie hatte verstanden, was mich dazu veranlasste. Und noch heute versuche ich, zwischen Glauben und Bigotterie, zwischen Kritik an der Institution und Achtung vor dem Glauben strikt zu unterscheiden.

Nicht nur die Einstellung meiner Familie zur Kirche machte einen Unterschied. Meine Familie gehörte in meinem Heimatort ja zu den Zugezogenen, den Fremden. Wir hatten sozusagen kein Heimatrecht in der Gemeinde, die im vollen Sinn des Wortes reaktionär war und wo die CSU Wahlergebnisse wie die SED in der DDR erzielte. Meine

Eltern gehörten zu den ganz wenigen, die nicht die CSU wählten.

Das Gefühl, wie es ist, geächtet, anders, ausgeschlossen, fremd zu sein, hatte ich schon als Kind. Gerechtigkeit, Gleichheit, Freiheit von Diskriminierung – das waren nie abstrakte Inhalte oder philosophische Hintergedanken für mich, sie bezogen sich konkret auf Verhältnisse, wie zum Beispiel Martin Sperr sie in seinen »Jagdszenen aus Niederbayern« zeigt.

Ich habe zwei Schwestern, Zwillinge, die drei Jahre jünger sind als ich. Eine von ihnen wurde mit einer Behinderung geboren. Wie oft war sie Ziel von abfälligen Äußerungen, sie, die ich liebte – wie oft war ich voller Wut über die stumme Zurückweisung, die sie erfuhr. Und wie hart mussten meine Eltern kämpfen, damit sie, ihren Leistungen entsprechend, auf eine höhere Schule kam. Wäre mein Vater nicht Zahnarzt gewesen und meine Mutter nicht Lehrerin, wäre es meiner Schwester sicher schlechter ergangen. Dies zu wissen und die Tatsache, dass die Herkunft eines Kindes heute immer noch über seine Bildungschancen entscheidet, dass unser Schulsystem sogar dazu beiträgt, die sozialen Unterschiede zu vergrößern, macht mich zornig. Das dreigliedrige Schulsystem funktioniert nach dem Prinzip der Ausgrenzung und der Bestrafung. Es ist ungerecht wie das preußische Dreiklassenwahlrecht und gehört endlich abgeschafft und überwunden.

1968 war ich dreizehn. Und natürlich haben die Umbrüche der Zeit, als Demonstrationen noch etwas Neues und Ungewohntes waren, die neuen Fragen von internationaler Solidarität und innerer Freiheit auch für mich eine große Rolle gespielt. Der Funken des Aufbruchs, der diese Zeit elektrisierte, der Wunsch, »aus den Talaren den Muff von tausend Jahren« auszutreiben, der Wunsch danach, die Nazivergangenheit ernsthaft aufzuarbeiten, das alles ergriff auch mich. Die Bilder von der Anti-Schah-Demonstration, dem toten Benno Ohnesorg, den Wasserwerfern und Schlagstöcken, den besetzten Unis, dem gestikulierenden Rudi Dutschke, den Demonstrationen gegen den Vietnam-Krieg und gegen die große Koalition – in ihnen sah ich das Verlangen nach Gerechtigkeit, das auch mich umtrieb.

Was mich aber an der 68er-Bewegung sofort störte, war die Tatsache, dass sie wieder fast nur von Männern gemacht wurde und die Frauen wie überall höchstens in der zweiten Reihe standen – die schöne Uschi Obermeier einmal ausgenommen, weil sie sich nackt zeigte. Dieser Machismus-Leninismus störte mich sehr.

Die 68er waren die Jahre meiner Schulzeit, in denen ich fast immer Klassensprecherin und dann auch Schulsprecherin war. Die Debatten, die ich im Unterricht über die Entstehung von Revolutionen ausfocht, verlängerte ich jetzt auf Fragen wie »Raucherzimmer ja oder nein?« oder »Was ist der angemessene Preis für eine Pausen-Laugenbrezel?«. Und noch während meiner Schulzeit trat ich mit einem Freund den »Jungdemokraten« bei, damals die Jugendorganisation der FDP, in Bayern aber für mich die einzige erreichbare Alternative zur CSU, mit beinahe linksradikaler Ausrichtung, was unter anderem daran zu erkennen war, dass mein Freund, ich und ein dritter, der bei den Jusos war, politische Aufkleber von unseren Ranzen abziehen mussten.

Auf dem Weg zur Politik waren Autoren wie Bertolt Brecht und Günter Grass für mich sehr wichtig und Heinrich Böll, der 1972 den Literaturnobelpreis erhielt, auch die Franzosen, Voltaire, Sartre, Camus und natürlich Simone de Beauvoirs »Das andere Geschlecht«. Das war mehr als literarische Schulhofmode und schwarze Rollkragenpullis. Hier fand ich die Motive wieder, die ich schon aus den Opern und der Literatur kannte: Sich losreißen von überkommenen Traditionen, Widerstand, der Kampf gegen Diskriminierung, gegen Umstände, die die Freiheit des einzelnen unterdrücken. Aber ich interessierte mich auch für vermeintliche Nebenwege in diesem Denken.

Bei Albert Camus fand ich ein Denken, das die individuelle Verantwortung des Menschen mit einer Ethik der Begrenzung, des Maßes verband. Totalitäre Gewalt und Naturzerstörung, das waren Maßlosigkeiten, gegen die er Verantwortung und die Freiheit des Individuums setzte. Die Vorstellung, der Mensch könne alles beherrschen, stammt aus einer verkürzten, technologiegläubigen Aufklärung und wurde dann dogmatisch auch vom Realsozialismus propagiert. Die tiefe Wachstums-, Fortschritts- und Wissenschaftsgläubigkeit trennte auch im Europäischen Parlament unsere Fraktion von der der Sozialisten, mit denen wir sonst Anliegen und Standpunkte teilten, zum Beispiel in der Sozialpolitik oder in einem sehr positiven Europabezug. An dieser Stelle gab es jedoch ein verbindendes Glied zu den Konservativen – wenn sie denn wahrhaft konservativ waren.

Dabei hätte den Sozialisten ein Blick in die kritische Denktradition, zum Beispiel in diejenige Frankreichs, sehr gut getan: »Freiwillig amputiert man der Welt das, was ihre Dauer bewirkt: die Natur, das Meer, die Hügel, die Beschaulichkeit der Abende«, schreibt Camus in »Helenas Exil«. Ich verfolgte seine Ethik bis auf die Voltaires zurück. Dieser verortet die Hölle als einen Ort auf der Erde mitten unter den Menschen. Und über seine Sozialkritik kommt der Gesellschaftsmensch Voltaire zu einem praktischen Gegenentwurf, der auch für die ökologische Tradition wichtig ist. Er bricht aus, zieht in die Berge, gründete dort eine Kommune und sucht nach einem vernünftigen Verhältnis zur Natur. Voltaire ist für mich einer der Urväter der ökologischen Bewegung. Auch ein anderer Gesellschaftsmensch, Sartre, hat die Hölle als Sozialereignis beschrieben – zum Beispiel in seinem Stück »Geschlossene Gesellschaft«. Er kehrt der Stadt zwar nicht den Rücken, und auch für das »mittelmeerische Denken« von Camus hat er nicht viel übrig, aber er entwickelt die Idee von einer Natur, die den Zwecken der Menschen oft Grenzen setzt, die mit Gegenwirkungen beantwortet, was die Menschen unbedacht oder aus sehr kurzfristigen Erwägungen heraus tun. Hier, in der französischen Tradition, bin ich auf viele Ideen gestoßen, die das ökologische Denken vorwegnehmen. Es wäre gut, wenn sie einen stärkeren Niederschlag fänden – nicht nur, aber auch in der französischen Atompolitik.

Sehr schnell war mir klar, dass ich mich nach meinem Schulabschluss auch beruflich für ein Leben mit der Kunst und in der Kunst entscheiden würde. Mein Wunsch war, am Theater zu arbeiten. Meine Familie – mein Vater zumal mit seiner unerfüllten Karriere als Sänger – teilte und unterstützte diesen Wunsch. Es gab deshalb keine großen Debatten, ob ich nicht lieber einen »Brotberuf« erlernen sollte, der ein sicheres Auskommen bot. Meine Eltern sagten lediglich, dass ich jetzt für mein Leben selbst verantwortlich sei. Sie wiesen mich auf die Risiken hin und machten mir klar, dass ich, falls ich mein Studium abbrechen würde, dafür auch die Verantwortung trüge. Das war fair genug. Das war genau das, was ich wollte. Für diese Ermutigung zur Selbstständigkeit, dafür, dass Widerspruch nicht nur geduldet, sondern erwünscht war, für die Erkenntnis, dass Gegenwind auszuhalten und Kritik als Kraft zu begreifen ist, bin ich meinen Eltern bis heute zutiefst dankbar.

An der Entscheidung, ans Theater zu gehen, zerbrach meine erste längere Beziehung. Drei Jahre war ich mit einem Mann zusammen, der zwar der coolste Typ der Schule war und der Ober-Rock 'n' Roller, aber jetzt Jura studierte und es gern gesehen hätte, dass ich an seiner Seite Betriebswirtschaftslehre studierte. Das passte nicht. Wir trennten uns im verregneten Fußball-WM-Sommer 1974, an dem Abend, als die Bundesrepublik der DDR durch das Sparwasser-Tor unterlag.

Ebenfalls 1974 setzte der Bundestag das Volljährigkeitsalter von 21 auf 18 Jahre herab. Zuvor war schon das aktive Wahlrechtsalter auf 18 gesenkt worden. Ich empfand das als großen Freiheitsgewinn, denn ich war früher als erwartet auch offiziell erwachsen und wirklich für mich verantwortlich. Auch Entschuldigungen für die Schule durfte ich nun selbst unterschreiben. Die erste Wahl, an der ich teilnahm, war die bayerische Landtagswahl von 1974. Die erste Bundestagswahl, bei der ich wählen durfte, war die von 1976. Es war ein befreiendes, großartiges Gefühl, in einer Gemeinde zu wählen, in der die CSU 80 Prozent erzielte – und daran zu glauben, dass man mit der eigenen Stimme etwas daran ändern könnte.

1974 hospitierte ich als Dramaturgie- und Regieassistentin in Memmingen, wo ich schon im dreizehnten Schuljahr ein Praktikum absolviert hatte. Zum Herbstsemester 1974 ging ich nach München und studierte Theaterwissenschaft an der Ludwig-Maximilian-Universität, im Nebenfach Geschichte und Germanistik.

Einen Beruf gab es allerdings, den ich vielleicht noch lieber erlernt und ausgeübt hätte. Mein Patenonkel war Diplomat. Er war während des Sechs-Tage-Kriegs in Amman gewesen und hatte die Bundesrepublik als Generalkonsul in Los Angeles vertreten. Als ich sagte, dass ich auch gern in den diplomatischen Dienst gehen wolle, antwortete er, dass Frauen nur bedingt eingesetzt würden, nicht in die arabischen Länder geschickt werden könnten und im Dienst insgesamt einen schweren Stand hätten – außer als Übersetzerinnen und Sekretärinnen. Diese Auskunft war für mich ein Realitätsschock, der lange nachwirkte. Aber er gab mir auch eine Ahnung davon, wie viel noch zu tun war auf dem Weg zur Chancengleichheit für Frauen.

Das erste Stück, an dessen Aufführung ich in Memmingen aktiv als Dramaturgieassistentin beteiligt war, war Johann Nestroys »Freiheit in Krähwinkel«.

Nestroy lebte und schrieb in den ersten Jahrzehnten des neunzehnten Jahrhunderts in Wien. Auf den ersten Blick waren seine Stücke volkstümlich und volksnah. Karl Kraus jedoch entdeckte in Nestroy den ersten Satiriker, in dessen Stücken sich »die Sprache Gedanken über sich selbst macht«. Damit traf er den Nagel auf den Kopf. Tatsächlich ist das Besondere an Nestroys Stücken, dass er die leeren Phrasen der bürgerlichen Konventionen entlarvt, offensichtlich macht und damit dem Spott ausliefert. Hinter der Sprachmaske aber wird eine andere Welt sichtbar, eine, die voller materieller Interessen und Herrschaftsansprüche steckt. Das war faszinierend, das fesselte mich, das entsprach meinem eigenen Lebensgefühl und dem der Zeitkritik. Ich wollte das Gemütliche, das Biedermeierliche, das Lokalpatriotische als Egoismus und Eigennutz entlarven. Andererseits zeugt gerade das Stück »Freiheit in Krähwinkel« auch von Nestroys Skepsis hinsichtlich der gesellschaftlichen Emanzipation. Nestroy schrieb es im Jahr der 1848er-Revolte und bezieht sich sehr positiv auf sie, feiert den gesellschaftlichen Fortschritt. Doch die Charaktere und Protagonisten des Stücks sind zutiefst misstrauisch gegenüber der Fähigkeit der Menschen, auch weiterhin moralisch verlässlich und vernunftbestimmt zu handeln. Oftmals habe ich mich von dieser eigentümlichen Mischung aus humanem Engagement und Kritik an den gesellschaftlichen Zuständen und dem Kopfschütteln angesichts ihrer Erfolgsaussichten eingeholt gefühlt. Es ist ein bisschen, als ob »Freiheit in Krähwinkel«, das ganz am Anfang meines selbst verantworteten Lebens steht, mir wichtige Vorzeichen für alles Weitere geliefert hat.

Und dann zeigte sich, welche Wirkung Kunst und Sprache entfalten können. Denn in unserer Nestroy-Inszenierung erkannte sich der Bürgermeister Memmingens wieder, fühlte sich – zu Recht – angegriffen, wurde stinksauer und schmiss den Dramaturgen Peter Ritz, der hier Regie geführt hatte, raus, was in der Stadt eine Welle der Solidarisierung mit dem Theater auslöste. Es kam zur ersten Demonstration in Memmingen seit den Bauernkriegen. Meine Familie reihte sich ein. Meine Großmutter ging vor der Demo extra zum Friseur, um ihrem politischen Protest Nachdruck zu verleihen. Im Theater, auf den Rängen, hingen Spruchbänder, Freiheitsparolen – es war eine Stimmung wie bei »Les enfants du paradis«. Das Stück wurde Wirklichkeit, es wurde eine engagierte, leidenschaftliche Spielzeit. Sie endete damit, dass fast das ganze Ensemble sich Peter Ritz anschloss und das Theater verließ, als die Kündigung gegen ihn nicht zurückgenommen wurde.

Mit mir am Theater war auch ein gewisser Fritz Kuhn, der im gleichen Jahr wie ich Abitur gemacht hatte, ich in Krumbach, er in Memmingen. Mit ihm arbeitete ich an einem Stück, das »Der Bayerische Hias« hieß, ein Wilderer-Melodram. Fritz saß bei den Proben ganz vorn, dort, wo er als Fraktionsvorsitzender auch heute im Bundestag sitzt. Zusammen mit dem Regisseur analysierte er die Aufführung, arbeitete am Text, während ich in der Requisite die Blutkissen mit roter Farbe füllte, die wir brauchten, um die Gewalt von oben gegen unten möglichst dramatisch darzustellen – tatsächlich aber wartete ich auch auf meinen Anteil an der Revolution, ebenso wie Fritz.

Die Hauptfigur des Stücks, der »Hias«, Matthias Kneißl, kommt aus einer armen Familie, in der es auch Opferstockdiebe gegeben haben soll. Die Obrigkeiten machen ihm das Leben schwer, und er begehrt auf. Er wird gesucht, gefangen und schließlich hingerichtet. In seiner Verteidigungsrede sagt er: »Ich kann kein Unrecht leiden. Ich kann mich nicht beugen, lieber geh' ich selber zugrunde.« Das war ein Text so ganz nach meinem Geschmack – und nach dem der Zeit!

Die Spielzeit 1974 in Memmingen war mein Einstieg in die Politik im engeren Sinn des Wortes. Aber die Zeit schob einen noch größeren Begriff des Politischen vor sich her. Notstandsgesetze, RAF-Attentate, politische Restauration – wenn man sich als politischer Mensch begriff, konnte man nicht bei reiner Kunst und interesselosem Wohlgefallen stehen bleiben, auch in Memmingen nicht. Die Kunst- und Theaterauffassungen jener Zeit waren alle politisch aufgeladen. Es ging um »Kunst als Waffe«, um »Theater als Widerstand«. Und es war die große Stadt, die jetzt leuchtete. Für uns war das München und die Münchner Universität.

Auch Fritz Kuhn war nach München gewechselt. Er studierte Germanistik und Linguistik und war bei seiner Abkehr vom Theater so klar und vernunftbestimmt, wie er es später immer sein sollte. Er machte mir, die ich Theaterwissenschaft nun als Hauptfach studierte und mich mit dem politischen Arbeitertheater beschäftige, keinerlei Hoffnung auf eine bürgerliche Karriere, im Gegenteil. Messerscharf analysierte er: Aus dir wird nix. Fritz und ich trafen uns erst fast fünfzehn Jahre später auf einem grünen Parteitag in Neumünster wieder.

Was heute alltäglich ist, war damals noch sehr ungewöhnlich – und deshalb genau das richtige Leben. Ich fand eine Unterkunft in einer Wohngemeinschaft in der Blutenburgstraße. Meine Mitbewohner, ausschließlich Männer, waren fest in einer marxistischen Gruppe organisiert. Dabei handelte es sich um eine Abspaltung der AK, der »Arbeitskonferenz«, der Zentrale der MG, der Marxistischen Gruppe in Deutschland, die wiederum aus dem Sozialistischen Deutschen Studentenbund (SDS) hervorgegangen war. Hier waren die Helden der theoretischen Debatte. Hartnäckig hielten sie an einer anderen Interpretation der Kapitalakkumulation fest als die marxistische Mehrheit.

Der Alltag in dieser Männerwohngemeinschaft war eine wichtige und sehr positive Erfahrung für mich. Es wurde gemeinsam gekocht, es gab Regeln für das Saubermachen und Mülleimerleeren. Doch die regelmäßigen politischen Schulungen waren für mich schwer verdaulich und ziemlich unverständlich. Diese Schulungen fanden im großen Zimmer statt – und selbstverständlich auf höchstem theoretischen Abstraktionsniveau. Der einzige Arbeiter jedoch, der an ihnen teilnahm, kam vor allen Dingen, weil es in der WG in allen anderen Fragen deutlich lockerer zuging als irgendwo sonst in München und er hier tolle Frauen traf.

In der Stadt löste eine Demonstration die nächste ab. In der Uni-Mensa konfiszierte die Polizei die Büchertische und beschlagnahmte revolutionäre Prosa – und die Männer in meiner Wohngemeinschaft stritten über die Interpretation der Zinstheorie bei Marx. Ich, die aus dem Theaterbereich kam, hatte den Ruf einer Sponti-Frau. Und dass ich als Frau in diese Männer-WG zog war ebenfalls ungewöhnlich. Aber dass mich meine bürgerlichen Eltern besuchten, auf dem Fußboden schliefen und mein Vater, der Zahnarzt Dr. Roth, im gestreiften Frottee-Schlafanzug zwischen großen Ansammlungen von blauen und braunen Klassikerbänden an den marxistischen Debattenrunden teilnahm, setzte allem noch die Krone auf.

Ich strich für viel Geld die Wände in meinem Zimmer hellblau-lila, die Decke gelb und die Türen grün, damals, um die Farbenpracht der Hortensien nachzustellen – heute muss ich schmunzeln, weil dies die Farben von Bündnis 90/ Die Grünen geworden sind.

Natürlich wurde auch mir nahe gelegt, mich marxistisch zu schulen. Das tat ich. Aber was ich las, war für meine Mitbewohner eher Anfängerliteratur, »Der Ursprung der Familie« von Friedrich Engels oder »Der deutsche Bauernkrieg«.

Um beim AK mitdiskutieren zu dürfen, musste man eine Aufnahmeprüfung machen, der auch ich mich unterzog und die ich allerdings nicht bestand, da ich mich der Lektüre des »Kapital« und anderer ökonomischer Werke verweigerte. Stattdessen spezialisierte ich mich auf die Briefwechsel und Beziehungsgeschichten der Revolutionäre und das Liebesleben von Marx und Engels. Das kam meinem Leben näher, als halbe Nächte lang auf trockenen Begriffen herumzukauen.

Die Revolutionäre der Theorie waren da zunächst etwas reserviert. So witzig das heute anmutet, dahinter verbirgt sich ein ernster Kern, ein Kern, der die Grünen als Partei immer geprägt hat und sie nicht nur zu einer linken macht, sondern zu einer liberalen im vollen Wortsinn. Die Beziehungen zwischen den Menschen, sexuelle Identität, Liebe, Solidarität, das ist nicht einfach Nebensache, es hangt tief mit den Erwartungen an eine künftige Gesellschaft zusammen, die so frei sein sollte, dass jeder Mensch seine Liebe leben kann. Dieses Verlangen verstand ich sehr viel besser als die erzwungene Anpassung an ein ziemlich hölzernes Bild vom Proletariat, wie manche K-Gruppen es sich vorstellten und ausmalten. Mich hat die Spießigkeit immer angeödet, wenn die »Brüder zur Sonne zur Freiheit« marschieren wollten, aber wenn ihre Frauchen die Fenster nicht putzten, konnten sie die Sonne nicht sehen. Mit dieser Einstellung war ich bei meinen WG-Männern nicht ganz erfolglos. Sie erkannten, dass es keine Nebensachen waren, für die ich stritt.

Demgegenüber nahm die Debatte über die Strategie der Linken in einigen kommunistischen Gruppen durchaus eigentümliche Züge an. So gab es mit einer befreundeten WG, der Humboldtstraße, den Plan, die Wohngemeinschaften zu tauschen, um zu überprüfen, wie sehr wir am Eigentum hingen – was ja eine lehrreiche Erfahrung sein kann. Ein damaliger Freund vertrat jedoch ernsthaft die Auffassung, man müsse als Linker eigentlich Franz Josef Strauß unterstützen, denn nur dann würden die Widersprüche im System tatsächlich so groß, dass es zur Revolution käme. Das war dann wohl doch eine dialektische Umdrehung zu viel.

Gegen Ende des zweiten Semesters sprachen mich gleich zwei Professoren an, dass in Dortmund an den Städtischen Bühnen eine Stelle als Dramaturgie-Assistentin zu besetzen sei. Ich hatte zu diesem Zeitpunkt erkannt, dass Fritz mit seiner Kritik zumindest am Studium der Theaterwissenschaft Recht hatte. Es lebte zwar noch vom Ruf der 68er, war aber nur sehr bedingt wissenschaftlich, und von Studium im strengen Sinn konnte man kaum sprechen. Die Seminartitel waren für mich zwar spannend: »Was ist politisches Theater?« oder »Politisches Theater der zwanziger Jahre«, aber die Unistreiks und Besetzungen waren der Fachdebatte im Seminar nicht gerade förderlich. Wir wichen mit unseren Seminaren in Biergärten aus, was der Konzentration ebenfalls nicht besonders gut tat. Und so entschloss ich mich, meine Ausbildung und das politische Engagement in der Praxis fortzusetzen. Ich bekam die Stelle an den Städtischen Bühnen Dortmund, packte meine Koffer und verließ ein weiß-blaues, lodenmantelschräges München in Richtung Ruhrgebiet.

5. Eine zivile Gesellschaft ist politisch

In der Spielzeit 1975/76 führten wir in Dortmund die Struwwelpeter-Revue auf, ein Rock-Musical im Stil von The Who, mit Musik der Band Ton Steine Scherben und ihres Kopfs, des Sängers und Songwriters Rio Reiser. Neben Schauspiel, Oper und Ballett gab es in Dortmund ein Kinder- und Jugendtheater, das ein eigenes Ensemble hatte. Dessen Leiter war Peter Moebius, der Bruder von Rio Reiser. Peter kam vom TAT aus Frankfurt, wo er unter anderem mit Rainer Werner Fassbinder zusammengearbeitet hatte.

Rio hatte schon 1969 für das »Hoffmanns Comic Teater« auf der Bühne gestanden, das damals noch ein Wandertheater war. Seitdem jedoch schrieben er und Ton Steine Scherben immer wieder Stücke und Lieder für Theater und Kabarett, für die »Rote Rübe« oder »Brühwarm«.

Der Struwwelpeter, der Suppenkasper, der fliegende Robert und all die anderen, die wir so originalgetreu wie möglich den Bildern des grausigen Kinderbuchklassikers nachstellten, führten mitten hinein in die nächste Auseinandersetzung. Denn das bürgerliche Dortmund sah vor allem in der Figur des Suppenkaspers eine Allegorie auf den Hungerstreik der RAF-Gefangenen. Gegen eine solche Bedrängung der Theaterarbeit in Deutschland bildete sich die IFTA, die »Initiative Freiheit der Theaterarbeit«, die in der Ironie und im Lachen einen Weg suchte, um der Zensur zu entgehen und Theater subversiv werden zu lassen. Künstler aus freien Theatern und öffentliche Theater arbeiteten hier erstmals zusammen und vernetzten sich. Inhaltlich und in der Verwendung ästhetischer Mittel war der Einfluss von Dario Fo sehr wichtig. An diese Zeit mit ihren Auseinandersetzungen denke ich zuerst, wenn der Abbau von Rechten heute immer weitergetrieben werden soll.

Tatsächlich war dieser Abbau damals ja schon seit Jahren in Gang. Bereits 1972 hatten die Bundesregierung und die Regierungschefs der Länder mit dem so genannten Radikalenerlass die Berufsverbote auf den Weg gebracht. Zugführer durften nicht mehr Züge fahren, weil sie in der DKP waren. Willy Brandt bezeichnete die Berufsverbote später als einen der schwersten Fehler seiner Regierungszeit. Spätestens ab 1974, nach dem Rücktritt von Brandt und dem Beginn der Kanzlerschaft von Helmut Schmidt, glaubten der Staat und seine Repräsentanten sich in einer schwierigen Situation nur dadurch beweisen zu können, dass sie die Rechte noch weiter einschränkten und Freiheiten beschnitten. Nicht nur Theatermacher, Künstler, DKP-Mitglieder oder Studenten wurden als Feinde und Bedrohung wahrgenommen, überwacht und kontrolliert, die Hexenjagd zog immer weitere Kreise. Der Rechtsstaat klappte sein Visier herunter und hegte einen Generalverdacht gegen seine Bürger. Ein regelrechter Verfolgungswahn setzte ein. Die Überwachungshysterie gipfelte in einer Bürgerkriegsstimmung im Kampf gegen die RAF. Die »bleierne Zeit« brach an. Margarethe von Trotta hat mit dem Titel ihres Films, der ein Zitat von Hölderlin aufnimmt, diesen Jahren eine passende Überschrift gegeben – und nicht nur ihnen. Der Film blendet immer wieder in die fünfziger Jahre zurück und beschreibt eine Kindheit und Jugend in der schwer lastenden Atmosphäre dieser Zeit. Tatsächlich scheinen wir Deutsche viele bleierne Zeiten zu kennen.

Auch die erste Große Koalition, die 1966 unter Kurt Georg Kiesinger gebildet wurde, lieferte hier ihren Beitrag. Sie gab eine Vorahnung von der Schwere, die sich knapp zehn Jahre später über das Land legen sollte, nicht zuletzt mit den Notstandsgesetzen, der Morgengabe dieser Koalition an einen unseligen Kontrollgeist. Im Bundestag verfügte die Regierung damals über eine erdrückende Mehrheit von 247 zu 23 Stimmen, Karl Schiller und Franz Josef Strauß saßen zusammen im Kabinett, und die FDP war noch in einem tiefen Umorientierungsprozess, der auf mittlere Sicht zwar zu einer – wenn auch kurzen – Blütezeit des sozialen Reformliberalismus in Deutschland führte, der im Parlament damals aber noch nicht viel bewegen konnte. Das Parlament wurde von der Großen Koalition an den Rand geschoben. Die Mehrheitsverhältnisse waren klar, da musste man nicht mehr lange diskutieren ...

Auch heute wird Politik immer mehr in die Hinterzimmer ausgelagert, und die großen Parteien hören auf, sich nach unten zu organisieren. Große Teile der SPD ducken sich wieder weg, und die Unions-Granden bereiten sich schon auf eine Zeit nach Angela Merkel vor. Der Ort von Politik ist wieder unter der Käseglocke. Das gleicht doch sehr der Zeit des Abwartens, Ausharrens, der Lethargie in den späten sechziger Jahren, die sich dann so explosiv entlud.

Manchmal denke ich, in Deutschland gibt es einige, die ihr ganzes Talent darauf verwenden, Muff und Mehltau zu konservieren. Dabei hat es seit den sechziger Jahren unbestritten eine Öffnung unserer Gesellschaft gegeben. Schon vor der ersten Großen Koalition, in den frühen sechziger Jahren gab es starke Impulse hierzu – und sie kamen nicht nur aus unserem Land. Ich erinnere mich noch an die Präsidentschaft von John F. Kennedy. Er war ein Hoffnungsträger auch für meine Eltern, jemand, der Frieden bringen und den Hoffnungen ihrer Generation Ausdruck geben konnte, jemand, der einen Neuanfang ohne Mief und Spießigkeit symbolisierte. Als er im November 1963 erschossen wurde, weckten mich meine Eltern spätabends, damit ich mit ihnen im Fernsehen die Sondersendungen ansehen konnte. Sie waren tief erschüttert. Immer wieder sahen wir, wie sich Jackie Kennedy über ihren zusammengesunkenen Mann warf.

Mein Vater sprach mit mir über die politischen Konflikte, die Block-Konfrontation, das atomare Wettrüsten, den Vietnam-Krieg. Mit Kennedys Tod begann ein bewusstes, nie wieder abreißendes Gespräch über Gegenwartspolitik zwischen ihm und mir.

Ein anderes Signal dafür, dass wir dringend eine offenere und demokratischere Gesellschaft brauchten, hatte schon die »Spiegel«-Affäre gegeben. Uns zu Hause erreichte sie vor allem in den hitzigen und empörten Ausführungen meines Vaters. Wohl kaum jemand in unserem Dorf verfolgte die zwielichtige Politik von Franz Josef Strauß so wie er. Und so wie er Strauß kritisierte, so sehr schätzte er – damals auch völlig zu Recht – den »Spiegel« und las ihn jeden Montag druckfrisch an unserem Esstisch, um uns danach sein frisch erworbenes Wissen mitzuteilen, bis meine Mutter dann donnerstags mit ihrer »Stern«-Lektüre konterte.

Als 1962 der »Spiegel« unter der Überschrift »Bedingt abwehrbereit« über die schlechte Verfassung der Bundeswehr berichtete und der damalige Verteidigungsminister Franz Josef Strauß den Autor des Artikels, der in Spanien im Urlaub war, von der Polizei Francos verhaften ließ, brach eine Welle der Empörung los. Strauß musste zurücktreten, und der Druck auf Adenauer, der über alles informiert gewesen war, steigerte sich so, dass er schließlich seinen Rückzug aus dem Kanzleramt bekannt geben musste.

Die Leidenschaft, mit der mein Vater die Pressefreiheit gegen die Übergriffe der Regierung verteidigte, prägt mich bis heute, und daran muss ich denken, wenn jetzt die in unglaublicher Kontinuität stehende Bespitzelungspraxis des BND ans Tageslicht kommt, die Journalisten gegen Journalisten ausspielt. Es geht nicht an, dass die Demokratie zur Geisel eines Geheimdienstes wird, der angebliche Lecks jenseits von Recht und Gesetz schließen will. Es geht nicht an, dass sich hier ein System verselbstständigt, dass ein Auslandsgeheimdienst einfach im Inland aktiv wird. Auch der Geheimdienst agiert nicht im rechtsfreien Raum. Er soll die Demokratie schützen und nicht beschädigen. Unsere Gesellschaft muss sich dringend fragen, ob und zu welchem Preis sie sich eine Institution wie den BND leisten will, die jenseits der demokratischen Öffentlichkeit agiert. Es ist ja bei weitem nicht so, dass die Werte der Gesellschaft ein

Neutrum sind. Sie sind umkämpft, sie werden beschnitten, sie werden verändert. Der »Schutz der Bundesrepublik« ist so interpretationsbedürftig wie aussagelos, wenn man diesen Anspruch nicht in die Debatte zwingt. Auch Journalisten müssen sich hier Fragen gefallen lassen. Eine demokratische Öffentlichkeit braucht unabhängige Journalisten und nicht solche, die Kollegen bespitzeln und auf der Gehaltsliste von Geheimdiensten stehen.

Ich bin fest davon überzeugt, dass der Staat dann stark ist, wenn er seine Probleme frei und öffentlich diskutiert und die notwendigen Debatten nicht in kleine Machtzirkel verlagert, wenn er stark ist an Rechten, die er den Bürgerinnen und Bürgern gewährt, wenn er das Grundgesetz nicht als Steinbruch benutzt, in dem man einfach weghaut, was dem Bagger in die Quere kommt. Dieses Abbaggern von Rechten seit den sechziger Jahren verlängerte sich unter anderem in der Beschneidung der Flüchtlingsrechte, des Grundrechts auf Asyl und des Presserechts. Die härtesten Einschnitte des Presserechts setzte übrigens Oskar Lafontaine als Ministerpräsident des Saarlandes durch. Und er half auch kräftig mit, das Asylrecht weich zu klopfen.

Dieser Abbau von Grundrechten soll durch eine merkwürdige Umkehr der Optik kaschiert werden. Derjenige, der auf seinen Rechten besteht, wird misstrauisch beäugt, er ist es, der sich nun plötzlich rechtfertigen soll, ihm wird von vornherein Missbrauch unterstellt. Aber nicht der betreibt Missbrauch, der seine Rechte in Anspruch nimmt. Nicht der Asylsuchende sollte unter Generalverdacht gestellt werden, sondern ein Asylrecht, das diskriminiert und Sicherheit und Freiheit als Gnade darstellt. Nicht derjenige sollte verdächtig sein, der seine sozialen Rechte in Anspruch nimmt, sondern diejenigen, die ihm diesen Anspruch verwehren. Zu einem Recht gehört vor allem auch das Recht darauf, von ihm Gebrauch zu machen.

Man sollte sich nicht darüber hinwegtäuschen, welche Gefahren der Entpolitisierung und des Abbaus von Rechten auch die gegenwärtige Große Koalition mit sich bringt. Unter dem Deckmantel des Kompromisses, der Absprachen und kleinen Schritte baut sie unsere Gesellschaft um. Der Schwerpunkt liegt dabei zwar gegenwärtig auf den Sozialsystemen, aber auch die »innere Sicherheit« kommt immer wieder auf sehr verquere Weise ins Spiel. Die 1999 weggefallene Kronzeugenregelung, die fragwürdige Deals mit Schwerverbrechern vorsieht, soll wieder belebt werden, und die Befristung und Überprüfung des Sicherheitspaketes soll wegfallen. Und bei jeder Gelegenheit formulieren Unionspolitiker, wie nötig der Einsatz der Bundeswehr im Inneren sei. Und wenn Frau Merkel liebevoll lächelnd verkündet, dass auch sie für einen Quizbogen zum Erwerb der deutschen Staatsbürgerschaft ist, dann zweifle ich sehr, dass Vernunft hier noch die Bremse zieht: »Nennen sie ...!«, »Beschreiben sie ...!«, »Erläutern sie ...!« Wer lesen kann, stutzt und stellt fest, dass die vermeintlichen Fragen keine sind, sondern Befehle! Diese Tests drehen das Grundrechtsverständnis der Bundesrepublik um. Sie sind von der Idee geleitet, dass man vor dem Erwerb der Verfassungsrechte einen Nachweis erbringen muss, dass man ihrer würdig ist. Bei der Idee der Bürgerrechte geht es jedoch nicht um drei deutsche Mittelgebirge, hier geht es um das Grundverständnis der Gesellschaft, in der wir leben. Es ist die gleiche Kehrtwende im Bürgerrechtsverständnis, die von Arbeitslosen nun den Nachweis fordert, dass sie nicht in einer festen Beziehung leben, statt eine Beziehung anzumelden, eine Kehrtwende, die verdachtsunabhängige Kontrollen will. Es ist eine Politik, die einen diskriminierenden Generalverdacht gegen bestimmte Gruppen von Menschen und ganze Religionen schürt.

Der Überwachungsstaat, gegen den seit der »Spiegel«-Affäre, seit den Notstandsgesetzen gekämpft wurde, gegen den ich mich seit der bleiernen Zeit in den siebziger Jahren engagiert habe, er tritt heute im neuen Gewand auf und nutzt die Freiräume, die die neuen Medien bieten. SMS-

Überwachung und Mobilfunk-Ortung, RFID-Chips, Bewegungsprofile und Gesundheitskarten werfen ganz neue Fragen nach Bürgerrechten, Selbstbestimmung und Sicherheit auf. Beides gehört zusammen und darf nicht gegeneinander ausgespielt werden, aber zusammengehören bedeutet eben auch, ersteres nicht letzterem zu opfern. Es gibt neue Bereiche, die so durch und durch kontrollierbar und durchüberwacht sind, dass es eine neue Aufgabe für Bürgerrechtspolitik gibt. Bürgerrechte müssen auf das digitale Zeitalter übertragen und in den neuen digitalen Medien zur Geltung gebracht werden. Täglich werden heute unvorstellbar große Datenmengen automatisiert gespeichert und verarbeitet, Daten, die bei der Benutzung von Telefon, Kredit- und Kundenkarten oder bei der Nutzung des Internets anfallen. Längst machen Firmen mit diesen Daten Geschäfte – sie erstellen Profile, die darüber entscheiden, ob man einen Kredit bekommt, ob man eine Kranken- oder Lebensversicherung abschließen darf oder welche Werbung am besten im Briefkasten landen sollte. Dies alles geschieht hinter dem Rücken der Verbraucher. Das ist nicht nur unangenehm oder ungerecht – es verletzt das Recht eines jeden auf Privatsphäre und informationelle Selbstbestimmung. Bereits heute lassen sich Handys orten, und die automatische Erfassung von Kfz-Kennzeichen oder die flächendeckende Videoüberwachung stehen auf der politischen Agenda. Zukünftig können Menschen über biometrische Merkmale sowie Waren und Gebrauchsgegenstände durch digitale Funketiketten aus der Distanz identifizierbar sein. Es wird immer einfacher, umfassende Konsumprofile zu erstellen, die nicht nur über Verbrauchsgewohnheiten, sondern auch über gesundheitliche Verhältnisse, politische und religiöse Ansichten Auskunft geben können. Es wird immer schwieriger, sich der umfassenden Digitalisierung und Vernetzung zu entziehen. Das Recht auf Privatsphäre, der Schutz vor Missbrauch und überwachungsfreie öffentliche Räume müssen auch in der digitalen Gesellschaft möglich sein.

Immer wieder werde ich gefragt, was denn so schlimm an der Überwachung von Telefonaten, E-Mails oder öffentlichen Plätzen sei, wenn man sich nichts zuschulden kommen lasse. Dass doch nur die etwas zu befürchten hätten, die sich nicht gesetzestreu verhielten. Dagegen ist zu sagen, dass – genauso grundsätzlich – eine Überwachung niemals neutral ist, sondern immer von dem Gedanken des Verdachts ausgeht und damit Privatsphäre grundsätzlich suspekt macht. Und dass Überwachung, eben weil sie vom Gedanken des Verdachts ausgeht, stets parteiisch ist. Jeder wird erlebt haben, dass in Zügen und auf Bahnsteigen vor allen Dingen Menschen mit dunkler Hautfarbe oder arabischen Gesichtszügen kontrolliert werden. Doch es kann jeden treffen ... Und nur wenige wissen, was es heißt, wenn man private Gespräche am nächsten Tag in der Zeitung lesen kann.

Die Ansicht, dass einen das alles nichts anginge, solange man sich nichts zuschulden kommen lässt, ist einer Zeit, in der Kontrollmöglichkeiten sich so unendlich ausweiten, nicht angemessen. Und sie ist auch einem Verständnis von der aktiven Rolle der Zivilgesellschaft nicht angemessen, von Bürgern, die sich selbstbewusst einbringen und nicht von oben herab kontrolliert werden. Es geht um die Frage, von wo der Staat seinen Ausgang nimmt, ob seine Bürgerinnen und Bürger Subjekte sind – oder Objekte, die kontrolliert werden müssen.

Es ist viel zu tun für eine zeitgemäße Bürgerrechtsbildung in Schule, Ausbildung und in der Gesellschaft allgemein. Und es geht auch um den Diskurs in Politik und Medien, um die Frage, ob der »starke Mann« dargestellt und propagiert wird – der Mann, der »Ordnung« schaffen würde, wenn nur die Bürgerrechte ihn nicht hinderten. Statt einer solchen Chimäre, die den Abbau von Rechtsstaatlichkeit und demokratischer Legitimation flankiert, brauchen wir ein klares Bewusstsein von den Bürgerrechten und eine kritische Berichterstattung, die nach der Kontrolle derjenigen fragt, die immer mehr kontrollieren wollen – und dabei auch vor den

Medien und ihrer Unabhängigkeit keinen Halt machen. Wir brauchen ein viel schärferes Bewusstsein von den Grundrechten als einer zentralen demokratischen Errungenschaft, vom Schutz des Einzelnen, den sie gewähren, vom Reichtum des zivilen Lebens, den sie möglich machen.

Das politische Klima Mitte der siebziger Jahre war äußerst angespannt. Theaterstücke wurden verboten oder einzelne Szenen zensiert. Entführungen oder Morde durften nicht mehr dargestellt werden. Bands wie die Schmetterlinge waren von Auftrittsverbot bedroht. Auch am Dortmunder Theater blieb es nicht bei Anfeindungen, die Repression holte uns ein. Unsere Verträge wurden nicht verlängert, weil die Stücke und das Ensemble »zu politisch« waren. Einigen Mitgliedern wurden Kontakte zu radikalen Gruppen vorgeworfen. Wir diskutierten offen, ob man in diesem Deutschland überhaupt noch leben könne und wolle oder ob man nicht besser auswandern solle.

Die intensivsten Begegnungen und Gespräche über Deutschland und die Gesellschaft, in der wir lebten, hatte ich damals mit Erich Fried, einem der Schriftsteller, die sich politisch einmischten, scharfzüngig und weitsichtig. Ich lernte ihn bei den Ruhrfestspielen kennen. In einer Debatte nach einer seiner Lesungen setzte er sich mit der »Romantik« des Exils auseinander und erteilte ihr eine deutliche Absage. Er schilderte, wie seine Familie nach Auschwitz deportiert wurde. Sein Vater war bald nach dem »Anschluß« Österreichs an Deutschland an Misshandlungen gestorben, die er bei einem Verhör durch die Gestapo erlitten hatte. Zusammen mit seiner Mutter konnte Erich Fried sich nach Großbritannien ins Exil retten, wo er als Jude Bleiberecht hatte, aber als Deutschsprachiger angefeindet wurde. Ebendeshalb hielt er an der deutschen Sprache, der Sprache der Mörder, fest und vertrat vehement die Auffassung, dass man nicht ausweichen dürfe, sondern sich mit Deutschland auseinandersetzen müsse, um es zu verändern.

Statt also auszuwandern, gingen wir nach Unna und ließen »Hoffmanns Comic Teater« wieder aufleben. Eine intensive Debatte über das Erproben neuer ästhetischer Mittel setzte ein, über das Verhältnis von Kunst zu sozialpädagogischer Arbeit. Das Theater verließ die heiligen Hallen der Kunst und mischte sich in die gesellschaftliche Praxis ein. Wir spielten auf der Straße und gründeten einen Kinderzirkus. Mitspieler, Techniker, Statisten fanden wir vor Ort. Wir versuchten, die Trennung zwischen Darstellern und Publikum aufzuheben. Das größte Projekt, das wir angingen – es war im Jahr 1981 –, trug den Titel »Märzstürme« und hatte den Aufstand im Ruhrgebiet und den Kapp-Putsch zum Gegenstand. Am 13. März 1920 war es in der durch die Niederlage im Ersten Weltkrieg und durch den Vertrag von Versailles materiell und psychologisch erschütterten Weimarer Republik zum Putsch rechtsgerichteter Kräfte gekommen. Unter Führung Generals von Lüttwitz besetzte die Marinebrigade Erhardt das Berliner Regierungsviertel und ernannte den Generallandschaftsdirektor Kapp zum Kanzler. Kapp hatte 1917 zusammen mit dem kaiserlichen Admiral Tirpitz die Alldeutsche Partei gegründet. Nach Meinung der Konservativen und Rechten war es an der Zeit, die Republik zu beseitigen. Kanzler Ebert und der Reichwehrminister Noske berieten mit den militärischen Führern, und das Unglaubliche geschah: Entgegen der Verfassung weigerte sich General von Seeck, der Chef des Generalstabs, Truppen gegen die Aufständischen einzusetzen. Reichswehr schieße nicht auf Reichswehr, soll er gesagt haben. Dass der Putsch dennoch scheiterte, lag vor allem an den Arbeitern aus dem Ruhrgebiet, die in einen Generalstreik eintraten, und an der Ministerialbürokratie, die sich weigerte, Befehle und Anordnungen der Regierung zu befolgen. Nach vier Tagen war der Putsch beendet. Indes aber hatte sich der Generalstreik im Ruhrgebiet zu einem Aufstand ausgeweitet, der auch von vielen Frauen, so genannten »roten Krankenschwestern«, unterstützt wurde. Eine Volksarmee von circa

50 000 Mann entstand, vertrieb die Freikorps-Soldaten, forderte den Rücktritt des sozialdemokratischen Reichswehrministers Noske, eine Umbildung der Regierung und die Sozialisierung der Wirtschaft. Hervorzuheben ist, dass dieser Aufstand nicht von der Kommunistischen Partei gesteuert wurde. Diese hielt die Republik für nicht verteidigenswert, was sich auch darin zeigte, dass sie – wie auch die USPD – mit der radikalen Rechten für die Auflösung des Parlaments stimmte. Jetzt hielt die KPD sich so lange zurück, bis sie sah, dass der Aufstand auch sie bedrohte. Erst spät versuchten kommunistische Kader, Einfluss auf die Revolte zu gewinnen. Der Aufstand schwappte nach Berlin über. Es kam zu blutigen Zusammenstößen. Zwar wurde ein Kompromiss ausgehandelt, der die politisch-militärische Rechtsorientierung der SPD modifizierte und im Gegenzug die Ablieferung der Waffen der Aufständischen vorsah, doch weigerten sich Teile der »Roten Ruhrarmee«, ihn anzuerkennen. Nun kam es zur gewaltsamen Niederschlagung der sozialistischen Aufstände durch die sozialdemokratische Regierung. Von Seeck wurde zum Chef der Heeresleitung befördert, Noske für die blutige Niederschlagung des Aufstandes verantwortlich gemacht und die Arbeiter und Linken in Deutschland aufs Tiefste vom Staat und seiner Armee entfremdet.

Mehrere Wochen lang tourten wir mit »Märzstürme« durch den Ruhrpott. Doch so erfolgreich dieses Stück beim Publikum war, es gab keine weiteren Förderungen mehr – vielleicht, weil »Märzstürme« so erfolgreich gewesen war und die SPD darin so schlecht wegkam.

Die Lektion, die man aus »Märzstürme« ziehen kann, betrifft nicht nur die Weimarer Zeit, sondern auch die heutigen innen- und rechtspolitischen Ziele konservativer Politiker – etwa die Forderung nach dem Einsatz der Bundeswehr im Inneren. Jeder Anlass – Überschwemmungen, die Sicherheit des Luftverkehrs oder von Fußballstadien – ist ihnen recht, um diesem Wunsch Ausdruck zu verleihen. Wohlgemerkt, es geht nicht um die Hilfe, die die Bundeswehr bei Katastrophenfällen leistet, die ist selbstverständlich möglich. Es geht darum, die Verfassung, in der die strikte Trennung von Polizei und Militär festgelegt ist, auszuhebeln. Das ist das Ziel.

Aber auch an dieser Stelle kann es keine »Gnade der späten Geburt« geben, und deshalb müssen wir uns gerade auch hier an unsere historische Verantwortung erinnern: Nur derjenige, der sich frei und ledig von der deutschen Geschichte wähnt, kann den historischen Grund für die Trennung von Polizei- und Militärgewalt vergessen. Er liegt nämlich unter anderem in jener Episode der Weimarer Republik, die wir damals mit dem »Hoffmanns Comic Teater« auf die Bühne brachten: Soldaten haben eine eigene Befehlsstruktur, die Armee hat ein eigenes Disziplinarrecht. Sie repräsentieren in ganz anderer Weise die Macht des Staates, als die Polizei es tut. Die Armee ist für die Landesverteidigung ausgebildet, für die Abwehr eines militärischen Angriffs, und nicht für den Umgang mit den Bürgern und die besonderen Ansprüche an deeskalatives Verhalten in zivilen Konflikten. Die hohen bürgerrechtlichen Standards, die wir zu Recht für polizeiliches Handeln haben, und die Ansprüche an eine hohe polizeiliche Professionalität, die sich daraus ergeben, können nicht durch die Teilnahme an einigen Nachmittagskursen erfüllt werden. Wer die Aufgaben von Polizei und Militär vermischen will, setzt das Grundvertrauen der Menschen in die Demokratie auf Spiel. Und ich befürchte, die Angriffe der Konservativen und die Schwäche und Halbherzigkeit der Sozialdemokratie auf diesem Gebiet werden die großen Probleme für die Bürgerrechts- und Demokratiepolitik in den nächsten Jahren sein.

6. Brokdorf

Erstaunlicherweise verkehrt sich in der Diskussion um die Übernahme von Polizeiaufgaben durch das Militär der Vorwurf, altmodisch zu sein. Diejenigen, die sonst als konservativ galten, argumentieren jetzt mit Begriffen wie Freiheit oder mit den Bürgern, die sie schützen wollen. Aber jemandem, der Nestroy gelesen und inszeniert hat, kommen die Mechanismen bekannt vor, mit denen hier die Worte im Mund umgedreht werden, mit denen der Kampf um Begriffe geführt werden soll. Wenn Bundeskanzlerin Merkel fordert, mehr Freiheit zu wagen, dann benutzt sie das Wort als Euphemismus für den Abbau von Arbeitnehmerrechten und für unsoziale Reformen in der Gesundheits- und Rentenpolitik, für Umverteilung zu Lasten der Schwächeren, für die Freiheit, die Bundeswehr in Fußgängerzonen aufmarschieren zu lassen und Atomkraftwerke zu bauen. Aber gerade für die Atomenergie gilt, was Camus als Ungeheuerlichkeit und Maßlosigkeit in »Helenas Exil« beschrieben hat. Freiheit ohne Vernunft und Verantwortung, ohne soziales Maß, führt sich selbst ad absurdum.

Ich war noch kein Jahr in Dortmund, als ich im November 1976 mit meinen Freundinnen und Kolleginnen zur ersten großen Demonstration gegen den Bau des Atomkraftwerkes nach Brokdorf fuhr. Frühmorgens verließen wir die Stadt in einem Bus. Es war noch dunkel, und die Schlaftrunkenheit vermischte sich mit einer merkwürdigen Unruhe. Ich dachte an Memmingen. Mit dem gleichen Anspruch, die Zustände um mich herum nicht einfach zu akzeptieren und geschehen zu lassen, mit dem ich damals demonstrierte, fuhr ich jetzt nach Norden. Aber ich spürte auch, dass diese Demonstration etwas anderes war, eine neue Dimension hatte. Den Kopf am synthetischen Bezug der Rückenlehne, den

Blick in die heller werdende Landschaft gerichtet, hörten wir plötzlich im Radio, dass die Demonstration verboten worden war. Die Kriminalisierung der Aktion setzte ein, bevor wir überhaupt angekommen waren. Wir waren also im Begriff, eine Straftat zu begehen – und fuhren trotzdem weiter, wie so viele andere, die es sich nicht verbieten lassen wollten, für ihre Meinung auf die Straße zu gehen.

Das war zehn Jahre, bevor in Tschernobyl der Reaktor explodierte. Wir lehnten schon damals diese Technologie ab, weil wir wussten, dass sie nicht beherrschbar war, weil sie ein Risiko einkalkuliert, das zur totalen Vernichtung führen kann. Noch heute sind die Kardinalfragen der Atomtechnologie nicht geklärt, gibt es weder ein sicheres Endlager noch eine sichere Grenze zwischen ziviler und militärischer Nutzung, noch einen ausreichenden Schutz gegen Gefahren von außen. Und die Brennstoffvorräte sind nach wie vor endlich. Selbst Spaceshuttles verglühen beim Eintritt in die Erdatmosphäre, wenn die Technik der Belastung nicht standhält. Atomkraftwerke aber bergen millionenfachen Tod. Und heute wird über ihre Laufzeiten gefeilscht, als ginge es um den Preis von Kartoffeln auf dem Markt.

Es vergeht kaum ein Tag, an dem Michael Glos, Edmund Stoiber oder der hessische Ministerpräsident Roland Koch nicht den Atomkompromiss in Frage stellen. Und der Stromkonzern Vattenfall hat sogar angekündigt, ein neues AKW bauen zu wollen. Kein Wort verliert man dagegen über die nächstliegenden Folgen, über das Entsorgungsproblem. Die Atomlobby will den Atomkompromiss aushebeln, während Frau Merkel immer wieder in ihre alte Rolle fällt und die Kaltmamsell für solche Lobbypolitik gibt! Der Atomkompromiss der rot-grünen Regierung unter Gerhard Schröder, der eine schrittweise Stilllegung der AKW vorsieht, hat einen der schwierigsten Konflikte in der Bundesrepublik gelöst. Wenn die Union und natürlich die unvermeidliche Lobbyisten-FDP daran rütteln wollen, dann rütteln sie am inneren Frieden dieser Republik und beschwören Auseinandersetzungen herauf, wie ich sie nicht noch einmal erleben möchte.

Die Bürgerinitiative hatte in Brokdorf zu einem Feldgottesdienst etwa 2000 Meter von der Baustelle des AKW aufgerufen. Wir näherten uns dem Ort über Stoppelfelder, deren Halme vom Winter und Wasser grau und aufgeschwemmt waren. 30 000 Menschen nahmen am Gottesdienst teil. Sie trugen Transparente und Regenbogenfahnen, sangen Lieder und beteten. Von hinten schoben immer neue Menschen nach.

Dann ging es plötzlich nicht mehr weiter. Ich sah durch die vordersten Reihen der Demonstranten hindurch auf eine Wand aus Plastikschilden und Polizeiuniformen. Das AKW war mit drei Wassergräben, Schutzmauern und Stacheldrahtverhauen wie eine Frontstellung im Krieg geschützt. Der Angriff der Polizei erfolgte vor dem Baugelände. Die Wand aus Schutzschilden rückte plötzlich vor, die Wasserwerfer schossen auf uns, die Polizisten zogen ihre Schlagstöcke und fingen an, auf die Demonstranten einzuprügeln. Und die Demonstranten schlugen mit Ästen, Knüppeln und Schaufeln zurück. Die Polizei setzte Tränengasgranaten und chemische Keulen ein. Frauen mit verquollenen Augen tasteten sich durch den Aufruhr. Als die Hubschrauber kamen, warfen wir uns auf den matschigen Boden. Ich selbst war nicht in direkte Auseinandersetzungen mit der Polizei verwickelt, aber um mich herum wurden Leute über die Felder gejagt, sie sprangen über die Gräben und wurden zum Teil niedergeknüppelt. Aber auch Demonstranten hatten Schlagstöcke dabei, trugen Helme und hatten Schienbeinschützer an den Armen.

Als ich den Film »Am Tag als Bobby Ewing starb« sah, fühlte ich mich in diese Zeit zurückversetzt. Der Film zeigt liebevoll viele Verschrobenheiten jener Jahre – gleichzeitig aber auch mit aller Eindringlichkeit die Erfahrung von Ohnmacht und Ungerechtigkeit, die wir damals machen mussten, zum Beispiel in der Szene, in der der junge Hauptdarsteller einer Phalanx von Polizisten mit Schutzschilden, Helmen und Schlagstöcken gegenübersteht. Der Staat trat damals wahrlich nicht als Freund auf und die Polizei nicht als Helfer, sondern als Bedrohung der Bürger. Und die Frage der Gewalt stellte sich fast zwangsläufig, wenn der Staat selbst gewalttätig wurde. Wieso soll ich mich friedlich verhalten, wenn der Staat mich als seinen Feind betrachtet?

Ein Staat, der so auftritt, schreckt gerade die aktivsten Menschen ab, diejenigen, die viel leisten könnten für die Festigung der Demokratie und ihrer zivilgesellschaftlichen Grundlage. Die Verständnislosigkeit und den verlorenen Glauben an den Staat, die uns damals prägten, sehe ich heute manchmal in den Augen von jungen Leuten aus der Antifa-Bewegung in Ostdeutschland, die – wie wir damals – Stunden in Kesseln verbringen mussten, nur weil sie gegen die NPD demonstriert hatten. Wir müssen gut aufpassen, dass wir hier nicht die Bindungskräfte der Demokratie verspielen und die couragiertesten Menschen abstoßen. Wenn ich neben Sachfragen für etwas in meinem politischen Leben einstehen möchte, dann dafür, dass sich diese Konfrontation löst, dass unser Staat der Staat aller Bürger wird und sie gerade dort nicht zurückstößt, wo sie mit viel Zivilcourage für ein humaneres Gemeinwesen einstehen. Die bürgerkriegsähnlichen Zustände, die ich miterlebte, sind für mich zum Inbegriff eines schwachen Staates geworden, eines Staates, der die moralische Verantwortung von Menschen kriminalisiert und Opposition nicht ertragen kann.

Einige Jahre später haben wir mit Ton Steine Scherben und anderen bei Solidaritätskonzerten für AKW-Gegner gespielt, die wegen Demonstrationen und Auseinandersetzungen mit der Polizei angeklagt wurden. Ina Deter, die damals gerade mit »Neue Männer braucht das Land« in den Hitparaden war, spielte ebenso wie die Schmetterlinge oder die Brüder Engel.

Die Schmetterlinge hatte ich schon über meine Arbeit beim Jungen Forum in Recklinghausen kennengelernt, eine von der DGB-Jugend initiierte Plattform für Kulturarbeit, die eng mit den Ruhrfestspielen kooperierte und dann auch ganz eigenständig auftrat. Die DGB-Jugend tat sich damals besonders durch kreative Aktionen zum 1. Mai hervor, während es bei den offiziellen DGB-Veranstaltungen immer weniger um soziale »Bewegung« ging und immer mehr um bräsige Versammlungen hinter verschlossenen Türen in Kronsälen wie in Berlin. Das Junge Forum schrieb dagegen schon damals Multikulturalität groß und veranstaltete riesige Feste mit ausländischen Künstlern, mit Künstlern, die im Exil hier lebten, mit den Griechen Maria Farantouri und Mikis Theodorakis, mit Georges Moustaki als Franzosen ägyptischer Herkunft, dem Türken Cem Karaca und vielen anderen. Hier war tatsächlich und im wahren Wortsinn die Welt zu Gast bei Freunden. Es ging um Weltmusik, lange bevor das als eigenständige Musikrichtung galt. Und auch die Schmetterlinge waren stets mit dabei und spielten ihr bekanntestes Stück, die »Proletenpassion«. Sie alle wandten sich gegen eine Entpolitisierung des 1. Mai.

Wir traten bei den Brokdorf-Solidaritätskonzerten in Bremen, Hamburg und Neumünster auf, wobei aus letzterem sehr wenig praktische Hilfe floss, denn irgendjemand steckte während des Konzerts eine amerikanische Fahne an und glaubte, dass das ein besonders pfiffiger Einfall sei. Der brennende Stoff fiel auf den Parkett-Fußboden und sengte ein riesiges Brandloch hinein. Die Reparaturkosten verschlangen fast die gesamten Einnahmen der Veranstaltung.

In Brokdorf erlebte ich erstmals, wie es ist, wenn man mit dem besten Gewissen für eine gute Sache auf die Straße geht, demonstriert und plötzlich vor einem Wasserwerfer steht, drei Meter hoch, wuchtig, mit einem Aufsatz wie ein Kanonenrohr. 1990 in Frankfurt auf einer Demonstration zur Wiedervereinigung wurde ich dann von solch einem Wasserwerfer erwischt – und im Nachhinein bin ich froh, dass dies für mich die drastischste Konfrontation war. Die Demo hieß »Kein Anschluss unter dieser Nummer« und richtete sich gegen die Versprechen der »blühenden Landschaften«, mit denen Kohl die Deutschen über die absehbaren Folgen der Wiedervereinigung belog. Und plötzlich wurden auch hier die Wasserwerfer aufgefahren. Der Strahl war knüppelhart und eiskalt. Er warf Menschen um und wirbelte sie durch die Luft. Auch mich traf das Wasser. Ein kräftiger Typ in Lederjacke zog mich schließlich an sich und stellte sich schützend vor mich. Das war beinahe eine zärtliche Geste, eine wichtige Erfahrung menschlicher Solidarität, die ich nicht vergessen werde.

Man kann zu Atomkraft stehen, wie man will. Erlaubt muss sein, gegen sie zu protestieren. Als ich dies 1976 in Brokdorf tat, flogen Hubschrauber im Tiefflug über unsere Köpfe. Der Luftzug ihrer Rotoren presste uns zu Boden. Das Knattern ihrer Motoren erinnerte an MG-Salven. Und zwischen uns waren Kinder, die in Panik zu schreien anfingen, alte Menschen, die noch Nächte in Bombenkellern verbracht hatten. Diese Menschen werden vermutlich danach nicht wieder demonstriert haben. Ich denke, schon da hat der Staat seine Grenze überschritten, indem er militärische Mittel einsetzte, die Angst und Verunsicherung bei seinen Bürgern erzeugen. Jeder Mensch weiß, dass eine Form, sich gegen Ängste zur Wehr zu setzen, darin besteht, selbst Angst zu erzeugen. Gewalt löst neue Gewalt aus. Ich will nicht unterstellen, dass es immer nur der Staat war, von dem die Gewalt gesät wurde. Aber der Staat und seine Organe haben als die Stärkeren die Verpflichtung, verantwortungsvoll und mäßigend zu handeln.

Die frühe Erfahrung von Demos, von Friedensmärschen und Osterspaziergängen, von Verboten, von Prügeln und Kesseln, bei denen man über Stunden eingeschlossen war, von Panzern bei öffentlichen Gelöbnissen habe nicht nur ich gemacht. Sie war allgemeine Erfahrung einer ganzen Generation. Wird es eine Generationengeschichte bleiben, Stoff für sentimentale oder wütende Rückblicke? Oder gibt es eine Art, sie so zu erzählen, dass mehr als nur Reminiszenzen bleiben? Der Film »Am Tag als Bobby Ewing starb« schafft hier meines Erachtens etwas Bemerkenswertes. Durch die Art, wie er das Geschehen bricht, öffnet er einen neuen Blick. Er zeigt schräge Typen in einer schrägen Situation – Brokdorf 1986: Mitglieder einer Landkommune leisten Widerstand gegen ein fast fertig gebautes AKW. Dabei geht es aber nicht einfach um Verspaßung oder um einen coolen postmodernen Blick, bei dem die Kommunarden sich blamieren. Das eigentlich Ironische ist nicht Peter Lohmeyers Langhaarperücke oder ein einfacher Don-Quijote-Effekt – zumal es ja hier eher um einen Kampf für als gegen Windmühlen geht: Die Kommunarden sind Pioniere der erneuerbaren Energie und basteln eine Windkraftanlage, mit der sie tatsächlich eine Glühbirne zum Leuchten bringen! Die Ironie ist subtiler – wenn es denn noch Ironie ist. Der Don-Quijote-Effekt kehrt sich um. Nicht die Figuren schrammen mit ihren Vorstellungen an der Wirklichkeit vorbei, die Wirklichkeit überholt sie – am Tag des Fernsehtodes von Bobby Ewing in »Dallas«, an dem die Nachricht von der Katastrophe in Tschernobyl die Runde machte.

Don Quijote wird auf den Kopf oder vielmehr auf die Füße gestellt – das ist das Bild, mit dem ich mir die Geschichte dieser Jahre manchmal vergegenwärtige. Träumer, Protestler, Spintisierer, Aussteiger, Karriereverweigerer – sie alle fallen auf den Boden der Tatsachen, aber nicht so, wie die »Autoritäten« sich das vorstellen, nicht weil sie die Wirklichkeit verkannt haben, sondern weil sie bei allen Verschrobenheiten so erschreckend nah dran waren, viel näher, als sie es sich selbst vielleicht eingestanden hätten. Diese Art von Wirklichkeitsschock hat viel zur Politikfähigkeit der sozialen Bewegungen und der Grünen Partei beigetragen. Und zwar deshalb, weil er nicht Ausgangspunkt für abstrakte Besserwisserei, sondern für ein ausdauerndes Engagement war, das die Veränderungsmöglichkeiten in der Gesellschaft konkret auslotet.

7. Ton Steine Scherben

Das größte Privileg meines ganzen Lebens ist, dass ich immer von meiner Arbeit leben konnte, von der Arbeit, die ich tun wollte. Meine Arbeit – Beschäftigungsverhältnis wäre zu wenig gesagt – erfüllte mich immer unmittelbar und sorgte stets auch für ein materielles Auskommen. Insofern bin ich tatsächlich in der Lage zu schreiben, dass das Private und das Politische sich für mich nicht ausschlossen, sondern verschränkten. Das gilt natürlich schon für meine Zeit als Dramaturgieassistentin in Memmingen und Dortmund und später für meine politische Arbeit bei den Grünen. Aber vor allem anderen gilt es für »meine« Landkommune, für meine Zeit mit Ton Steine Scherben.

Die Band hatte sich im Sommer 1970 in Berlin zusammengefunden. Vier junge Musiker, darunter Rio Reiser (eigentlich Ralph Moebius), nahmen in einem kleinen Studio in einem Hinterhof in Kreuzberg die Songs »Macht kaputt, was euch kaputt macht« und »Wir streiken« auf. Ersterer Song wurde übrigens ursprünglich für das Stück »Rita & Paul« des »Hoffmanns Comic Teater« geschrieben. Es wurde zur Hymne des Protestes:

    Radios laufen, Platten laufen,
    Filme laufen, TV's laufen,
    Reisen kaufen, Autos kaufen,
    Häuser kaufen, Möbel kaufen.
    Wofür?
    Refrain:
    Macht kaputt, was euch kaputt macht!
    Macht kaputt, was euch kaputt macht!

    Züge rollen, Dollars rollen,
    Maschinen laufen, Menschen schuften,

Fabriken bauen, Maschinen bauen,
Motoren bauen, Kanonen bauen.
Für wen?

Bomber fliegen, Panzer rollen,
Polizisten schlagen, Soldaten fallen,
die Chefs schützen, die Aktien schützen,
das Recht schützen, den Staat schützen.
Vor uns!

Zum ersten Mal tauchte der Bandname auf dem Cover der Single »Macht kaputt, was euch kaputt macht« auf, die von zwei Männern vertrieben wurde, die sich bereits als Raubdrucker einen Namen gemacht und bis zum Herbst 6000 Singles verkauft hatten. Rio Reiser erzählte, dass sich der Bandname von einem Satz des Troja-Entdeckers Heinrich Schliemann ableitete, der über seine Grabungen schrieb: »Was ich fand, waren Ton Steine Scherben.« Eine andere Version ist, dass der Name eine ironische Anspielung auf die Gewerkschaft »Bau, Steine, Erden« war. Wie auch immer – er war genial. »Ton« als Synonym für die Musik, »Steine« für den auch militanten Protest und »Scherben« für das, was passiert, wenn man alternativen Lebensformen keinen Raum gibt.

Bei ihrem ersten größeren Live-Auftritt spielten Ton Steine Scherben ohne Gage, weil die Veranstalter die Kasse geklaut hatten – auf dem von Beate Uhse gesponserten Love-and-Peace-Festival auf Fehmarn, fünf Stunden nach dem letzten Live-Auftritt von Jimi Hendrix. Während die Scherben ihr letztes Lied sangen, fing die Bühne Feuer, und das Konzert wurde abgebrochen. Wahrscheinlich ist, dass jemand im Zorn über den Betrug der Veranstalter das Feuer gelegt hat, aber das Gerücht hielt sich, dass die Scherben hier gezündelt hätten.

Die Scherben waren schon Kult, bevor sie erfolgreich wurden. Die Gründungsgeschichten der Band sind zu

Mythen geworden. Die Staatsanwaltschaft verfolgte sie mit Anzeigen wegen Landfriedensbruch, und nach einem Konzert in der Mensa der TU Berlin wurde in Kreuzberg das Bethanien-Krankenhaus besetzt und nach dem vier Tage vorher erschossenen Kommunarden Georg von Rauch benannt. Ihre Lieder sind längst zu Leitmotiven der siebziger und frühen achtziger Jahre geworden, die Titel sind Chiffren für ein ganzes Lebensgefühl: »Die letzte Schlacht gewinnen wir«, »Keine Macht für niemand«, »Allein machen sie dich ein«, »Der Traum ist aus«, »Mein Name ist Mensch«. Die Scherben vertrieben ihre Platten über ein eigenes Label – sie wollten maximale Freiheit, auch um den Preis geringeren Verdienstes. Sie lebten als Kommune, sie waren die stilprägende deutsche Band ihrer Zeit.

1975 bezogen sie ein altes Bauernhaus in Fresenhagen im Kreis Nordfriesland in der Nähe von Leck, knapp unterhalb der dänischen Grenze, mitten auf der Geest, in der Mitte von nirgendwo. Nördlich liegt Ladelund, wo die Nazis ein Konzentrationslager betrieben haben, südlich waren die Marinefliegergeschwader stationiert, deren Tieffliegerübungen unsere Kaffeetassen scheppern ließen.

Da lebte also ein Haufen langhaariger Berliner in dieser nördlichen Ödnis. Das Haus war auch eine Fluchtmöglichkeit, eine Oase, ein Ausweg aus dem Wahnsinn des straßenkämpfenden, drogengeschwängerten, von Polizei repressierten Berlin. Für viele war Fresenhagen ein Rettungsanker und Überlebensort. Und manche von der bunten, chaotischen, wilden Truppe leben heute nicht mehr. Für mich, die aus behüteten Verhältnissen kommende Tochter, war dies, auch wenn ich bereits Münchener und Dortmunder Wohngemeinschaften hinter mir hatte, nochmals eine Steigerung der Lebenswirklichkeit.

Das erste Mal war ich im Winter 1976 in Fresenhagen, um Rio nach Hause zu fahren, nach der letzten Aufführung des »Struwwelpeter« in Dortmund, bei der er mitgespielt hatte. Es hatte furchtbar geschneit, die Autobahnen waren von

Schneewehen bedeckt, und an den Seiten türmten sich die weggeschobenen Schneemassen wie schmutzige Eisberge. Ich fuhr bis Flensburg und nahm dann die letzte Ausfahrt vor der dänischen Grenze Richtung Leck. Danach fuhr ich regelmäßig nach Fresenhagen. Als ich Jahre später, 1981, nach »Märzstürme«, arbeitslos war, organisierte ich bei meinen Besuchen in Fresenhagen schon mal kleinere Auftritte und half ein wenig bei der Pressearbeit, blieb länger und länger und folgte schließlich meinem Freund Martin, dem Keyboarder der Scherben – aus den paar Besuchstagen wurden mehrere Jahre.

Das ursprünglich L-förmige Haus in Fresenhagen ist reetgedeckt, niedrig. Jetzt ist das L zu einem T umgebaut, das Café »Junimond« auf der Ostseite kam dazu – weiß getüncht mit blauen Fensterrahmen. Durch eine Buchenallee fährt man auf einen kleinen Vorhof zu. Hinter dem Haus liegt Rio Reiser begraben, im Haus gibt es ein Scherben-Museum und allsommerlich zu seinem Todestag ein dreitägiges Rockkonzert ihm zu Ehren. Am Zaun hängt ein kleiner Zettel, dass man gern in den Garten gehen darf; wenn man das Museum sehen möchte, solle man einfach klingeln. Am Beginn der Buchenallee hinter einer Glasvitrine hängt ein Foto der Band. Die zweite von links, mit dunklen, kurzen Haaren und engen schwarzen Hosen, bin ich. Diese Jahre mit den Scherben sind vielleicht die, die meine Idee von Natur und von Wetter prägten: die heiße Luft über den Maisfeldern und das Rascheln der kräftigen Blätter, Teerstraßen, die weich sind vor Hitze und über denen die Mücken tanzen. Abends fuhren wir ins zehn Kilometer entfernte Leck, um dort an der Hauptstraße am Kiosk bei Kalli Schaschlik zu essen und ein Bier zu trinken, während uns die Lecker bestaunten und manche einen Bogen um uns machten. Einmal in der Woche kaufte ich mir, wenn das Geld reichte, im Feinkostladen 50 Gramm Krabbensalat, später kaufte ich dort auch Kräuter, die ich vor unserem Haus anpflanzte.

Es ist unmöglich, die wahre und einzige Geschichte von Ton Steine Scherben zu schreiben. Jeder, der mit dieser Band zu tun hatte, hat seine einzige Geschichte erlebt. Es gibt so viele Mythen und so viele Legenden und Erzählungen. Und jede erzählt auch immer viel von demjenigen, der sie erlebt hat. Nina Hagen zum Beispiel schwört Stein und Bein, in Fresenhagen ihr erstes Ufo gesehen zu haben. Diese Band war wie ein Spiegel, in dem sich der Betrachter auch immer selbst sah, wenn er hineinschaute. Das galt nicht nur für die, die wie ich mit ihr direkt zu tun hatten, es galt für eine ganze Generation. Ton Steine Scherben waren eine Projektionsfläche vieler Wünsche und von viel Wut.

Für mich war die entscheidende Erfahrung die enge Verbindung von Arbeiten und Leben. Arbeit in Fresenhagen war nicht nur im kapitalismuskritischen, sondern auch in einem ganz persönlichen Sinn nicht-entfremdete Arbeit. Die Menschen, mit denen ich etwas entwickelte, waren auch die vertrautesten Freunde. Fresenhagen war der Versuch, zusammen zu leben und das wenige, was man hatte, zu teilen. Es war der Versuch, in der Natur Kultur zu schaffen, gemeinsam in kreativen Prozessen zu stehen, nach selbstgegebenen Regeln. Und mein Anteil an diesem Leben war, neben der Arbeit, diese Gemeinschaft weiterzuentwickeln. Wir legten einen Kalender mit allen Geburtstagen an, damit an jeden der vielen Freunde einmal im Jahr gedacht und niemand vergessen wurde. Wir legten Wert auf ein gemeinsames Essen am Tag und auf einen schön gedeckten Tisch. Durch das gemeinsame Essen wurden wir von einer Kommune zu einer Familie. Das Geschirr war zusammengeschustert und nicht besonders ansehnlich, aber wenn es Blumen im Garten gab, standen auch welche auf dem Tisch, und wenn eine sauber war, gab es auch eine Tischdecke.

Dass Rio auch Liebeslieder schrieb und gerade er das Private politisch verstand, wurde in der linken Anarchoszene mitunter heftig kritisiert. Wie kann jemand sein Schwulsein als wichtig darstellen und von Eifersucht singen, wenn wir doch die Revolution vor uns haben und Häuser besetzen müssen? Klang das nicht nach Rückzug und Müdigkeit? Wer Fresenhagen erlebt hat, weiß, dass das Gegenteil der Fall war und dass privates Leben sehr wohl Ausdruck einer Haltung sein kann, die weit mehr als nur privat ist, Liebesdinge eingeschlossen.

Fresenhagen, das waren Nebel und Sterne, Sturm, der an den Fenstern rüttelt und Blätter durch die Luft peitscht, die Kälte an den nackten Fußsohlen, wenn man morgens in die Küche kam, das schlecht isolierte Haus, in das der Wind pfiff und dessen Reetdach verwittert war und notdürftig von uns, die wir keine Ahnung vom Reetdachflicken hatten, repariert wurde, die knorpeligen Bäume, Fritz, der Hund, und Eddie, der Kater, und wieder der Wind, der beständig wehte, meist aus westlicher Richtung, vor der Küste das Wattenmeer, so dass man noch nicht mal richtig an den Strand gehen konnte, das platte Land, die kleinen Orte, die Sprakebüll oder Hörup heißen – und immer wieder Regen, Regen, der gegen die Scheiben prasselte, während Rio und die anderen im Tonstudio waren und ich telefonierte.

Der zentrale Raum im Haus war die große Küche, in deren Mitte ein großer Tisch stand, an den eine große Eckbank montiert war. In der Küche trafen sich alle und kamen immer wieder zusammen. Es gab damals nur ein Bad, das zu meinem Leidwesen, wenn es gerade mal nicht umgebaut wurde, ständig besetzt war. Eines der ersten Anliegen war, in diesem Bad eine Badewanne zu installieren. Aber da wir auch diese Badewanne selbst einbauten, dauerte es mehrere Jahre, bis sie endlich eingemauert war. Jeder hatte ein Zimmer. Wenn die ganze Band und alle Freunde da waren, schliefen auch mal mehrere in einem Raum.

Es gab mehrere Fernseher, die miteinander verkabelt waren, so dass alle mitgucken konnten, wenn einer mal ein Video sah. Mitunter gab es auch gemeinsame Fernsehabende. Die Sportschau und der Grand Prix d'Eurovision waren ein besonderes Pflichtprogramm, auch »Mainz wie es singt und lacht«. Letzteres stand unter der Programmüberschrift »Feindbeobachtung«.

Wenn ich von dieser Zeit schreibe, dann klingt es, als wollte ich sie verklären. Das haben Erinnerungen wohl so an sich. Aber sehr oft war es ziemlich hart, dort zu leben, etwa wenn wir kein Geld hatten für die Gasflaschen, mit denen wir das Wasser zum Waschen warm machten und kochten. Selbst zu essen hatten wir manchmal nicht genug. Wir verabredeten, dass für jedes Abendessen fünfzehn Mark zur Verfügung standen, von denen dann die ganze Familie satt werden sollte. Immerhin war mit dieser Verabredung eine halbwegs stetige Haushaltsplanung möglich. Rio war ein großartiger Suppenkoch, Martin war spezialisiert auf Chili con Carne, ich kochte schwäbisch, was schmeckt und sich rechnet. Lanrue rührte Mayonnaise an, was bedeutete, dass alle Fenster geschlossen gehalten werden mussten, damit sie nicht in sich zusammenfiel. Kai bereitete Fisch mit Kartoffeln zu, Funky war ein guter Schnäppchenjäger, und so gab es, wenn er dran war, häufig Kaninchengulasch. Manchmal schickte meine Großmutter aus Ulm Fresspakete mit Kaffee, Schokolade oder selbstgebackenem Kuchen. Diese Pakete bedeuteten stets Weihnachtsstimmung in der ganzen WG.

Einmal legten wir eine Tournee absichtlich in den Winter, um Heizkosten zu sparen, und fanden uns ungeheuer schlau. Aber während wir tingelten, froren die Heizungsrohre ein, und als wir nach Hause kamen, waren sie geplatzt.

Der Lebensrhythmus mit den Scherben war schnell und hart – und gerade in dieser Intensität unendlich reich. Ich war immer überzeugt, dass es nichts Besseres gibt, als mit dieser Band zusammenzuarbeiten. Und wenn die Band sich wieder zusammengefunden hätte, ich hätte alles stehen und liegen gelassen, um wieder dabei zu sein.

Wir fuhren gemeinsam zur archäologischen Ausgrabungsstätte nach Haithabu oder an die Nordsee nach Dagebüll, nach Dänemark, nach Mögeltondern oder Ribe oder in das

Fischrestaurant Bonsil. Aber eigentlich bestand die Band aus leidenschaftlichen Großstadtbewohnern und Häuserkämpfern. Als ich dazustieß, lebte nur noch der harte Kern in Fresenhagen – und war de facto pleite. Ich bekam den Titel »Managerin«, tatsächlich wollte ich mit um das Überleben der Gruppe kämpfen und zusehen, dass Geld hereinkam. Rio und die anderen nannten mich »Schneewittchen«, weil sie die »sieben Scherben« waren, »Sterntaler« wäre wohl angebrachter gewesen.

In erster Linie hatte ich die Aufgabe, Tourneen zu organisieren, die neuen Platten zu bewerben und dafür zu sorgen, dass sie auch in den Radios gespielt wurden. Keine leichte Aufgabe, denn die Scherben standen noch immer auf dem Index – nachdem ein frühes Bandmitglied, Nikel Pallat, in einer Fernsehsendung einmal eine legendäre Ansage gemacht hatte: »Das Fernsehen ist ein Instrument der Unterdrückung. Wenn was passieren soll, muss man parteiisch sein, und deswegen mach' ich jetzt mal den Tisch kaputt!« Zu diesen Worten hatte er eine Axt hervorgeholt, um mit ihr den Studiotisch zu »bearbeiten«. Das war der mediengeschichtliche Hintergrund meiner Arbeit als Managerin. Und da ich nicht die EMI war, waren meine Kräfte begrenzt. Mit diesen begrenzten Kräften jedoch telefonierte ich in der Welt herum und schrieb Briefe. Und ich lernte, welche Tricks man anwenden muss, um mit geringen Mitteln Öffentlichkeit herzustellen.

Wenn ich Tourneen organisierte, gehörte es auch zu meinen Aufgaben, die Gagen einzutreiben. Da wir immer einen Anteil der Eintrittspreise erhielten, war es schwierig, genau herauszufinden, wie hoch unsere Gage eigentlich war. Sowohl bei der Besucherzahl wie auch beim Eintrittspreis konnten die Veranstalter schummeln – und taten es auch. Ich schaffte mir für die Verhandlungen extra eine schwere Lederjacke an und ging immer mit einem Aktenkoffer in die Hinterzimmer – der war zwar leer, aber als Requisit unentbehrlich. Ob meine Gegenüber dachten, dass ich das Strafgesetzbuch oder einen Revolver bei mir trug, weiß ich nicht, aber unsere Einkünfte stiegen stetig an, seit ich über dieses Requisit verfügte. Ich lernte, dass man sich auf Auftritte sehr gut vorbereiten muss.

Aber es gab auch positive Erfahrungen in der Zusammenarbeit mit Veranstaltern. Wir waren beispielsweise nach Zürich, dem Zentrum der Schweizer Anarchoszene, eingeladen worden. Es sollte eines unserer größten Konzerte werden. Die Halle fasste mehrere tausend Leute, die Werbetrommel wurde sehr laut gerührt, aber auf meine Frage, wie hoch denn der Eintritt sein würde, antworteten die Veranstalter, dass sie keinen Eintritt nehmen, sondern sammeln würden. Ich war kurz davor, die ganze Fahrt abzusagen. Immerhin hatten wir immense Kosten, mussten mit dem Bus von Fresenhagen nach Zürich, und wer konnte schon wissen, wie großzügig die Schweizer sein würden. Ich hatte panische Angst, dass diese Reise ein Flop werden würde. Wurde sie aber nicht. Die Halle war überfüllt, riesige Papierzeitungen hingen von den Wänden, in denen die gesamte Kalkulation des Abends aufgeschlüsselt und für alle öffentlich gemacht worden war. Dann gingen Leute mit großen Plastikeimern durch die Reihen und sammelten weit über 10 000 Schweizer Franken ein, aus denen eine für unsere Verhältnisse üppige Gage gezahlt wurde. Weil so viel Geld rein gekommen war, luden die Veranstalter uns zusätzlich noch für ein Wochenende an den Vierwaldstättersee ein, in ein Hotel unserer Wahl, das sie bezahlten. Als ich den Veranstaltern zum Abschied von meinen Sorgen vor dem Konzert erzählte, lachten sie und sagten, dass ich nur bewiesen hätte, dass ich keine Ahnung von der Schweizer Anarchoszene habe, in der nämlich überdurchschnittlich viele Kinder wohlhabender Bankiers vertreten waren. Ich lernte: Man kann reich sein und trotzdem links. Und selbstverständlich sind Schweizer Anarchos nicht weniger korrekt als alle anderen Schweizer.

Viele und treue Fans hatten wir in der DDR, die uns oft schrieben, uns einluden und um neue Platten baten. Immer wieder schickten wir Pakete, die aber nur selten ankamen. Ich bemühte mich jahrelang um Auftrittserlaubnisse, die wurden aber nur den Schlagersängern zugeteilt. Eine Einladung allerdings gab es zum »Jazz on the Odra«-Festival nach Wrocław in Polen, die wir annahmen in der Hoffnung, dass die DDR-Fans dann nach Polen einreisen könnten – was auch die Veranstalter wussten. An der Grenze jedoch blockierten die DDR-Grenzer unseren Bandbus und ließen uns nicht einreisen. Stunde um Stunde wurden wir festgehalten, gefilzt, mussten den Bus ausladen, wurden schikaniert und durften erst, als sicher schien, dass wir das Festival ohnehin nicht mehr erreichen würden, in die DDR einreisen. Aber die Grenzer hatten sich in den Scherben getäuscht. Wir verzichteten aufs Schlafen, fuhren ohne Stopp bis Wrocław durch und erreichten das Festival – zwar nicht pünktlich, aber doch bevor es zu Ende war. Wir spielten nur einen Tag später als geplant, auch vor unseren Fans aus der DDR, die dageblieben waren. Mich weckte diese Geschichte auf. Dass eine linke Band in der DDR abgeblockt wurde, zeigte mir nun auch ganz direkt, dass die DDR weniger links als doktrinär und spießig war.

Am Tag nach unserem Auftritt überredete ich die Band, dass wir uns die Stadt anschauten, bevor wir nach Hause fuhren. Wir übernachteten in einem kalten Hotel, das extra für Ausländer gebaut worden war. Übernachtung und Essen verschlangen fast die gesamte Gage, weil das Hotel auch ausländische Preise nahm. Aber der Spaziergang durch Wrocław war es wert, dass wir länger geblieben waren. Am nächsten Tag hatte ich Geburtstag, und wir fuhren, ohne um Erlaubnis zu fragen, einfach raus aus der Stadt aufs Land und schliefen die zweite Nacht in einem ganz einfachen Landgasthof, wo Wild serviert wurde und es helle Zimmer gab und alles nur einen Bruchteil der vorherigen Übernachtung kostete.

In diesem Gasthof spielte abends eine Dorfband, und die Scherben taten, was sie sonst nie taten, sie liehen sich deren

Instrumente und spielten für mich zum Geburtstag, spielten Stones-Stücke und »Happy Birthday«. Es wurde zu der denkwürdigsten und vielleicht schönsten Geburtstagsparty, die ich je hatte.

Sehr früh wurden wir von den Grünen für Auftritte angefragt. Die verschiedenen Gruppen der Friedens-, der Anti-Atomkraft-, der Frauen- und der Umweltbewegung hatten angefangen, sich auch politisch zu vernetzen, und traten zu parlamentarischen Wahlen an – oft unter phantasievollen Namen, als bunte oder auch schon als grüne Listen. Das markierte einen Einschnitt in den Bürgerprotesten der siebziger Jahre. Es sollte nicht mehr nur opponiert werden, es ging darum, Gestaltungsmacht zu gewinnen. Nachdem die verschiedenen Verbände sich zunächst auf lokaler und kommunaler Ebene, dann in Landesverbänden zusammengeschlossen hatten, kam es am 12. und 13. Januar 1980 zur Gründungsversammlung der Grünen Bundespartei in Karlsruhe.

Einer der ersten Auftritte der Scherben in der grünen Szene war bei der »Grünen Raupe« zur Bundestagswahl 1983. Fast die gesamte deutsche alternative Musikszene nahm an dieser Aktion quer durch das ganze Land teil, und der Konzertveranstalter Fritz Rau unterstützte die Tour tatkräftig. Anders als heute bekannten sich damals sehr viele Künstler zu ihren politischen Überzeugungen. Es war ein allgemeines Anliegen, Minderheiten und alternativen Lebensformen eine Stimme zu geben. Es war die Wahl, bei der Kohl und Lambsdorff sich den Regierungswechsel von 1982 absegnen lassen wollten und bei der die Grünen erstmals in den Bundestag einzogen.

Neben der »Grünen Raupe« wurden wir zu Landtagswahlkämpfen eingeladen. Gut in Erinnerung sind mir vor allem die Auftritte in Hessen, im Saarland und in Baden-Württemberg. Die Tournee in Hessen wurde von Joschka Fischers alten »Batschkapp«-Freunden organisiert. Da auch die Grünen kein Geld hatten, übernachteten wir mitunter in recht zweifelhaften Absteigen. In einem Fall verschlug es uns in einen Swinger-Club, in dem man die Zimmer nicht abschließen konnte und es keine getrennten Badezimmer gab, sondern nur einen Duschraum, damit auch sichergestellt war, dass alle immer allen zugucken konnten. Abends hüpften nackte ältere Männer über die Flure, was nicht der schönste Anblick war. In Gelnhausen boten wir der grünen Spitzenkandidatin unsere Technik, unser Licht und unsere Mikros an, was diese jedoch ablehnte, weil Technik Stromverschwendung sei. Sie redete ohne Mikro und Licht, eine Stunde lang, aber ohne dass jemand sie sehen oder hören konnte. Nach ihrer Rede ging sie mit Hunderten von Wollfäden ins Publikum, verteilte sie und forderte das Publikum auf, sie aneinander zu knüpfen, um das Netz der Liebe und der Sympathie zu weben. Das Knüpfen fanden alle toll, und es dauerte ewig. Als wir dann spielen sollten, waren wir unsicher, ob wir die Gitarren verstärken dürften. Aber wir durften, und der Abend endete laut und begeistert.

Im Saarland schließlich dauerte der politische Teil des Wahlkampfes so lange, dass wir erst fünf vor zwölf auf die Bühne kamen. Nach dem ersten Lied war Mitternacht erreicht, und da die Veranstaltung nur für einen Tag angemeldet worden war, kam der Hausmeister, machte das Licht an und stellte uns den Strom ab. Der Saal tobte, und die Stimmung richtete sich schnell auch gegen die Band. In dem Tumult brüllte ich auf den Hausmeister ein, dass er das Licht wieder ausmachen solle, sonst würde der Saal abgefackelt werden. Schließlich konnte ich noch weitere fünfzehn Minuten raushandeln, was das Publikum halbwegs zufrieden stellte. Mein erster politischer Kompromiss.

Zur Landtagswahl 1984 in Baden-Württemberg waren wir für die Grünen auf »Spätzle-Tour«, mit guten Gagen und sauberen Hotels – und mit einer acht vor dem Komma im grünen Ergebnis, was damals ein Höhenflug war. Der »Schwoab« kann halt rechnen, da zeigte es sich!

Seit Anfang der achtziger Jahre mischten sich die Scherben insgesamt wieder stärker politisch ein. Sie waren an der über 100 Kilometer langen Menschenkette zwischen Stuttgart und Ulm beteiligt, mit der gegen die Stationierung der Pershing-II-Raketen demonstriert werden sollte, und beim legendären Neu-Ulmer Konzert der Deutschrockszene gegen die Nato-Nachrüstung, das vor 40 000 Zuhörern gegenüber der Wiley-Kaserne, wo amerikanische Soldaten stationiert waren, stattfand. Während des Auftritts von Peter Maffay wurde im Publikum ein Transparent entrollt: »Lieber Pershing II als Peter Maffay«, was ziemlich bescheuert war. Peters Auftritt war dann sehr kurz.

Mit dem Anschwellen der Friedensbewegung und mit dem Entstehen der Grünen merkte auch die Plattenindustrie, dass es einen neuen Markt gab, ein neues Kundenpotential, das Alternativen nicht nur lebte, sondern auch für sie zu zahlen bereit war. Viele Bands bekamen gut dotierte Plattenverträge. Die Scherben jedoch bestanden auf ihrer Unabhängigkeit und veröffentlichten weiter bei ihrem eigenen Label, der David Volksmund Produktion. Der Name spielt auf die Geschichte des Kampfes zwischen David und Goliath an und interpretiert Musik als eigene Waffe. Deshalb sangen die Scherben deutsch, und zwar nicht »tümelnd«, sondern linkssubversiv. Sie wollten, dass man sie verstand, dass man mit ihren Liedern agitierte.

Das Symbol des Plattenlabels war eine Steinschleuder, und als die erste Scherben-Platte erschien, sollte jeder von ihnen eine solche Fletsche beigelegt werden. Das wurde jedoch von einem Gericht verboten, da es sich hierbei ja um eine Waffe handele. Solange ich in Fresenhagen lebte, lagen mehrere tausend kleine Fletschen auf dem Dachboden und gammelten vor sich hin.

Der Preis für die politische Unabhängigkeit war, dass die Scherben nie einen Sponsor hatten, weder für das Marketing noch für die Lichtanlage noch für eine Tournee. Alles mussten sie selbst machen. Die teuerste Plattenproduktion, die ich mit der Band machte, kostete 100 000 Mark, was für uns ein Wahnsinn war, denn die Band musste das Geld ja selbst vorschießen bzw. sich dafür verschulden. So unterschied sich auch die Qualität der Plattenaufnahmen und der Live-Auftritte stark. Irgendwann waren wir als Band nicht mehr konkurrenzfähig. Oder wir hätten unsere Überzeugungen verraten müssen. Von der eigenen Produktion über das Leben in Fresenhagen bis zur Spendensammlung bei Eintritten waren die Scherben ein ganzheitliches Produkt. An diesem Entwurf etwas ändern hieß, ihn gänzlich in Frage zu stellen. Man konnte ihn nur konsequent verfolgen oder aufgeben. Wir merkten sehr genau, wie die linke Szene auseinander driftete. So mancher Revoluzzer von gestern wollte jetzt Klangfutter für die neue teure Hifi-Stereo-Anlage. Da konnten wir mit unseren Produktionsmöglichkeiten nicht mithalten. Andere Freunde von früher waren jetzt Professoren und verdienten entsprechend. Aber von den Scherben erwarteten sie, ihre Ideale von damals zu wahren. Das war das Image, das war die Authentizität der Band. Sie sollte Stellvertreter sein für das, was die anderen aufgegeben oder verloren hatten. Das Publikum wollte eine Band, die sich musikalisch maximal weiterentwickelte, nicht jedoch ihren Gesellschaftsentwurf überdachte. Es gab tatsächlich Veranstalter, die in der WG, in der wir nach dem jeweiligen Auftritt übernachten wollten, die Klotür aushängten und die Bettwäsche durcheinander brachten, um dem Bild, das sie von den Scherben hatten, zu entsprechen. Bürgerlichkeit wurde den Scherben verweigert. Wir begannen um Eintrittsgelder, Badewannen und abgeschlossene Hotelzimmer zu streiten. Fans beschwerten sich darüber, dass man Rio auf Konzerten nicht verstand, weil die Tonqualität so schlecht sei, oder darüber, dass wir Eintritt erhoben. Dazu kam eine Art Enteignung der Band. Wenn sie auf die Bühne ging, forderte ein Teil des Publikums, dass »Keine Macht für niemand« oder »Macht kaputt, was euch kaputt macht« gespielt wurden, und pfiffen, wenn die Band diese Songs nicht auf Zuruf brachte.

Die Scherben mussten sich entscheiden. Wollten sie eine andere Band werden oder die Scherben bleiben. Letzteres bedeutete, dass man sich auflösen musste, wenn das Ideal nicht an der Wirklichkeit zerschellen sollte. Die Möglichkeit eines Vertrags mit der Plattenindustrie wurde ernsthaft erwogen. Ich habe lange verhandelt, aber die Sache wurde letztlich verworfen. Nicht nur, weil die Band immer noch das Gefühl hatte, sie wäre dann korrumpierbar geworden, sondern auch, weil sie wusste, dass das den Konflikt im Grunde nur verschärft hätte.

Noch heute habe ich engen und freundschaftlichen Kontakt zu den früheren Band-Mitgliedern und dem befreundeten Umfeld. Bevor ich 2001 für den grünen Parteivorsitz kandidierte, hatte ich mir ihren Rat und in gewisser Weise auch ihren Segen geholt. Als ich dann gewählt wurde, brachten sie und meine Freundin Ingeborg Wunderlich mir mit Rio-Reiser-Songs ein Ständchen.

Diese Freundschaften haben Bestand, auch wenn Freunde wie Martin oder Richard Herten, Ex-Drummer von der Schroeder Roadshow und Percussionist bei der Abschiedstournee der Scherben, mitunter die Kontroverse mit mir suchen und mir manchmal die gelbe Karte zeigen. Nicht so sehr, weil sie andere Inhalte vertreten, sondern wenn sie das Gefühl haben, dass ich abhebe.

Auf einer Wahlkampfveranstaltung der Grünen am 6. März 1985 spielten die Scherben ihr letztes Konzert. Danach verstreuten sich die Mitglieder in die ganze Welt. Rio landete einen Hit mit »König von Deutschland« und starb 1996 in Fresenhagen, 46 Jahre alt.

Zu Rios politischer Verve gehörte auch, sich offen und selbstbewusst als schwul zu outen. Als 1986 sein »König von Deutschland« die Charts stürmte, verkündete er in Interviews, dass er der erste schwule König in Deutschland werden wolle – nach Friedrich dem Großen und Ludwig II. Er erklärte, er wolle dafür sorgen, dass sich niemand wegen seiner Gefühle und Lüste schämen oder gar verstecken müsse. Das provozierte Protest und Empörung. Dass ein Pop-Star sich zu seinem Schwulsein bekannte, war damals ein Skandal. Aber der Franke Rio Reiser ging weiter. Aus Protest gegen die diskriminierende Politik Peter Gauweilers rief er zu einem Boykott des Freistaates Bayern auf. Nun, ich selbst stamme ja auch aus Bayern, aber ich wähle einen anderen Weg, den, der nicht »Keine Macht für niemand« fordert, sondern die Selbstermächtigung der Zivilgesellschaft, wie Rio sie in »Ich will ich sein« ausdrückt: »Ich will nicht schweigen, weil alle schweigen./ Will mich nicht beugen, weil sich alle beugen./ Ich will mich nicht bücken vor dem weißen Kragen./ Und ich will 'ne Antwort auf meine Fragen.«

8. Gleiches Recht für gleiche Liebe

Ich habe eine verschwommene Erinnerung an einen Mann bei uns im Dorf, um den es viel Getuschel gab. Er war nicht verheiratet, und irgendwann verschwand er. Es hieß, er würde Männer lieben.

Beim Ballett im Dortmunder Theater waren fast alle Tänzer schwul. Und in dieser Künstler-Szene gab es auch gekaufte Liebe, was für niemanden ein Geheimnis war oder ein Problem darstellte. Ich sah wohl die sozialen Schwierigkeiten, aber selbst für mich als Frau aus der schwäbischen Provinz war Homosexualität nie ein moralisches Problem. Doch was für mich alltäglich und selbstverständlich war und ist, war es für die Gesellschaft bei weitem nicht. Dass die Gesellschaft inzwischen offener und liberaler im eigentlichen Sinn des Wortes geworden ist – und zwar gegen heftige Widerstände –, das ist ganz wesentlich den Grünen zu verdanken.

Die Grünen hatten in ihrer ersten Legislaturperiode mit Herbert Rusche den ersten Abgeordneten im Bundestag, der sich als schwul outete, ebenso wie sein Referent Hans Hengelein. Später wurde Jutta Österlein-Schwerin MdB – als bekennende Lesbe.

Aber im Hohen Haus waren die Begriffe Schwule und Lesben verpönt, ausgesprochen wurden sie nicht, und in Parlamentsdokumenten durften sie ebenfalls nicht erscheinen. Nach Hans Hengelein, der Berater bei der AIDS-Hilfe wurde, kam Volker Beck als Schwulenreferent in die grüne Bundestagsfraktion. Als sich 1990 in Niedersachen eine rot-grüne Koalition bildete, wurde Hans Hengelein zum ersten Referenten für gleichberechtigte Lebensformen in einer Landesregierung berufen, was er bis heute mit großem Erfolg geblieben ist.

Das Europäische Parlament befasste sich Anfang der neunziger Jahre zum ersten Mal mit der Situation von Schwulen und Lesben. Ich wurde Berichterstatterin für den Report über »Gleiche Rechte für Schwule und Lesben«. Diesmal waren die Worte im Plenarsaal erlaubt, aber das Problem war, dass sie in alle Sprachen übersetzt werden mussten, und zwar »Schwule« und »Lesben«, nicht »Homosexuelle«. Und damit begannen die Kämpfe aufs Neue, denn Kollegen aus verschiedenen Ländern wollten mit der Übersetzung auch die Terminologie des Reports ändern. Nur waren aber auch viele Übersetzer schwul oder lesbisch. So bildete sich aus dem Parlament und aus der Reihe der Mitarbeiter die Gruppe »Egalité«, die sich nicht nur für gleiche Rechte einsetzte, sondern auch für eine gleiche Sprache über diese Rechte.

Mein Bericht selbst listete zum allerersten Mal umfassend alle Diskriminierungen der Schwulen und Lesben in Europa auf. Die Ergebnisse waren erschreckend und betrafen in Abstufungen jedes Land – mit Ausnahme der Niederlande. In einer langen Aufstellung sammelte ich die Missstände in den EU-Mitgliedstaaten. Sie wurden aufgefordert, »im Zusammenwirken mit den nationalen Lesben- und Schwulenorganisationen Maßnahmen und Kampagnen zur Bekämpfung jeglicher Form der sozialen Diskriminierung von Homosexuellen einzuleiten«.

Verbote, Benachteiligungen, Einschränkungen von Freizügigkeit, gesellschaftliche Ächtung, hohe Suizidraten – hier tat sich ein wahrer Abgrund auf. Nachdem ich den Bericht im Innenausschuss vorgestellt hatte, kam er ins Parlament. Die Reaktionen waren spannend. Die niederländischen Christdemokraten zum Beispiel unterstützten mich und bestanden explizit auf der Möglichkeit der Eheschließung von schwulen und lesbischen Paaren, um die »lockere« und »unverbindliche« Form des Zusammenlebens zu überwinden, während die deutschen Kollegen mit Ausnahme der meisten Sozialdemokraten und der Grünen den Bericht zurückwiesen.

Sehr heftig war auch die Kritik aus dem deutschen feministischen Umfeld, das die Forderung des Reports, schwule und lesbische Ehen zu ermöglichen, strikt ablehnte, da die Ehe als Ausdruck des Patriarchats in ihren Augen ganz abgeschafft gehörte. Ich vertrat den Standpunkt, dass man eine Unterdrückung nicht durch eine andere bekämpfen kann, sondern dass man aufklären und vielfältige Optionen ermöglichen muss. Und von nichtdeutschen Freunden hörte ich: Ihr Deutschen habt Probleme ...

Harte Auseinandersetzungen gab es um das Adoptionsrecht, aber auch um die Anerkennung von Homosexualität als Asylgrund. In islamischen Ländern werden schwule Männer verfolgt und hingerichtet, oft gesteinigt, und dennoch wollten viele Abgeordnete Homosexualität nicht als Verfolgungsgrund anerkennen.

Bei der Frage der Adoption von Kindern durch schwule und lesbische Paare herrschen vermutlich nach wie vor die größten Vorurteile. Aber warum sollen gleichgeschlechtliche Paare Kinder nicht in Liebe erziehen können? Was dieser Einsicht im Wege steht, ist allein das biologistische Weltbild, das Homosexualität letztlich als wider die Schöpfung gerichtet verurteilt. Aber wieso hat die Schöpfung dann gleichgeschlechtliche Liebe hervorgebracht? Beide Punkte, Asylrecht und Adoptionsrecht, wurden im Bericht letztlich durchgekämpft.

Zwei Tabus konnten dort jedoch nicht gebrochen werden, noch nicht: die Gleichstellung innerhalb der Kirche und innerhalb des Militärs. Der Widerstand der Militärs und der Amtskirche war so massiv, dass an ihnen der gesamte Forderungskatalog gescheitert wäre. Homosexualität auch hier anzuerkennen würde jedoch bedeuten, beide Bereiche der Realität wieder ein Stück weit anzunähern.

Einige ängstliche Herren wollten die Abstimmung über den Bericht auf einen Termin nach der anstehenden Europawahl verschieben. Ich weigerte mich jedoch. Sie fand dann vor der Wahl im Februar 1994 statt, wurde jedoch auf

Mitternacht angesetzt, in der Hoffnung, dass möglichst wenige Menschen etwas von den Beratungen mitbekämen. Es war eine gespenstische Szenerie. Der Parlamentssaal war voll, viele Vertreter von Schwulen- und Lesbenorganisationen vor allem aus den Niederlanden waren gekommen. Aber auf den Fluren war alles dunkel. Ich hatte ein Schneiderkostüm an und trug eine Krawatte. Viele Konservative fühlten sich dadurch zusätzlich provoziert, dabei wollte ich eigentlich nur seriös aussehen.

In diese Nacht platzte die Nachricht, dass ein konservativer britischer Abgeordneter in seinem Apartment bei Sexspielen in Damenunterwäsche gestorben war. Damit erhielt der Bericht nicht nur eine größere Dringlichkeit, sondern es wurde deutlich, wie sehr er Menschen betraf, die in unserer Gesellschaft leben – und eben auch im Parlament sitzen. Die Debatte im Parlament war unglaublich heftig. Ich wurde von Ian Paisley, einem nordirischen radikalen Protestanten, als »leibhaftiger Satan« bezeichnet, es gab Beschimpfungen, Drohungen, aber auch das bewegende Coming-out eines niederländischen Kollegen vor laufenden Kameras. Eine irische Konservative weinte und berichtete von einer Freundin, die Bademeisterin gewesen war und entlassen wurde, als herauskam, dass sie lesbisch war. Bei der Abstimmung wurden dann etliche sozialdemokratische Männer von einem rätselhaften plötzlichen Harndrang befallen und verließen den Plenarsaal. Die sozialdemokratischen Frauen jedoch stimmten vollständig mit, und natürlich waren auch alle grünen Abgeordneten dafür. Es wurde nicht nach Fraktionen abgestimmt, und es gab ein starkes Nord-Süd-Gefälle – wobei die Zustimmung nach Süden hin abnahm. Aber wir gewannen letztlich, wenn auch mit einer denkbar knappen Mehrheit von nur sieben Stimmen.

Normalerweise verhallen die Berichte des Europäischen Parlamentes oft ungehört. Diesmal jedoch war es anders – und das war nicht nur positiv. Die CDU/CSU und der Republikaner-Chef Franz Schönhuber wetterten gegen die

Entschließung und warfen auch mir persönlich »Versündigung an unseren Kindern« und Verdrehung der »Werteordnung« vor. Die Unterstützer, die Übersetzer, die Grünen und Linken, jedoch fielen sich um den Hals und feierten diesen Bericht als großen Durchbruch.

Der große Widerhall in den Medien kam allerdings erst mit Verzögerung, als sich der Papst in einer Sonntagspredigt über diesen Beschluss erregte und das Anathema verhängte, namentlich gegen mich und alle die, die den Bericht unterstützt hatten. Ich wusste überhaupt nicht, was ein Anathema ist, und musste mich erst kundig machen, welche Strafe mir widerfahren war. Wolfgang Ullmann, der Theologe und grüner Abgeordneter des Europäischen Parlaments war, erklärte mir, dass ein Anathema eine Verfluchung sei, ein mittelalterlicher Bann, der Häretiker und Sünder ohne Willen zur Umkehr verstößt und dem Zorn Gottes überantwortet. Frauen wurde er auferlegt, bevor sie als Hexen verbrannt wurden. In unserem Fall handelte es sich wohl um den »Kleinen Kirchenbann«, der die Sünder noch nicht endgültig verflucht, sondern sie nur vom Gottesdienst und den Sakramenten ausschließt. Allerdings denke ich, dass auch eine Kirche nicht durch ihre Strafen bestätigen sollte, was man ihr vorwirft: Verdrängung der Wirklichkeit, Ausschluss von Menschen, Strafen statt Verstehen.

Nachdem ich dergestalt verflucht und gebannt war, begann die Auseinandersetzung auch medial. Vor allen Dingen in den katholischen Ländern wurde kontrovers über das Weltbild der Kirche diskutiert. Dank des Kirchenbanns waren nun alle gezwungen, die Worte »schwul« und »lesbisch« in den Mund zu nehmen, und der Bann wurde zur besten Werbung für den Bericht und das Thema insgesamt.

Ich wurde zum fünfundzwanzigsten Geburtstag des Christopher Street Day, des Schwulen- und Lesben-Feiertags, nach New York eingeladen. Über eine Million Menschen feierten im Central Park, wo die größte Bühne, die ich in meinem Leben gesehen habe, aufgebaut war. Von ihr aus durfte ich zu der unvorstellbar großen Menschenmenge sprechen, mit der Skyline von Manhattan als Hintergrund. Nach mir war Liza Minnelli dran. Und an einer Stelle in diesem Menschenmeer winkte jemand mit einer deutschen Fahne. Zum ersten Mal in meinem Leben war ich auf eine besondere Art stolz, sie zu sehen, denn in diesem Moment begriff ich, wie lohnend politische Kleinarbeit, der Streit in Ausschüssen und das Ringen um Kompromisse, sein kann. Man kann etwas verändern, die Situation von Menschen verbessern, das zeigte mir diese kleine Fahne in New York, die rein gar nichts mit drögen Nationalstolz-Kampagnen zu tun hatte.

In den Niederlanden, Schweden, Finnland und Dänemark und selbst im katholischen Spanien gibt es inzwischen gleiche Rechte für Schwule und Lesben. Mit dem rot-grünen Lebenspartnerschaftsgesetz wurde die Lebensrealität von Schwulen und Lesben auch in Deutschland anerkannt. Das geschah viel zu spät, war aber umso notwendiger. Trotz aller Blockaden und Widerstände ist es in unserem Land ein gutes Stück alltäglicher und normaler geworden, schwul oder lesbisch zu sein – und alles andere als skandalös. Trotzdem ist noch keine volle rechtliche Gleichstellung erreicht. Der Bundesrat blockiert weiterführende Gesetze, und die Große Koalition hat kein Interesse an diesem Thema. Wohin der Zug nach dem Willen einiger gehen soll, das zeigte sich bei den Fragen nach Homosexualität im baden-württembergischen Muslim-Test, bei dem Versuch von Union und FDP, Schwule und Lesben aus dem Schutz durch das Antidiskriminierungsgesetz auszuschließen, und bei der Blockade des Lebenspartnerschaftsgesetzes im Bundesrat. Und für den Papst ist die Homo-Ehe nach wie vor eine »Pseudo-Ehe« und Ausdruck einer »anarchistischen Freiheit«. Dennoch braucht man sich in Deutschland nicht mehr für seine sexuelle Identität zu schämen und kann sie weitgehend öffentlich leben – was nicht heißt, dass überall Zustände wie in Köln, Berlin oder Hamburg herrschen. Es gibt auch

Altötting, wo gegen den ersten Christopher Street Day noch Bittgottesdienste abgehalten wurden. Doch vermutlich wird sich auch die katholische Kirche dieser Emanzipation bald nicht mehr verschließen können.

Widerstände gibt es auch noch in anderen EU-Ländern. Die UNO-Menschenrechtskommission hat vor allem mit Blick auf Polen deutliche Kritik geübt. Was damit gemeint war, wurde zum Beispiel beim Christopher Street Day 2005 in Warschau deutlich. Lech Kaczyński, dem damaligen konservativen Bürgermeister von Warschau und jetzigen Präsidenten von Polen, war der bunte Aufmarsch von Schwulen und Lesben ein Gräuel. Er und der Warschauer Stadtrat verboten ihn mit der Begründung, die geplante Parade sei »sexuell obszön und eine Gefahr für die öffentliche Moral«. Kaczyńskis Verbot reiht sich ein in die lange Liste von Einschüchterungen und Behinderungen schwul-lesbischer Aktionen in Polen. Trotzdem versammelten sich am 11. Juni die Schwulen und Lesben in der Warschauer Innenstadt nahe dem Parlament und dem Kulturpalast, und Izabela Jaruga-Nowacka, die damalige stellvertretende Ministerpräsidentin Polens, Volker Beck und ich marschierten in der vordersten Reihe der CSD-Parade mit.

Diese Verbote und Behinderungen von schwul-lesbischen Aktionen kommen der Einschränkung von Grundfreiheiten gleich. Das gilt auch für das EU-Mitglied Lettland, wo CSD-Paraden untersagt werden. Die Verbote stehen auch im Widerspruch zur Europäischen Menschenrechtskonvention, die in allen Staaten des Europarates gilt, nicht nur in EU-Staaten – also auch in Russland, das als Mitglied des Europarates dieses Dokument ratifiziert hat. Es ist vollkommen untragbar, wenn russische Behörden Schwule und Lesben in ihrem Recht auf freie Meinungsäußerung beschneiden und sie dann auch noch der Gewalt von rechtsradikalen Schlägerbanden ausliefern. Volker Beck hat dies bei einer Veranstaltung von Schwulen und Lesben 2006 in Moskau erleben müssen. Bei einem Angriff von Rechtsradikalen wurde er von einem Stein und einem Faustschlag getroffen, wobei die russische Polizei nicht nur tatenlos zusah, sondern sogar einen Kordon bildete, der jede Flucht vor den Angreifern unmöglich machte. Schließlich wurde er von einem Polizisten auch noch mit einem Tritt in die Kniekehle in einen Polizeibus gezwungen, wo er eine Stunde lang festgehalten und erst freigelassen wurde, als sich bei den Behörden herumgesprochen hatte, dass sie einen Abgeordneten des Deutschen Bundestages festhielten. Daran lässt sich ermessen, welcher Willkür russische Schwule und Lesben ausgesetzt sind, die in der Öffentlichkeit nicht so exponiert sind wie das MdB Volker Beck.

Ein ganz besonderes Schlaglicht auf den Vorgang warf der Versuch des CDU-Fraktionsvize und Russlandbeauftragten der Bundesregierung, Andreas Schockenhoffs, Volker Beck und den anderen Demonstrationsteilnehmern die Schuld an dem Vorgang zuzuschieben, weil sie sich den willkürlichen und menschenrechtsverletzenden Anordnungen der russischen Behörden nicht gebeugt hätten. Nach dieser Logik wäre derjenige, der gegen Menschenrechtsverletzungen und für das Recht auf freie und öffentliche Meinungsäußerung eintritt, selbst schuld, wenn er Opfer von rechten Schlägerbanden und Behördenwillkür wird. Eine höchst seltsame Auffassung von Zivilcourage. Wie Menschenrechtsgruppen aus der ehemaligen DDR oder Teilnehmer der Orangenen Revolution in der Ukraine auf diese Art von obrigkeitsstaatlichem Duckmäusertum reagieren würden, kann man sich unschwer vorstellen. Aber auch und gerade weil solche Positionen noch bei uns vertreten werden, sollten wir uns davor hüten, mit den Fingern auf Russland oder Polen zu zeigen. Und vor allem sollten wir unsere eigene Geschichte nicht vergessen. In der Bundesrepublik war Homosexualität unter erwachsenen Männern bis ins Jahr 1969 strafbar. Die Rechtsgrundlage fußte auf einer Gesetzesverschärfung des Reichsstrafgesetzbuches von 1934, die von den Nazis nach dem so genannten Röhm-Putsch erlassen wurde. Auf dieser

Grundlage wurden circa 15 000 Homosexuelle in die Konzentrationslager geschickt. Und wegen des Fortbestandes der gesetzlichen Diskriminierung von Homosexuellen in der Bundesrepublik wurde den Überlebenden die Entschädigung für ihre KZ-Haft verweigert. Erst 1994 wurde der unsägliche Paragraph 175 endgültig aus dem Strafrecht getilgt.

Wenn es schon nicht die gesellschaftlich-humanistische Toleranz ist, die Gegner der Homosexuellen eines Besseren belehren sollte, so doch die medizinisch-psychiatrische Forschung. Homosexualität stellt keineswegs eine Krankheit oder Abnormität dar, sondern ist im Gegenteil lediglich eine Variante der menschlichen Sexualität. Die Europäische Menschenrechtskonvention, die allen Bürgerinnen und Bürgern freie Meinungsäußerung und Versammlungsfreiheit garantiert, schließt heute die freie sexuelle Entfaltung mit ein. Diese Grundfreiheiten gelten für alle Menschen in ganz Europa, auch in katholischen Ländern.

Trotz aller Behinderungen und trotz gewaltsamer Gegenaktionen von Rechtsextremen am Ende der Demonstration – bereits im Mai 2004 wurden die rund 1 500 Teilnehmerinnen des Krakauer »Toleranz-Marsches« von Rechtsradikalen angegriffen – gingen dann in Warschau fast 10 000 Menschen auf die Straße, um für demokratische Bürgerrechte und gegen eine bigotte Politik zu demonstrieren. Tatsächlich wurde der Demonstrationszug unter massivem Polizeiaufgebot durchgeführt. Gegendemonstranten beschimpften die Homosexuellen, warfen mit Steinen, und Mitglieder der polnischen »Familienliga« forderten beispielsweise »Arbeitslager für Lesben« oder auch »Sterbehilfe für Schwule«. Dennoch marschierten wir weiter. Es gab Prügel von Neofaschisten und fundamentalistischen Christen, wir wurden mit Eiern beworfen, angebrüllt. Ein unglaubliches Gebräu aus Aggression und Feindschaft, das sich gegen uns wandte und versuchte, diesen Marsch zu verhindern. Dass wir den Marsch dann doch durchführen konnten, war wie ein Sieg.

Ich spürte, dass dies einer der Momente war, in denen

Geschichte gemacht wird, in denen ein Umdenken einsetzt, ein Aufbrechen von alten Vorurteilen. Polen war nach diesem Marsch ein anderes Land. Und so leicht wird es nicht mehr zu dem alten Polen werden. Ich dachte an Rio Reiser und seinen Song, der mir eine Zeitlang Lebensmotto war: »Ich will raus aus dem Ghetto.« Sicher wäre Rio gern bei dieser Demonstration dabei gewesen. Und in gewisser Weise war er es auch. Wie mein Vater in Versailles.

Im Jahr 2006 konnte die polnische Administration ihre restriktive Position nicht mehr aufrechterhalten. Die Parade in Warschau wurde erlaubt. 30 000 Menschen waren beim »Marsch für Gleichheit« durch die Innenstadt dabei, darunter 5 000 ausländische Gäste. Und aus Deutschland reisten wir mit einem ganz neuen Bündnis aus Politikern und Künstlern, wie Nina Hagen, Dieter Kosslick, Hella von Sinnen, Gayle Tufts, Tom Tykwer, Sasha Waltz, Dirk Bach und vielen anderen, sowie Schwulen- und Lesbenorganisationen an, dem »Warschauer Pakt 2006«!

9. Geteilte Stille

Der Preis für ein Leben, wie ich es führe, ist hoch. Mein Leben ist frei von materieller Not, und es geht mir ökonomisch besser als vielen anderen Menschen in Deutschland. Doch dagegen steht auch eine Achtzig-Stunden-Arbeitswoche. Und der Dichte und Intensität eines solchen Lebens stehen viele Geschichten gegenüber, die nie geschrieben wurden und die ich nie erlebt habe, denn für viele persönliche Beziehungen ist der Lebensstil als homo politicus eine große Herausforderung.

Ich habe, wie viele Frauen, die ein öffentliches Leben führen, keine Familie und keine Kinder. Darin macht sich der noch immer große Unterschied zwischen Männern und Frauen in der Politik fest. Es gibt sehr wenige Männer, die damit umgehen können, wenn ihre Frauen in der ersten Reihe der Politik stehen. Für Frauen ist es noch immer normal, bei Staatsbesuchen ein Damenprogramm zu absolvieren. Umgekehrt ist dies nicht der Fall.

Kinder zu haben ist ein großes Glück. Meine Schwestern oder Freundinnen leben es, und ich freue mich, wann immer ich daran teilhaben kann. Das Leben ohne Kinder war eine bewusste Entscheidung von mir, wenn auch keine einfache. Bei meiner beruflichen Belastung habe ich es mir nicht zugetraut, Kind und Beruf sinnvoll zu vereinbaren. Ich wollte mit meinem Beruf leben – in einem Land, das berufstätige Mütter bei der Kinderbetreuung sehr wenig unterstützt. Ich hatte Angst vor einem schlechten Kompromiss zwischen Beruf und Kind, denn das sollte das Kinderhaben auf keinen Fall sein – und der Beruf auch nicht. Und ich wusste, dass auch der Verzicht auf Kinder keine einfache Lösung ist, weil er der Verzicht auf eine große Lebensmöglichkeit ist.

Doch mit dieser Entscheidung muss ich leben, und ich

weiß, dass es vielen Frauen ebenso geht. Die Rollenbilder von Männern und Frauen haben sich in den letzten Jahrzehnten tief greifend verändert. Schon meine Eltern trugen nicht mehr das Erziehungsideal des »braven Mädchens« vor mir her. Dafür bin ich ihnen sehr dankbar. Sie wollten zuallererst, dass ich ein guter Mensch werde. Mein Glück sollte nicht von einem Mann und Partner abhängig sein, sondern von meinem Beruf, meinen Chancen in der Welt. Dass ich das Abitur machte, dass ich die Schule beendete, stand niemals in Frage. Ich bin nie geschlechtsspezifisch und für eine bestimmte Frauenrolle erzogen worden. Mir wurde nie gesagt, ich müsse die perfekte Hausfrau sein, um einen Mann zu finden, an dessen Schulter ich mich lehnen kann und möglichst viele Kinder bekommen. Weder von meinen Großmüttern noch von meinen Eltern habe ich je gehört, dass es die natürliche Bestimmung der Frau sei, in der Mutterrolle aufzugehen. Im Gegenteil, sie warnten mich eher davor, mich zu früh in Abhängigkeit zu begeben, mich zu früh auf eine Beziehung einzulassen, zu früh meine Ideen und meine Phantasie, wie das Leben aussehen könnte, aufzugeben. Doch wenn ich heute sehe und lese, wie die Neokonservativen aus den USA wieder für die Stärkung des Patriarchats streiten und wie ein ganz altes Frauenbild, das dann auch noch »christlich« genannt wird, auch bei uns Propheten findet, wird mir klar, dass das Patriarchat noch längst nicht vollständig überwunden ist. Dies wurde auch bei den Verhandlungen um das Elterngeld deutlich, als Edmund Stoiber und sein CSU-General Markus Söder als Cheflobbyisten der vaterlosen Gesellschaft unter der Losung »Freiheit der Wahl« glaubten, alles tun zu müssen, damit Väter bei den Partnermonaten möglichst viel Freiheit haben, um sich aus der Verantwortung zu stehlen. Bezeichnend ist auch, dass die »Partnermonate« weithin als »Vätermonate« firmieren. Es sollen die zwei Monate sein, die übrig bleiben, wenn die Frau wie selbstverständlich »ihre« zwölf Monate zu Hause geblieben ist.

Vor allem löst das Elterngeld nicht das Hauptproblem. Es schafft nicht mehr und bessere Kinderbetreuungseinrichtungen, die wir dringend brauchen, sondern leitet viel Geld an genau dieser Stelle vorbei. Nach den zwölf plus zwei Monaten stehen die Familien und vor allem die Frauen wieder vor demselben Problem: Wohin mit den Kindern, wenn es nicht genügend Betreuungseinrichtungen gibt?

Das Elterngeld ist kein Mittel, um Familien das Leben mit Kindern leichter zu machen, es ist ein Baustein in einem verbohrten konservativen Familienkonzept, das bei deutschen Familien mit hohem Einkommen für mehr Nachwuchs sorgen soll. Und damit fügt es sich lückenlos in die Kampagnen um Patriotismus und »deutsche Leitkultur«. Von der feuilletonistischen Panikmache, wonach die Deutschen aussterben, über die unfassbare bayerische Vorschrift, dass Migrantenkinder, die nicht ausreichend Deutsch können, nicht für Schulen zugelassen werden, bis hin zum Botho Straußschen Vokabular von »schwacher Zeit« und »Erwachung« und »deutschen Deutschen« – all das flankiert eine Familienpolitik, die auf die Erhaltung eines vermeintlichen erblichen Kerns des deutschen Volkes zielt. Und die Frau wird von solcher Politik in erster Linie als deutsche Mutter verstanden.

Das Rad der Emanzipation wird zurückgedreht. Der Kampf um gleiche Rechte und gleiche Chancen reduziert sich auf die Gleichstellung vor dem Herrn. Deswegen werden allein erziehende Frauen oder solche, die ihre vermeintlich natürliche Rolle als Hausfrau und Mutter nicht erfüllen, von konservativen Kreisen diffamiert. Sie sollen für alle Probleme dieser Gesellschaft verantwortlich sein und werden als Rabenmütter oder »Emanzen« diskreditiert, die die Familien zerstören und die Männer »entmännlichen«, weil sie nicht mehr klein beigeben und eigene Ansprüche stellen.

Wer die Verantwortung dafür, dass in Deutschland weniger Kinder auf die Welt kommen, einfach bei den Frauen ablädt, stellt die Dinge auf den Kopf. Die Gründe liegen in fehlenden Kita-Plätzen und einer Kinderfeindlichkeit der Gesellschaft im Allgemeinen, gepaart mit Unsicherheit über die eigene Zukunft.

Wer in die Zeit vor der Frauenemanzipation zurück will, der sollte sich vor Augen führen, wie die Realität von Frauen ohne Chance auf ein eigenständiges Leben tatsächlich ausgesehen hat, wie viel Unglück es gab, weil Frauen nicht die Schule zu Ende besuchen, nicht studieren, nicht den Beruf erlernen konnten, den sie wollten. Und man sollte sich ansehen, wie viel Verzweiflung, Chancenlosigkeit und familiäre Gewalt gegen Frauen es noch immer in allen Schichten der Gesellschaft gibt – dort, wo die Emanzipation von Frauen noch aussteht.

Es geht nicht darum, Männer und Frauen gegeneinander auszuspielen, sondern darum, Verantwortung zu teilen und auch Väter stärker in die Familie einzubinden. Im Grundgesetz steht, Frau und Mann sind gleichberechtigt. Das heißt auch, dass sie die gleichen Lebenschancen haben müssen. Das Recht auf eine würdige Arbeit gehört auch den Frauen, auch in Deutschland, einem Land, das auf sage und schreibe zwei Frauen in den Vorständen seiner 200 größten Unternehmen kommt und in dem riesige Lohndifferenzen zwischen Männern und Frauen immer noch Realität sind. Es ist dringend an der Zeit, Emanzipation so zu verstehen, dass auch Männer über ihren Lebensentwurf nachdenken, darüber, ob sie wirklich Frauen wollen, deren Lebenssinn darin besteht, dass sie wie bei den Jägern und Sammlern das Nest bereiten.

Mein Leben verlief anders, und ich wünschte mir, es könnte Vorbild und Ermunterung für junge Frauen sein, sich nichts einreden zu lassen, nicht aufzuhören, sich selbst zu verwirklichen und das Leben herauszufordern. Es gibt keine natürliche Rolle für die Frau, sondern eine demokratische Aufgabenteilung, der sich gerade in unserer Gesellschaft die Männer überdurchschnittlich oft entziehen.

Als einziges Mädchen in meiner Klasse hatte ich keine Aussteuertruhe. Meine Eltern fanden das absolut unnötig und nicht zeitgemäß, da ich mir ja das, was ich brauchen würde, selbst kaufen können sollte. Und sie schenkten mir nicht etwas, das meine Zukunft vorherbestimmte, sondern das, was für mich in der Gegenwart gut war – an meinem neunten Geburtstag zum Beispiel die drei Winnetou-Bände von Karl May, die ich wie besessen las, im Wissen, dass all die Guten starben, Winnetou und Nscho-Tschi. Als mich die Lektüre so sehr bewegte, dass ich weinte und nicht mehr essen und schlafen konnte, erlaubten mir meine Eltern, der Schule einen Tag fernzubleiben, damit ich die nötige Trauerarbeit leisten konnte.

Meine Eltern haben mir beigebracht, dass es ein Wert ist, auf eigenen Füßen zu stehen und seinen eigenen Weg zu gehen, als Frau, als Mensch. Damit legten sie den Grundstein für eine Haltung, die in privaten Angelegenheiten – und das sind Partnerschaften ja – auch den gesellschaftlichen, den emanzipatorischen Anteil nicht übersieht. Aber es gibt eben auch eine Kehrseite. Nicht nur das Private ist politisch, auch das Politische ist privat, in einem positiven Sinn, wenn es den Anteil des eigenen Lebens, den Menschen hinter den Machtgefügen, sichtbar erhält und sichtbar macht. Aber es ist es eben auch in einem mitunter tragischen Sinn. Denn das Verhältnis Privatheit-Politik ist kein konfliktfreies. Trennungen und Abschiede sind Teil meines Lebens.

Vielleicht kann man sagen, dass mit dem Fehlen von Privatheit die Gefahr von Einsamkeit wächst. Wer kennt das nicht, dass gerade in den vielen Gesprächen – und ich führe Gespräche manchmal an drei Telefonen gleichzeitig – echtes Reden und Zuhören verloren geht. Manchmal wünsche ich mir eine wortlose Verständigung statt zu vieler leerer Worte. Geteilte Stille sozusagen.

Wenn ich die herkömmliche Trennung von privat und politisch in Frage stelle, wie kann ich dann noch einen Bereich des Privaten für mich und nur für mich reklamieren? Und manchmal frage ich mich tatsächlich selbst, wo diese private Claudia Roth noch ist. Es gibt natürlich auch in meinem Leben Momente, wie sie jeder kennt. An einer Klippe zu stehen, den Blick auf das tosende Meer. Die Sekunden vor dem Einschlafen, wenn all der Druck von Leben und Politik in Müdigkeit verdämmert. Manchmal, wenn Termine ausfallen, erschrecke ich über mich selbst, weil ich eine Weile brauche, um zu begreifen, dass ich plötzlich freie Zeit habe.

Ich habe einmal einen Selbsttest gemacht und bin über Silvester für eine Woche allein in Urlaub gefahren, in ein kleines einsames Häuschen in der Türkei. Ich stellte das Telefon ab, las, hörte Musik und kochte. Ich wollte ausprobieren, ob ich mit mir selber noch etwas anfangen kann – es hat glücklicherweise funktioniert, eine wunderbare Erfahrung.

Aber solche Momente sind selten. Mein Leben, meinen Anspruch, meine Identität habe ich an der Idee ausgerichtet, mich mit dem ganzen Einsatz und der ganzen Kraft meiner Person einzumischen. Eine Trennung von Privatheit und Öffentlichkeit würde dies für mich zu einer Rolle degradieren. Sie würde das in Frage stellen, was war.

Der Preis dafür ist jedoch enorm. Politik mit diesem persönlichen Anspruch zu betreiben schließt das Risiko ein, auch als Person getroffen und missachtet zu werden, wenn etwas Gegnerschaft hervorruft. Wenn man mit ganzer Leidenschaft für etwas kämpft, gibt es kaum leidenschaftslosen Rückzugsraum. Eine wichtige Grenze liegt dort, wo Gegnerschaft zu Feindschaft wird. Hier begegnen mir viel Dummheit und Klischees, Drohungen und Gewalt, etwa bei verwirrten Rechtsauslegern, die mich schon als Judenhure, Zigeunerflittchen, Türkenschlampe oder mit noch schlimmeren Ausdrücken beschimpft haben. Auch Gewaltandrohungen gab und gibt es. Das ist vollkommen inakzeptabel. Die Auseinandersetzung mit Argumenten kann hart geführt werden –, das ist in einer Demokratie sogar notwendig –, aber stets so, dass Gegnerschaft nicht mit Feindschaft verwechselt wird.

Kritik ist auch anders als verletzend möglich. Meine besten Freundinnen und Freunde sind die, die mir Fragen aufzwingen, die meine Haltung als ganze, mein Leben, meine Entscheidungen in Frage stellen. Die mich fragen, ob ich eigentlich wisse, wie es sei, wenn man am Ende des Monats seine Miete nicht bezahlen kann oder ein Kind die ganze Nacht durchgeschrien hat. Ich nehme das an. Ich versuche mich für das Leben und die Erfahrungen anderer offen zu halten. Selbstverständlich kann man nicht alle Erfahrungen teilen, aber ich kann versuchen, sie ernst zu nehmen und auf dem Boden der Tatsachen zu bleiben. Wo Funktion und Macht zu Abschließung und Einigelung führen, sind sie schon längst fehlgeleitet.

1983 wurden die Grünen erstmals mit 5,6 Prozent der Stimmen in den Deutschen Bundestag gewählt. Für die etablierte Politik war das ein Schock – den die Grünen lustvoll steigerten. Die konstituierende Fraktionssitzung war öffentlich und fand unter freiem Himmel statt, der Einzug ins Parlament wurde als Friedensmarsch zelebriert und ein riesiger Globus durch die Straßen Bonns gerollt. Und Petra Kelly gelobte, mit aller Kraft für die Bewegungen aktiv zu sein, die die Grünen ins Parlament getragen hatten.

Gleichzeitig brauchte die aus einer höchst unbürokratischen Bürgerbewegung hervorgegangene Partei plötzlich eine politische Infrastruktur, musste Büroarbeit organisieren, Pressekontakte pflegen und aufbauen, wissenschaftliche Recherche betreiben. Das war keine kleine Aufgabe, weil es auch inhaltlich um Neuland ging. Zum ersten Mal in der Geschichte der Bundesrepublik hatten viele Bewegungen, viele Minderheiten und Initiativen überhaupt eine Stimme im Bundestag. Und die sollte zu hören sein. Ganze Politikfelder mussten so entwickelt werden, dass sie im parlamentarischen Betrieb überhaupt vorkamen.

1985, in Fresenhagen, am Küchentisch der Scherben-WG, las ich eine Anzeige der Grünen in der »tageszeitung«, genau unter einer Anzeige, mit der unsere letzte Platte beworben wurde. Die Entscheidung, die Band aufzulösen, war schon gefallen. Mir war klar, dass ich weder zu einer anderen Band noch zurück ans Theater wollte. Die Anzeige der Grünen unter unserer Anzeige schien genau an mich gerichtet zu sein – das war zumindest die Meinung von Lanrue, dem Gitarristen, der das als Psi auffasste, als eine parapsychologische Bestimmung. Gesucht wurde eine Pressesprecherin. Die Kriterien waren unter anderem: eine journalistische Ausbildung, Frau, Stressbereitschaft und Kontaktfreudigkeit. Mit letzteren Punkten konnte ich dienen – und mit dem Wissen, wie man etwas, das anders ist, an die Frau und den Mann bringt.

Ich beschloss, mich zu bewerben. Und schon begann der politische Alltag, denn die Realos und die Fundis bei den Scherben diskutierten, wie eine Bewerbung bei den Grünen auszusehen habe. Die Realos schlugen Zeugnisse vor, die ich nicht hatte, weder aus Memmingen noch aus Dortmund. Ich entschied mich, lediglich einen Brief zu schreiben, in dem ich von meinen Erlebnissen mit den Scherben-Auftritten bei den Grünen erzählte und aufzuzeigen versuchte, was man verbessern könnte – vor allen Dingen keine Übernachtungen mehr in Swinger-Clubs! Dazu legte ich ein paar Platten und ein Bandfoto, auf dem ich auch zu sehen war.

Ich wartete ziemlich lange auf eine Antwort. Später erfuhr ich, wie es doch noch zu meiner Einladung kam. Der damalige Fraktionsgeschäftsführer der Grünen war Michael Vesper, der spätere stellvertretende Ministerpräsident von Nordrhein-Westfalen. Michael hatte mit der Anarcho-Rock-Szene wenig am Hut, er kämpfte gegen die Apartheid in Südafrika. Er hatte meinen Bewerbungsbrief und die Platten in seine Wohngemeinschaft nach Bielefeld mitgenommen. Einer seiner Mitbewohner entdeckte die Platten und war begeistert, weil er Scherben-Fan war. Er überredete Michael, mich einzuladen.

Kaum erreichte mich die Einladung in Fresenhagen, ging die Diskussion wieder los. Diesmal drehte sie sich um die

Frage, was ich anziehen sollte. Die einen sagten: »Da musst du öko-mäßig gehen, mit Birkenstöckern und kratzigen Pullis.« Aber ich trug zu dieser Zeit schwarze, enge Lederkostüme mit Nieten, hohe Schuhe, Lack und war stark geschminkt. Selbstgestrickte, überweite Pullis waren in dieser Phase jedenfalls nicht meine Sache. Also blieb ich bei Leder.

Wir trafen uns im grünen Fraktionsvorstandszimmer im Bonner Tulpenfeld, und ich wurde gefragt, wie denn die Sozialpolitik der Grünen auszusehen hätte. Ich antwortete, dass ich die Stellenbeschreibung so verstanden hätte, dass ich die Politik der Grünen vermarkten, nicht mir ausdenken solle. In diesem Moment kam Christian Ströbele, den ich kannte. Ich freute mich und wollte auf ihn zugehen und ihn begrüßen, aber er sagte im Vorbeigehen, er hätte gern die Kandidatin als Pressesprecherin, die sich tags zuvor vorgestellt hatte. Ich dachte, das wird wohl nix, und fuhr nach Hause.

Nach ein paar Wochen kam ein Anruf aus der Fraktion, man fragte mich, wann ich denn anfangen könne. Das Hauptargument für mich soll die Überlegung gewesen sein, dass eine, die es mit den Scherben aushält, auch den Grünen gewachsen ist. Im Sommer 1985 begann ich meine Arbeit. Ich wohnte zunächst in Langerwehe, mit meinem Freund Richard von der Schroeder Roadshow, und pendelte einen Sommer lang jeden Tag nach Bonn.

Der Wechsel von der Welt der Musik in die der Politik fiel mir schwerer als gedacht. Ich musste mit neuen Anforderungen klarkommen, vieles neu lernen und verstehen, zum Beispiel dass man, auch wenn mancher Streit heftig und verletzend geführt wird, dennoch weiter zusammenarbeiten muss und auch kann.

Eine meiner ersten Fraktionserfahrungen war eine solche Auseinandersetzung, die Joschka Fischer mit Jürgen Reents, einem Hamburger Ökosozialisten, auf einer Fraktionsklausur hatte und die alles an Schärfe übertraf, was ich je bei den Scherben erlebt hatte. Ich war mir sicher, dass diese beiden sich nie mehr begegnen, geschweige denn in einer Fraktion zusammensitzen könnten. Doch schon beim nächsten Tagesordnungspunkt hatten sie ein gemeinsames Anliegen. Das und die Freude an der gemeinsamen Kritik an anderen brachte sie schnell wieder zusammen.

Außenpolitisch stand der Kampf gegen den Nato-Doppelbeschluss ganz oben auf der Tagesordnung. Wir forderten Schritte der einseitigen Abrüstung und ein atomwaffenfreies Europa. Die innenpolitische Diskussion konzentrierte sich seit der Anti-AKW-Demonstration in Brokdorf und den Anschlägen der dritten RAF-Generation auf die Frage, wie weit Widerstand gehen darf, wo seine Grenze verläuft und wo er nicht mehr zulässig ist. Für mich und die Grünen war diese Grenze die Gewalt gegen Menschen. Der RAF-Terrorismus war ein Verbrechen. Die Frage der Gewalt gegen Sachen, gegen Strommasten, Hausbesetzungen, Schienenbesetzungen oder Aktionen gegen Bauzäune um AKW-Gelände, beantworteten wir differenzierter und durchaus kontrovers, auch in der Fraktion.

Als Presseerklärung zu dieser Gewaltdebatte rund um die gestürzten Strommasten gab ich einmal ein Gedicht von Bertolt Brecht heraus: »Der reißende Strom wird gewalttätig genannt / Aber das Flußbett, das ihn einengt / Nennt keiner gewalttätig.«

Kurz danach kam Otto Schily, der damals noch bei den Grünen war, mit puterrotem Kopf in mein Büro gestürmt, brüllte und fragte, wer diese Presseerklärung gemacht habe. Ich lächelte ihn an und sagte: Bert Brecht. Otto Schily rastete völlig aus, fegte meinen halben Schreibtisch leer und rannte brüllend und wutschnaubend aus meinem Büro. 1989 wechselte er zur SPD.

Entscheidend ist aber nicht Otto Schily, entscheidend ist die Frage, was ein Staat darf und was nicht – angefangen von der Todesstrafe und der Folter über die Bekämpfung von Terrorismus bis hin zu den unkalkulierbaren Risiken der Atomenergie.

10. Franziska und Franziskus

Die neben meiner Mutter wichtigste Frau in meinem Leben war meine Großmutter Franziska Frank aus Ulm. Sie war eine sehr gläubige Katholikin, die ihren Glauben nie ideologisch verstand, die christliche Werte lebte und sie auf eine sehr menschliche Weise nahe bringen konnte. Während mein Großvater ein großer, schlanker Mann mit langem weißem Haar war, war Franziska eine kleine, rundliche und herzenswarme Frau. Mit ihr ging ich jeden Sonntag in die Kirche, genauer in ein Franziskanerkloster, das nicht weit entfernt vom Haus meiner Großeltern lag. In der Kirche gab es eine sehr kitschige Figur des heiligen Franz von Assisi, in brauner Soutane und Sandalen zwischen drapierten Häschen, Vögeln, Tauben, selbst die Gräser und Blumen neigten sich ihm zu. Das Lächeln des heiligen Franziskus jedoch war so innig und freundlich, dass ich verstand, wieso die Tiere sich um ihn scharten. Ich stand ja auch zu seinen Füßen. Und ich fühlte auf einmal, wie die Ursache zur Wirkung wurde. Nicht das Lächeln des Franz von Assisi zog die Vögel an, sondern er lächelte, weil die Kreatur und Natur sich ihm in Freundschaft zuwandte. Ich begriff, was Reichtum und Vielfalt der Welt bedeuten können, wie sehr sie zum Menschen gehören und welches Glück in ihnen liegt. Im Sonnengesang, einer Hymne auf die Vollkommenheit der Schöpfung, die Franz von Assisi 1224 schrieb – in italienischer Sprache, der Sprache des Volkes –, gehören Menschen und Natur zusammen.

> Gelobt seist Du, Herr, mit allen Wesen, die Du
> schaffen,
> der edlen Herrin vor allem, Schwester Sonne,
> die uns den Tag heraufführt und Licht mit ihren Strahlen,

die Schöne, spendet; gar prächtig in mächtigem Glanze:
Dein Gleichnis ist sie, Erhabener.

Gelobt seist Du, Herr,
durch Bruder Mond und die Sterne.
Durch Dich sie funkeln am Himmelsbogen
und leuchten köstlich und schön.

Gelobt seist Du, Herr,
durch Bruder Wind und Luft
und Wolke und Wetter,
die sanft oder streng, nach Deinem Willen,
die Wesen leiten, die durch Dich sind.

Gelobt seist Du, Herr,
durch Schwester Quelle:
Wie ist sie nütze in ihrer Demut,
wie köstlich und keusch!

Gelobt seist Du, Herr,
durch Bruder Feuer,
durch den Du zur Nacht uns leuchtest.
Schön und freundlich ist er am wohligen Herde,
mächtig als lodernder Brand.

Gelobt seist Du, Herr,
durch unsere Schwester, die Mutter Erde,
die gütig und stark uns trägt
und mancherlei Frucht uns bietet
mit farbigen Blumen und Matte.

Mit meinem Großvater väterlicherseits, Maximilian Roth, ging ich oft und lange spazieren. Er war Kirchenmusiker und schaffte es auf eine besondere Art, Musik und Naturerlebnis zusammenzubringen. Ich hörte die Gräser, die Insekten, die Farben, den See und sah die Musik förmlich in der Stille eines frühen Sommermorgens. Das Verlangen, diese Schönheit zu achten und zu bewahren, durchdringt mich noch heute, wenn ich von diesen Morgenspaziergängen schreibe und wenn ich mich erinnere, wie ich, auf dem Schoß meines Großvaters sitzend, zum ersten Mal die Tasten eines Klaviers berührte und den Tönen nachlauschte. Das war sie, die dramatisch schöne Begegnung mit Musik und Natur, die die christliche Nächstenliebe mit einem ganz umfassenden Sinn erfüllt und sich durch alle Wesen und Elemente hindurch auf Gott bezieht. Das Lächeln des heiligen Franziskus steht für diese Erfahrung.

Am Abend vor dem Tod meines Großvaters »beigte« ich mit ihm Äpfel, wie es bei uns hieß, also wir sortierten sie in ein Regal. Wir hatten ganze Körbe roter, knackiger Äpfel, sie zu berühren, anzufassen, diese Pracht und Reichhaltigkeit der Natur, machte mich einfach glücklich. In der gleichen Nacht starb mein Großvater an einem Herzinfarkt. Sein Tod und der Reichtum an Früchten, das Ende und die Intensität des Lebens standen einander gegenüber. Sie ermahnten mich, wie vergänglich und wie verletzlich die Natur und ihre Geschöpfe sind. Sie sind ein Auftrag, die Natur zu schützen und das Leben zu bewahren, damit Hoffnung bleibt.

Einmal sagte meine Großmutter den Satz: »Mir kann es nur gut gehen, wenn es meinem Nächsten gut geht.« Diese Worte habe ich nie vergessen. Ich trage sie in mir, und an sie muss ich denken, wenn ich die unsäglichen »Das Boot ist voll«-Metaphern in der Flüchtlings- und Menschenrechtspolitik höre. Aber sie gehen weit darüber hinaus, sie überschreiten den menschlichen Bereich und schließen die Schöpfung, die Natur mit ein. Ein reiches und gutes Leben der Menschen gründet nach meiner festen Überzeugung in einer reichen, intakten Natur.

Der Satz meiner Großmutter wirkte deshalb so stark auf mich, weil er die eigenen Belange nicht altruistisch übergeht, sondern das Gelingen des eigenen Lebens als starke Motivation für ethisches und ökologisches Handeln mit einbezieht.

Nach dem sonntäglichen Gottesdienst in Ulm gingen wir stets ins Gloria-Kino und sahen uns Märchenfilme an. Nach dem Kino gingen wir zu meinen Großeltern nach Hause. Das Bild meines Großvaters, wie er auf einer Eckbank am Küchentisch sitzt, sein erwartungsvoller, freudiger Blick bei unserer Rückkehr, ist mir noch in lebendiger Erinnerung.

Viele Kindheitssommer lang fuhr ich mit meiner Familie zum Zelten und Baden an den Bodensee. Doch eines Tages hieß es, der Bodensee sei vergiftet und umgekippt, die Fische gestorben, das Baden im See gesundheitsgefährdend. Diese Nachricht verdarb uns nicht nur einen schönen Sommer, sie taucht die Erinnerung an diese Zeit in Wehmut. Diese erste ökologische Katastrophe, die ich bewusst wahrnahm, zertrümmerte ein Bild von Kindheitsglück.

Ich war damals schon alt genug, um nachzufragen, wie es zu einer solchen Katastrophe kommen konnte, wie es sein konnte, dass der Mensch mit seinen Abwässern diesen riesigen See, den man auch das »schwäbische Meer« nennt, zerstörte. Und ich begriff, dass man die Natur nicht nur bewundern konnte, sondern schützen musste.

Noch in meine Schulzeit platzte 1972 der Bericht des Club of Rome zu den »Grenzen des Wachstums«, der die Endlichkeit der Ressourcen zum Thema hatte und für das Jahr 2100 eine Krise der Weltwirtschaft vorhersagte, da die Menschheit im geschlossenen System der Erde dann endgültig an ihre Wachstumsgrenzen gestoßen sei.

Die Debatte darüber reichte bis in meine Englisch-Abiturprüfung, in der ich zu den Thesen des Club of Rome Stellung nehmen sollte. Die Grenzen des Wachstums wurden auch in der Ölkrise augenfällig, die nur ein Jahr später Europa und die Welt traf. Auch meine Familie, meine Freunde und ich gingen an den Fahrverbotstagen auf der Hauptstraße spazieren. So eine Straße ist, wenn man zu Fuß auf ihr geht, riesig, breit und verliert sich in unendlicher Ferne, als hätte es einen in die Kulisse eines Buñuel-Films verschlagen.

Mit den vier autofreien Sonntagen vom Herbst 1973 verband sich eine tiefe Kränkung der Gesellschaft, eine Kränkung, die einige bis heute noch uneinsichtig auf vernünftige Vorschläge zur Verkehrspolitik reagieren lässt. Das Auto ist bei uns wie in kaum einem anderen Land ein Symbol für Freiheit und Wohlstand. Und genau das ist das Problem. Beide Begriffe vom Auto abzuleiten heißt, sie zu verstümmeln. Wir brauchen ein Denken, das Freiheit und Wohlstand nicht im Gegensatz zur Natur beschreibt, sondern als einen Kredit, den die Natur uns gewährt und der schnell verspielt ist.

Viele Menschen haben inzwischen zu einem solchen neuen Denken gefunden, auch in meiner Heimat, wo der Wald – der vielbeschworene deutsche Wald – eine fast metaphysische Bedeutung hatte, bevor auch er am sauren Regen, am Ozonloch, an Schwermetallen zugrunde zu gehen drohte.

Aus dem Gedanken des Bewahrens heraus wurden die Grünen gegründet und gaben sich ihren Namen nach der Grundfarbe der lebenspendenden Natur. Genau deshalb sind die Grünen keine Abspaltung der Sozialdemokratie, deren politisches Selbstverständnis sich aus dem alten Fortschritts- und Wachstumsgedanken entwickelt hat, für den die Ausbeutung der Natur kein Problem darstellt. Willy Brandt war seinen Genossen weit voraus, als er schon Anfang der sechziger Jahre einen »blauen Himmel über der Ruhr« forderte statt eines Himmels, der so schwarz war wie die Flüsse, in denen kein Fisch mehr lebte. Man konnte im Ruhrgebiet keine Wäsche mehr im Freien aufhängen, weil sie vom Ruß der Zechen schwarz wurde. Das metaphorische Weltbild der Arbeiterpartei war falsch geworden: Sandoz pumpte seine Abwässer in den Rhein, im italienischen Seveso wurde Dioxin freigesetzt – und in Tschernobyl kam es zum Super-GAU.

Ich war am Abend des 26. April 1986 als Pressesprecherin mit der Fraktionsvorsitzenden der Grünen im Bundestag, Hannegret Hönes, in der »Provinz«, einer rot-grünen

Kneipe im Regierungsviertel, in der Heide Simonis früher oft gekellnert hat. Auch Joschka Fischer und Gerhard Schröder trafen sich hier und aßen und tranken zusammen. Es war eher eine Realo-Kneipe als eine, in der die Linken sich tummelten. Aber manchmal waren wir eben doch da – wie am Abend des 26. April, als Matthias Küntzel, damals wissenschaftlicher Mitarbeiter, anrief und mir klar und knapp mitteilte, dass »etwas passiert sei« und wir sofort kommen sollten. Ich ließ mein Bier stehen und lief zu Fuß zur Fraktion. Hannegret kam mit. Zunächst gingen wir, aber dann fingen wir an zu rennen, als würden wir Angst spüren. In der Fraktion lief der Fernseher.

Die Nachrichten über den Super-GAU kamen aus Schweden, wo die erste Strahlungswolke gemessen worden war. Wir versuchten, weitere Informationen zu beschaffen, telefonierten mit den zuständigen Ministerien und Journalisten. Und wir machten die Erfahrung, dass es eine Zensur gab, eine Unterdrückung von Nachrichten und faktische Desinformation. Friedrich Zimmermann war damals Innenminister und Wolfgang Schäuble Chef des Kanzleramts.

Diejenigen, die von Atomenergie wirklich Ahnung hatten wie Matthias Küntzel, erkannten, dass der Unfall deutlich schwerer gewesen sein musste, als uns die ersten beschwichtigenden Verlautbarungen weißmachen wollten.

Wir konzentrierten uns sofort darauf, tatsächliche Aufklärung zu leisten und eine Gegenöffentlichkeit zu den Abwieglern herzustellen. Relativ schnell knüpfte sich ein Netzwerk aus dem damals noch neuen Öko-Institut, unabhängigen Journalisten, Atomexperten, Wissenschaftlern an den Universitäten, Greenpeace, den Umweltschutzverbänden und unseren Experten. Eberhard Walde, der Geschäftsführer der Partei, und ich bauten in schlaflosen Nächten einen Verteiler für jede neu eingehende Nachricht auf, was damals nicht so leicht war wie heute, wo alle E-Mail-Adressen gesammelt sind. Wir hatten damals weder Computer noch Faxgeräte. In der Fraktion und der Parteizentrale gab es einen alten

Lochstreifen-Ticker, in den man den Text erst als Lochstreifen eingeben musste, um ihn dann senden zu können.

Wir trommelten Mitarbeiter und Mitarbeiterinnen, die Abgeordneten und die Parteisprecher zusammen, um eine Krisensitzung abzuhalten. In dieser Sitzung fielen Begriffe wie Fall-out, Halbwertszeit, Cäsium, die uns eine erste Vorstellung von dem gaben, was angesichts des Unvorstellbaren zu tun war. Wir steckten die künftigen Arbeitsbereiche ab: Welche Gefährdung geht tatsächlich von der Wolke aus? Wie schützt man sich? Welche Lebensmittel können kontaminiert sein? Ist Regen gefährlich? Was macht man mit dem verstrahlten Gemüse? Sollte es untergepflügt werden? Und wie fängt man die Umsatzeinbußen der Milch- und Obstbauern auf? Plötzlich wurde Frischmilch zur Risikoware und Salat für zehn Pfennig den Kopf verschleudert.

Eberhard Walde reagierte sofort und ließ Plakate drucken, die wir noch in der nächsten Nacht in der ganzen Bundesrepublik klebten, um die Menschen, die ihre Informationen nur aus der »Bild-Zeitung« und vom Innenministerium erhielten, aufzurütteln und aufzuklären. Wir schalteten Anzeigen in verschiedenen Zeitungen und in verschiedenen Sprachen, um auch möglichst viele Migranten zu erreichen. In einem beigefügten Text baten wir darum, diese Anzeigen zu vervielfältigen und sie an die Menschen zu verteilen, die nicht deutsch sprachen, denn an ihnen gingen die Warnungen vollkommen vorbei.

Wir versuchten, gemeinsam mit atomkraftkritischen Wissenschaftlern in die Bundespressekonferenz zu gelangen, und wurden danach angepöbelt und beschimpft. Die Regierung, Zimmermann und Schäuble, und viele Journalisten erklärten, dass wir Grünen nur Panik schüren würden und ohnehin nicht wüssten, wovon wir redeten, dass keinerlei Grund zur Sorge bestehe und die Sicherheit der Bevölkerung gewährleistet sei. Das war eine zynische Lüge mit gefährlichen Folgen, wie sich kurz vor dem 1. Mai auf drastische Weise zeigte.

Schon der April war sehr regnerisch gewesen. Auch für den 1. Mai war schlechtes Wetter angesagt, und die Wolke mit dem Fall-out befand sich schon über Deutschland. Ich erinnere mich an lange Telefongespräche mit dem DGB, in denen wir die Funktionäre eindringlich darum baten, die Veranstaltungen zum 1. Mai nicht im Freien abzuhalten. Aber der DGB war nicht sonderlich atomkritisch eingestellt und vertraute fest auf die Verlautbarungen der Bundesregierung, die, wie sich heute zeigen lässt, die Bevölkerung absichtlich falsch informierte – während viele, die es sich leisten konnten, auch Bundestagsabgeordnete, schnell eine Reise auf die weit entfernten Kanaren unternahmen. Die Doppelmoral war unerträglich. In Frankreich herrschte die merkwürdige, aber von den Medien geschürte Überzeugung, dass der Rhein die natürliche Grenze der atomaren Wolke sei. Doch eines Tages kam der Redakteur des »Figaro« in mein Büro, schloss die Tür und fragte mich ganz privat, ob ich seiner Frau raten würde, noch frisches Gemüse auf dem Pariser Markt zu kaufen. Am nächsten Tag schrieb er wieder, Atomkraft sei sicher.

Wir richteten ein Nottelefon ein, das von Mitarbeiterinnen und Mitarbeitern der Fraktion rund um die Uhr besetzt war. Schwangere Frauen riefen an und fragten, ob sie ihr Kind abtreiben müssten. Es war eine unglaublich angespannte Situation.

Wenn ich am zwanzigsten Jahrestag von Tschernobyl lesen muss, dass Unionspolitiker die Rücknahme des Atomausstiegs planen und in trauter Einheit mit der FDP Atomenergie als Beitrag zur Umwelt- und Klimaschutzpolitik verkaufen wollen, wenn die Energiekonzerne von ihren Kunden Monopolprofite kassieren und sich zugleich als Wahrer der Stromversorgung und als beste Freunde des kleinen Mannes aufspielen, dann ist mein Zorn ungebrochen. Denn ich weiß und ich habe erlebt, wie hier um der Ideologie und der Profite willen gelogen und getäuscht wird. Dies ist ein Verhalten wie damals in der DDR, wo es 1986 keine Informationen gab und die Kinder in der Schule nachgerade gezwungen wurden, Milch zu trinken, weil ein sozialistisches AKW niemals explodieren kann – und falls doch, dann ohne schädliche Folgen.

Weder ist Atomkraft billig, noch fördert sie die Wettbewerbsfähigkeit der Wirtschaft. Atomenergie wurde in Deutschland hoch subventioniert und wird es zum Teil auch heute noch – durch Forschungsförderung, die weitgehende Freistellung von Haftungsrisiken, die Steuerbefreiung für Atomrückstellungen und Atombrennstoffe. Und dennoch ist Atomkraft bis heute nicht wettbewerbsfähig. Sie kann auf funktionierenden Energiemärkten nicht mit anderen Energien konkurrieren. Nur alte, abgeschriebene Anlagen können das – mit der Folge, dass neue und erneuerbare Energieträger ausgebremst werden.

Auch macht Atomenergie Deutschland nicht unabhängiger von den Ölraffinerien im Nahen Osten und anderswo. Kein anderer Brennstoff ist so begrenzt verfügbar. In dreißig bis vierzig Jahren wird das weltweit abbaubare Uran verbraucht sein. Lüge ist ebenfalls die Behauptung, Atomenergie nütze dem Klima. Der Beitrag der Atomenergie zur weltweiten Energieversorgung liegt heute bei unter fünf Prozent. Wenn Atomkraft aus Klimaschutzgründen einen deutlich höheren Anteil am weltweiten Energiebedarf abdecken sollte, müssten zusätzlich Tausende neuer AKW gebaut werden. Dann wäre das Uran schon übermorgen aufgebraucht. Atomkraftwerke sind unflexible Großstrukturen mit unkalkulierbarem Risiko. Sie schaffen keine neuen und schon gar keine zukunftssicheren Arbeitsplätze, sie befördern einen hohen Energieverbrauch, damit die Strommonopolisten sich die Taschen vollstopfen können.

Atomkraft, Genmais, Käfighaltung – das ist nicht die Art von Land und Heimat, in der und mit der ich leben will. Ich werde nicht zusehen, wenn Flüsse zu Autobahnen gemacht werden, dass man Berge für Skipisten abrodet, Schneekanonen Tiere und Pflanzen erledigen. Diejenigen, die am meisten über den Begriff der Heimat reden, drangsalieren und zerstören sie am stärksten – nicht nur in Bayern. Frisches Wasser, ein grüner Berghang, ein sauberer Fluss, in dem Fische leben, und saubere Luft, das ist Heimat – oder kann es wenigstens wieder werden.

Das ist keine Öko-Idylle jenseits der harten ökonomischen Fakten. Wer Ökonomie und Ökologie heute immer noch gegeneinander ausspielen will, hat nichts dazugelernt und schadet dem Standort Deutschland auf einem zentralen Zukunftsfeld. In vielen Bereichen auf diesem Feld nimmt Deutschland inzwischen eine Spitzenposition ein und hat sich einen wichtigen Vorsprung in der globalen Konkurrenz erarbeitet.

Der dramatische Klimawandel und der rapide Anstieg des Ölpreises haben erneut deutlich gemacht, wie wichtig Klimaschutz und eine Politik für erneuerbare Energien und ressourcenschonendes Wirtschaften ist. Wer das immer noch nicht sehen will, der sollte einmal die Geschäftsberichte der Münchner Rückversicherung studieren, wo die Schäden von Naturkatastrophen bilanziert werden, die aus den Klimaveränderungen resultieren. Die Grünen mit Jürgen Trittin als äußerst erfolgreichem und durchsetzungsstarkem Umweltminister haben im Kampf für einen besseren Klimaschutz in ihrer Regierungszeit Meilensteine gesetzt. Das Kyoto-Protokoll ist in Kraft – nach langem und zähem Ringen auf dem internationalen Parkett. Das ist ein großer Erfolg für die ganze Welt. Auf diesem Weg müssen wir weitergehen – zum Beispiel beim Emissionshandel. Umweltminister Gabriel sollte dieses Instrument wirksam einsetzen, statt Emissionsrechte am Staatshaushalt vorbei an die Wirtschaft und vor allem die Strommonopolisten zu verschenken. Emissionshandel soll dem Klimaschutz dienen und kein Förderinstrument für den Neubau von Kohlekraftwerken sein.

Die Energiewende muss weitergetrieben werden. Und dass die Bundesrepublik auf vielen Feldern vorangeht, Weltmeister ist bei der Produktion von Wind- und Sonnenenergie und unsere Anbieter beim Bau der Anlagen Spitzenplätze belegen, das ist nicht nur für die Umwelt, sondern auch für den Arbeitsmarkt sehr gut. Rund um den Umweltbereich sind Hunderttausende Arbeitsplätze entstanden – Arbeitsplätze in zukunftssicheren Märkten.

Auch in der Verkehrspolitik, in der Landwirtschaft, beim Verbraucherschutz, im Hausbau und der Gebäudesanierung ist die Verbindung von Ökonomie und Ökologie inzwischen ein zentraler Punkt. Dies lässt sich nicht nur positiv belegen, an Erfolgen aus den letzten Jahren, sondern auch negativ, an Misserfolgen in Bereichen, in denen die Wirtschaft Entwicklungen verschlafen hat. Beim Dieselrußfilter waren die französische und japanische Autoindustrie schneller als die deutschen Anbieter. Auch bei der energiesparenden Hybridtechnik kam die deutsche Autoindustrie zu spät. Nun befindet sie sich in einer Aufholjagd mit ungewissem Ausgang. Wenn ich mir solche Entwicklungen ansehe – und all die Warnungen und Hinweise seitens der Grünen an die deutsche Autoindustrie –, dann werden die Grünen wohl noch als letzte Autopartei in die Geschichte eingehen.

11. Für Ertuğruls Narben

Die Zahnarztpraxis meines Vaters auf dem Land, die er von seinem Onkel übernommen hatte, stand allen offen, nicht nur gut zahlenden Privatpatienten. Ungewöhnlich war, dass mein Vater sein Leben lang keine Bestellpraxis hatte und die Reihenfolge der Patienten nach dem Wetter festlegte. Denn viele seiner Patienten waren Landwirte, die auf den Feldern arbeiteten. Wenn das Wetter schlecht war, kamen sie in seine Sprechstunde. Bauern und Fürsten wurden gleich behandelt und das im buchstäblichen Sinn, denn auch die Kinder der fürstlichen Familie der Fugger waren Patienten bei ihm. Damals war er einer der wenigen Zahnärzte, die überhaupt Kinder vorsorglich behandelten und über Zahnpflege aufklärten.

Oft genug war das Wartezimmer ein kleiner Diskussionszirkel, wo sich Außenseiter unseres Dorfes trafen, die, die wie wir zugezogen waren, und die, die von noch weiter weg, aus dem Ausland, kamen. Hier gingen die ersten Migranten der Bundesrepublik ein und aus, nach dem Anwerbeabkommen mit Italien von 1955 italienische Gastarbeiter, später Spanier und schließlich Türken.

Die ersten türkischen Patientinnen stellten für meinen Vater eine besondere Herausforderung da. Plötzlich war da eine andere Kultur mitten in unserem Alltag. Viele Frauen hatten Goldzähne als Form der Rentenversicherung, falls ihr Mann sie einmal verstoßen würde. Die allermeisten von ihnen sprachen kein Deutsch, und mit Französisch, Englisch oder seinen Italienisch- und Spanischkenntnissen kam mein Vater auch nicht weiter. Also versuchte er, ein paar Grundworte des Türkischen zu lernen. »Machen Sie den Mund auf«, »Wo tut es weh?«, »Haben Sie Schmerzen?«.

Neben den sprachlichen Schwierigkeiten war auch der

alltägliche Umgang mit den Menschen aus der Türkei schwieriger als mit spanischen oder italienischen Familien. Die Italiener sah man auch sonntags in der katholischen Kirche, aber niemand fragte, wo denn eigentlich die Kirche der Moslems war. Erst in den letzten Jahren wurde die Frage aufgeworfen, wer die Moslems eigentlich in Religion unterrichtet und an welchem Ort dies geschieht. Wo gibt es eine Friedhofsordnung, die sich auf gläubige Moslems eingestellt hat – mit einer Ausrichtung der Gräber nach Mekka? Auch andere muslimische Regeln, zum Beispiel die des Schächtens, des religiösen Schlachtens, haben lange niemanden interessiert, mit der Folge, dass die Tiere auf Hinterhöfen mit teilweise unglaublicher Grausamkeit getötet wurden. Angesichts der oft mit Ausgrenzung gepaarten Ignoranz, mit der die deutschen Gastgeber den Moslems über lange Zeit begegneten, ist es vollkommen unangebracht, das Entstehen einer Parallelgesellschaft zu beklagen.

Das Verhältnis Deutschlands zur Türkei und der Deutschen zu den Türken ist für mich deshalb so wichtig, weil es von der Frage ausgeht, wie diese Menschen, die hier seit dreißig oder vierzig Jahren leben, angesehen werden und wer sie eigentlich sind, wie sie geprägt wurden, wie das Land ist, aus dem sie ursprünglich kamen, wie es riecht und schmeckt, wie es die Menschen prägt – und warum sie nach Deutschland geholt worden sind, in einer Zeit des wirtschaftlichen Aufschwungs, als Arbeitskräfte knapp waren. Das Anwerbeabkommen zwischen der Bundesrepublik und der Türkei wurde 1961 geschlossen, wenige Wochen nach dem Mauerbau. Und viele Türken zogen dann auch in die Nähe der Mauer, nach Berlin-Kreuzberg, das jetzt ein Randbezirk war und wo Wohnungen leer standen.

Ich war Mitte der achtziger Jahre zum ersten Mal in der Türkei. Das Land wurde von Terroranschlägen verschiedenster Gruppen erschüttert, stand im Konflikt mit Bulgarien und in einer bewaffneten Auseinandersetzung mit Zypern, weite Teile des Landes standen unter Kriegsrecht, und nach einem Militärputsch 1980 regierte ein schwaches Kabinett unter Özal die Türkei. Viele Oppositionelle waren in Haft oder im Exil.

Damals hieß es in den linken Kreisen, man dürfe nicht in einem Land Urlaub machen, in dem die Gefängnisse voll waren, wo Menschen gefoltert und die Rechte von Frauen, Kurden, Linken, Christen, Gewerkschaftern und vielen anderen missachtet wurden. Und tatsächlich wäre es unerträglich gewesen, sich vorzustellen, am Strand herumzulaufen, die Füße im Wasser, den Kopf in der Sonne, und zu wissen, dass Menschen in diesem Land wegen ihrer politischen Überzeugungen jahrelang eingesperrt und zu Tode geprügelt wurden.

1986 reiste ich zusammen mit der grünen Bundestagsabgeordneten Karitas Hensel, die in der Fraktion für Umweltpolitik zuständig war, in die Türkei. Wir fuhren nach Fethiye am Westrand des Taurus-Gebirges, weil dort die Meeresschildkröten Caretta Caretta ihre Brutstätte hatten. Am Strand von Fethiye sollten von deutschen Firmen Hotels gebaut werden, die den Lebensraum dieser einmaligen Tierart zerstört hätten. Aber es gab Widerstand von Umweltschützern, die die Grünen im Bundestag unterstützten – und letztendlich wurde das Hotel zwei Buchten weiter gebaut, wo keine Schildkrötenbabies aus ihren Nestern über den Sand zum Wasser hasten.

So wichtig es war, sich um die Umweltbelange zu kümmern, so unangemessen fand ich es, die anderen Probleme auszusparen. Es konnte doch nicht sein, dass man sich in einem Land, in dem so viele Menschen ihrer Rechte beraubt wurden, nur für Schildkröten einsetzte. Das war mein Einstieg in die direkte, persönliche und schließlich auch institutionalisierte Türkei-Arbeit. Nach meiner Rückkehr war ich in der Türkei-Kurdistan-Koordination der Partei aktiv. Und als ich ab 1989 Abgeordnete im Europäischen Parlament war, gehörte ich fast zehn Jahre – lange Zeit als stellvertretende Vorsitzende – zum Vorstand des Türkei-EU-Ausschusses, der sich aus der gleichen Zahl von Europa- und türkischen Abgeordneten zusammensetzt und auf der Grundlage des »Ankara-Abkommens«, des Assoziierungsabkommens mit der Türkei von 1963, regelmäßig bilaterale Fragen erörtert. In diesen beiden Funktionen reiste ich viele Male durch die Türkei. Über Multikulturalität redete damals noch niemand, dafür umso mehr über internationale Solidarität und die Kurdenfrage.

Auch weil ich mich schon vor meinem Weg ins Europäische Parlament für eine multinationale, die Rechte des Einzelnen schützende Politik engagiert hatte, lag meine Mitarbeit im Türkei-Europa-Ausschuss nahe. Denn dessen zentrale Themen waren der Umgang mit den Menschenrechten in der Türkei, die rechtliche Stellung der Frauen und der nationalen und religiösen Minderheiten, aber auch die Situation der türkischen Migranten in der EU. Sich für eine enge politische Einbindung der Türkei einzusetzen bedeutet gerade nicht, alles zu verteidigen, was dort passiert. Tatsächlich gab es auch mit türkischen Freunden heftige Kontroversen über die Frage, welchen Status Kurdistan haben sollte. Auch vielen Türken des linken politischen Spektrums fehlte das Verständnis für dieses Problem. Einige meiner Freundschaften sind an dieser Frage zerbrochen. Tatsächlich war der Gebrauch der kurdischen Sprache in der Türkei bis vor wenigen Jahren verboten. Der türkische Staat betrieb eine forcierte Assimilierungspolitik, und in den Kurdenprovinzen herrschte über viele Jahre der Ausnahmezustand. Über 35 000 Menschen fielen dem schmutzigen Krieg zwischen dem türkischen Militär und der PKK, der »Arbeiterpartei Kurdistans« von Abdullah Öcalan, zum Opfer.

Gleichzeitig standen viele kurdische Männer ebenso wie viele türkische Männer den Fragen der Gleichberechtigung verständnislos gegenüber. Kemal Atatürk hat den Frauen zwar formal viele Rechte gegeben, aber Gleichberechtigung muss vom Verständnis und Bemühen der Menschen getragen werden. Gerade auch in den kurdischen Gebieten, in denen zum Teil feudale Strukturen herrschen, genießen die Frauen nicht gleiche Rechte, gibt es Fälle von Ehrenmord. Die sexuellen Minderheiten sind in der Türkei auf dem Papier nicht so stark benachteiligt wie in anderen Ländern, aber trotz dieser Gesetze braucht es noch viel Zeit und Mut, bis Menschen sich zu ihrer Homosexualität bekennen können. Noch heute gibt es in der Türkei eine hohe Selbstmordrate unter Homosexuellen, die die Verachtung und Drangsalierung, die sie erfahren, nicht länger ertragen können.

Gerade aus diesen Gründen habe ich mich so sehr für eine glaubwürdige Integrationsperspektive und die Aufnahme von Beitrittsverhandlungen der EU mit der Türkei eingesetzt. Die Türkei braucht eine positive Vision, damit die Missstände in diesem Land möglichst schnell behoben werden. Die Beitrittsperspektive ist die beste Unterstützung für eine dynamische Entwicklung, für die Demokratisierung und für Fortschritte bei den Menschenrechten im Land.

Als Griechenland, Spanien und Portugal in die Europäische Gemeinschaft aufgenommen wurden, war eines der stärksten Argumente, dass diese Mitgliedschaft einen Rückfall dieser Länder in die alten, faschistischen Regime oder eine Militärdiktatur verhinderte. Entsprechend argumentiere ich für die Türkei.

Die Türkei hat in Sachen Menschenrechte und Demokratie inzwischen große Fortschritte erzielt – zum Beispiel bei der Abschaffung der Todesstrafe, bei den Antifoltergesetzen, bei den Frauenrechten. Und es ist klar, dass die Reformen nicht nur auf dem Papier stehen dürfen. Es gibt noch zahlreiche Defizite, zum Beispiel bei den religiösen und ethnischen Minderheiten, in der Zypernfrage, bei der Aufarbeitung der dunklen Kapitel der eigenen Geschichte wie dem staatlich organisierten Mord an den Armeniern. Die jungtürkische Regierung des Osmanischen Reiches hat dieses Massaker, das von vielen Historikern der Gegenwart als Völkermord bezeichnet wird, 1915 mit Hilfe ihrer Verbündeten, dem Deutschen Reich und Österreich, verordnet und umgesetzt. Dies hat zur fast vollständigen Vernichtung des armenischen Lebens in Anatolien geführt. In Gesprächen mit meinen türkischen und armenischen Freunden in Istanbul habe ich immer den Standpunkt vertreten, dass die Türkei sich mit ihrer Geschichte und mit dem Völkermord an den Armeniern auseinandersetzen muss. Es führt kein Weg an der Aufarbeitung der Vergangenheit vorbei, wenn ein Land sich Rechtsstaatlichkeit und Demokratie verschreibt. Eine demokratische Erinnerungskultur ist ein wichtiger Bestandteil dieser Entwicklung. Ebenso stehen wir Deutschen in der Pflicht, die Rolle des Deutschen Reiches bei den Verbrechen an den Armeniern aufzuarbeiten. Das ist Teil unserer Gegenwartsaufgaben. Wir sollten jeden Ansatz in der Türkei und in den Beziehungen zwischen der Türkei und Armenien unterstützen, der diese Aufarbeitung mit der Perspektive einer Aussöhnung voranbringen will.

Die Amnesie der Türkei im Umgang mit der Armenierfrage wird langsam abgebaut. Die türkische Zivilgesellschaft hat in dieser Frage eine bemerkenswerte Entwicklung in Gang gesetzt. Es ist auch ein Verdienst der EU-Beitrittsperspektive, dass die kritischen türkischen Historiker sich nicht mehr bevormunden lassen wollen. Ankaras Vorschlag, eine gemischte Kommission von türkischen und armenischen Experten, womöglich unter Schirmherrschaft der Unesco, einzurichten, die ein historisches Gutachten zu den Ereignissen von 1915 erarbeiten soll, ist vernünftig und richtig. Es darf aber nicht dazu führen, dass sich in der Türkei bis zum Vorliegen eines solchen Gutachtens nichts mehr bewegt. Es darf auch nicht als Maulkorb für weitere Diskussionen instrumentalisiert und missbraucht werden. Um diplomatisches Tauziehen in dieser Kommission zu vermeiden, sollten neben den »offiziellen« Repräsentanten auch unabhängige Historiker hinzugezogen werden. Selbstverständlich müssen die deutschen Archive, insbesondere die des Auswärtigen Amtes, vorbehaltlos zugänglich gemacht werden. Dies gilt aber auch in Frankreich, England und

Russland, die damals in die Geschehnisse im Osmanischen Reich involviert waren.

Die organisierte Speerspitze der türkischen Nationalisten, die begonnene Debatte in der Türkei und im Ausland zum Verstummen zu bringen, ist die so genannte »Talat-Pascha-Bewegung«. Sie ist ein Sammelsurium von ultranationalistischen, antieuropäischen und rechtsextremistischen Kräften. Einerseits hetzt sie gegen jeden gesellschaftlichen und kulturellen Fortschritt in der Türkei, andererseits will sie die EU-Annäherung der Türkei und die Integration der in Europa lebenden Türkinnen und Türken verhindern. Türkische und deutsche Leitkulturfanatiker ziehen hier an einem Strang und bilden eine unheilvolle Allianz. Den türkischen Nationalisten mit nationaler Arroganz zu begegnen, ist Wasser auf ihre Mühlen. Stattdessen ist es wichtig, die Türkei gegen ihre Verächter und falschen Beschützer gleichermaßen zu verteidigen.

Die Türkei lernt. Sie hat zum Beispiel das Verfahren gegen Orhan Pamuk eingestellt. Die Debatte über die Massaker an den Armeniern greift Raum. An solchen ermutigenden Zeichen anzusetzen, um sie zu bestärken, ist sicherlich schwieriger, als plump weiter seine Vorurteile zu pflegen. Es ist mühseliger, weil man genauer hinschauen, kritisch hinterfragen und mitunter sogar gegen seine eigenen Vorurteile argumentieren muss. Aber die Geschichte ist so blutig und so fürchterlich, dass man von Politik, Medien, Wissenschaft und Zivilgesellschaft nichts weniger als diese Aufarbeitung erwarten muss.

Die Türkei als ein Land mit einer islamischen Tradition könnte den vermeintlichen und an vielen Stellen künstlich hochgezogenen Gegensatz zum Westen überwinden. Sie könnte den Beweis dafür erbringen, dass Islam und Demokratie keine Gegensätze sind, dass es ein gemeinsames Fundament gibt, die Universalität der Menschenrechte. Welche Strahlkraft hätte das in die muslimische Welt! Alle würden davon profitieren, wenn der Dialog gegenüber der Konfrontation die Oberhand behält — auch die Bundesrepublik, die ja der größte Handelspartner der Türkei ist. Der Reformprozess der Türkei liegt also auch im elementaren Interesse Deutschlands – auch und gerade in seinem Sicherheitsinteresse. Die EU-Mitgliedschaft einer sich auf demokratischer Grundlage modernisierenden Türkei wäre angesichts der verheerend instabilen Situation im Irak und im gesamten Nahen Osten, des erstarkenden Terrorismus, der Entführungen und der Ausschreitungen gegen europäische Botschaften, nicht zuletzt angesichts des Atomprogramms des Iran, ein gewaltiger historischer Schritt.

»Jakub« ist ein verrauchtes Lokal im Istanbuler Stadtteil Taksim. Taksim entspricht etwa Kreuzberg oder St. Pauli. Viele Künstler leben hier, die Linken und Alternativen der Türkei, hier finden sie zusammen. Bis vor ein paar Jahren hatte ich als Europa-Parlamentarierin ein Regionalbüro in Taksim, was schwer durchzusetzen gewesen war, weil Regionalbüros eigentlich für den Wahlkreis der Abgeordneten gedacht sind. Aber ich wollte mein Regionalbüro da haben, wo meine Arbeit ihren politischen Schwerpunkt hatte, im Brennpunkt Istanbuls, wir waren dann auch die erste Fraktion, die große Konferenzen in der Türkei durchführte, so zum Beispiel 1994 zum Thema Rassismus in Europa.

Einmal saß ich mit meinen Freunden im »Jakub« an einem großen, runden Tisch, mit vielen kleinen Vorspeisen darauf, wie sie in der Türkei üblich sind. Plötzlich fragte einer der Anwesenden die anderen, wer von ihnen wie lange im Gefängnis gesessen habe. Eine völlig gespenstische Szene begann. Jeder, wirklich jeder von ihnen war bereits im Gefängnis gewesen. Journalisten, Professoren, Künstler – alle hatten schlimmste Erfahrungen gemacht und berichteten davon, wie man sich in Deutschland über sein schönstes Ferienerlebnis unterhält. Über die, die nur drei oder vier Jahre im Knast gewesen waren, lachten sie und foppten sie, dass sie wohl doch keine richtig überzeugten Oppositionellen und Kämpfer für die Freiheit gewesen seien. Sie zeigten sich die Narben der Folter, tiefe Schlag- und Schnittwunden auf den Armen, den Rücken, den Bäuchen. Narben, so breit und tief, dass man selbst in die verheilten Wunden einen Finger legen konnte. Mir war nicht klar, wie man solche Martern überhaupt aushalten konnte. Aber sie plauderten darüber wie über das Wetter – und doch war zu spüren, dass diese Wunden sich noch lange nicht schließen würden.

Ertuğrul war viele Jahre als politischer Häftling im Gefängnis gewesen. Ein schöner, warmherziger, liebevoller, unglaublich kluger Mann, mit einem Körper, so voller Narben, Striemen und Malen auf der Haut und auch so manchen auf der Seele. Was an den Herzen dieser Männer nachts, wenn sie allein waren, nagte, war offensichtlich.

Ein Teil meines Engagements in der Türkei galt der Einrichtung von »Zentren für die Rehabilitation von Folteropfern«. Wie man sich vorstellen kann, ist es schwer, solche Zentren einzurichten und zu unterstützen, sind sie doch ein Beweis für etwas, das man von offizieller Seite lange abstritt. Aber ein paar gibt es doch. Und hier traf ich vor allem auch auf Frauen, die der Gewalt doppelt ausgeliefert waren, die in der Haft mehrfach vergewaltigt worden sind. Viele politische Folteropfer sind eher an der Scham als an ihren Schmerzen zerbrochen, auch an der Scham, ausgesagt, der Folter nicht standgehalten und andere Freunde und Bekannte ausgeliefert zu haben. Die körperlichen Schmerzen vernarben, aber die psychischen nicht. Aus Achtung für den Mut dieser Menschen und aus Respekt vor ihren Wunden und ihrem Leid sollten wir den Menschen in der Türkei eine Vision ermöglichen, die Vision eines freien und sicheren Lebens.

12. Folter zerstört die Wirklichkeit

Deutschland bekennt sich zu den Menschenrechten. Die Würde des Menschen ist als höchstes Gut im Artikel 1 des Grundgesetzes festgeschrieben. Folter als einer der schlimmsten und abscheulichsten Angriffe auf die Würde eines Menschen ist verfassungsrechtlich geächtet. Artikel 104, Absatz 1, Satz 2 des Grundgesetzes bestimmt zudem ausdrücklich, dass festgehaltene Personen weder seelisch noch körperlich misshandelt werden dürfen. Diese Regel schien bisher gesellschaftlicher Konsens zu sein. Zumindest war das meine feste Überzeugung.

Seit den Anschlägen auf das World Trade Center in New York und der amerikanischen Antiterrorpolitik nicht zuletzt im Irak betrachtet die Bush-Regierung Folter als präventive Methode der Gefahrenabwehr. Sie unterscheidet zwischen sauberer und schmutziger Folter und empfiehlt Schlafentzug, Hundeattacken, simuliertes Ertränken oder Erschießen, vierzigstündiges Stehen als saubere und legitime Maßnahmen und innovative Verhörmethoden. Und sie hat Guantanamo eingerichtet, einen Ort der Entrechtung, das Lager, das schon als solches Folter ist, die Demokratie diskreditiert und Rechtsstaatlichkeit mit Füßen tritt. Die Diskussion über die Zulässigkeit von Folter wird zunehmend auch in Deutschland geführt. Nicht erst seit bekannt geworden ist, dass die CIA geheime Foltergefängnisse auf der ganzen Welt unterhält und Rammstein und Frankfurt als Umschlagplätze für die Gefangenenverschiebung benutzt wurden, hat diese Diskussion auch uns erreicht. Sie hat eine Vorgeschichte. Und gerade die ist es, die mich so argwöhnisch sein lässt, wenn jetzt das Folterverbot mit dem Hinweis auf eine globale Bedrohungskulisse angetastet wird.

Die Frage nach der Zulässigkeit von Folter wurde ganz

unverblümt im Anschluss an die Entführung des Bankierssohns Jakob Metzler diskutiert. Der kleine Jakob wurde am 27. September 2002 von einem Bekannten der Familie, dem Jurastudenten Magnus Gäfgen, entführt und getötet.

Die Angst des kleinen Jakob, sein Leid, sein nicht gelebtes Leben – der Gedanke an solch einen Tod ist fast zu schwer, um ihn auszuhalten. Und was die Eltern in dieser Zeit und in den Tagen danach durchgemacht haben müssen, übersteigt jede Vorstellungskraft. Sie taten selbstverständlich alles, um ihr Kind zu retten.

Nach der Geldübergabe von einer Million Euro beschattete die Polizei Gäfgen, um das Versteck ausfindig zu machen, in dem Jakob gefangen gehalten wurde. Als dieser jedoch keine Anstalten machte, seine Geisel aufzusuchen, verhaftete ihn die Polizei am 30. September. Gäfgen gestand zwar die Entführung, weigerte sich aber, den Aufenthaltsort Jakobs anzugeben – der zu diesem Zeitpunkt bereits tot war. Der damalige Polizeivizepräsident Wolfgang Daschner drohte, ihn »von zwei großen, fetten Negern« vergewaltigen zu lassen und ihm »Schmerzen, wie er sie noch nicht erlebt habe«, zuzufügen.

Gäfgen wurde wegen Mordes zu lebenslanger Haft verurteilt, aber auch Daschner wurde wegen »Verleitung eines Untergebenen zu einer Straftat« angeklagt und schuldig gesprochen – zu einer Geldbuße von 3600 Euro.

Im »Fall Daschner« trat ich von Anfang an dem Verständnis, ja Wohlwollen, mit dem Daschners Verhalten kommentiert wurde, entgegen. Anfangs gegen eine Mehrzahl der Stimmen, nicht zuletzt von Populisten wie Roland Koch, Jörg Schönbohm und Oskar Lafontaine, die auch bei diesem Thema zeigen mussten, wie »frei« von den Bindungen an die Grundlagen unseres Rechtsstaats sie sich fühlen. Denn das öffentliche Verständnis für Folter untergräbt die Fundamente des Rechtsstaats und stellt unsere ethischen Grundwerte und zivilisatorischen Errungenschaften auf den Kopf. Und genau das war in den Debatten im Anschluss an diesen

Fall zu beobachten. Diejenigen, die sich für die Menschenrechte einsetzen, die gegen Folter, Todesstrafe und staatlichen Mord überall auf der Welt auftreten, sollten nun plötzlich diejenigen sein, die am kaltherzigsten über ein Menschenleben hinweggehen. Sie wurden gefragt, ob es nicht Situationen gäbe, in denen auch sie foltern würden. Ich bekam viele Briefe, in denen der Folterfall Daschner diskutiert wurde. In einem von ihnen stand ein Satz, den bezeichnenderweise Oskar Lafontaine in einem seiner Beiträge für die »Bild-Zeitung« geschrieben hatte, dass nämlich diejenigen, die wie ich am absoluten Folterverbot festhalten, »unmenschliche Prinzipienreiter« seien. Den Foltergegnern und mir wurde also der Vorwurf gemacht, nur abstrakte Prinzipien zu verteidigen. Aus diesem Vorwurf wurde der »Skandal« konstruiert, dass den Foltergegnern das Leben eines Kindes vollkommen egal sei.

Gleichzeitig läuft die Echtzeit-Actionserie »24« des Bushnahen Fox-TV auch über unsere Bildschirme. Folter wird hier als »Livesendung« inszeniert, mit Einblendungen von »Fachleuten«, die erörtern, welche Art von Folter am besten geeignet ist, um Gefangenen im »Antiterrorkampf« das Wissen abzupressen, das man bei ihnen vermutet. Hier wird suggeriert, dass im Kampf für Demokratie, Freiheit und Menschenrechte alle Mittel recht sind. Tatsächlich untergräbt die Folter, wie es das Beispiel der Türkei am besten zeigt, den Sinn von Werten wie Demokratie, Freiheit, Menschenrechte.

Ich weiß nicht, ob der Brief, den ich erhalten habe, in dieser Form auch nach dem Prozess gegen Daschner geschrieben worden wäre, nachdem alle Details des Falls aufgeklärt worden waren. Es zeigte sich nämlich, dass die Folterdrohung gegen den Tatverdächtigen – die ja selbst Folter ist – keineswegs so etwas wie eine Entweder-oder-Situation zur Rettung eines Menschenlebens war. Vielmehr gab es unter den direkt ermittelnden Beamten deutlichen Widerstand gegen Daschners Vorgehen. Der Leiter der Sonderkommission und der Polizeipsychologe hatten sich ein Bild von dem Tatverdächtigen gemacht und verfolgten eine andere Strategie. Sie setzten auf die Gegenüberstellung des Täters mit der Schwester des entführten Kindes, um dessen Aufenthaltsort auszumachen. Die junge Frau war zu einer solchen Gegenüberstellung bereit und wurde von der Polizei darauf vorbereitet. Daschner als Vizepolizeipräsident intervenierte jedoch und setzte seine eigene Strategie durch.

Sobald man den tatsächlichen Ablauf genauer betrachtet, kehrt sich der Vorwurf, dass das Folterverbot »abstrakt« sei, den die Folterbefürworter erheben, gegen die Befürworter selbst. Die vielen Kommentatoren und die Politiker, die so schnell alle Vernunft fahren ließen, das Verständnis für die Folter, die vielen Verlautbarungen, dass man selbst genau so und nicht anders handeln würde, sie alle gingen von einer abstrakten, lediglich konstruierten Verhörsituation aus. Aufgrund fragwürdiger und lückenhafter Informationen war man bereit, elementare rechtsstaatliche Regeln über Bord zu werfen. Angesichts der Fakten aber erwiesen sich die Argumente der Folterbefürworter als sehr schwach. Aussagen des Bedauerns, Eingeständnisse, dass man einen Fehler gemacht habe, sind mir hingegen bis heute nicht bekannt.

Nicht die Foltergegner argumentierten »abstrakt«, sondern diejenigen, die die Folter befürworten. Das absolute Folterverbot ist keine »Prinzipienreiterei«. Es hat sich in einem Beispielfall, der es in Frage stellen sollte, als absolut richtig und unentbehrlich erwiesen.

Wer tatsächlich Ausnahmen vom Folterverbot fordert, der sollte nicht im Elfenbeinturm komplizierte Fälle konstruieren, sondern an die Folteropfer in Staaten denken, die mit »ein bisschen Folter« angefangen haben. Wer Folter befürwortet – und sei es auch nur in einem akademischen Gedankenspiel –, muss die Wirklichkeit der Folter anerkennen. Die Wirklichkeit der Folter sind nicht die drängenden und eindeutig entscheidbaren Entweder-oder-Situationen, die die Folterbefürworter immer wieder konstruieren – die tickende Bombe, die entschärft werden muss, die Katastrophe, die eintritt, wenn das Wissen der Täter nicht sofort aus ihnen herausgefoltert wird. Die Wirklichkeit sieht anders aus, gerade der »Fall Daschner« zeigt das. Sie ist keineswegs alternativlos, sie ist keineswegs so klar und durchschaubar wie in den schlechten Schulbeispielen.

Die Wirklichkeit der Folter, das ist Wirklichkeitszerstörung in einem existentiellen Sinne – wie Elaine Scarry in ihrem Buch »Der Körper im Schmerz« auf eindringlichste Weise herausgearbeitet hat. Folter löst die Lebenswirklichkeit desjenigen auf, der ihr unterliegt. Sie raubt alle Sicherheit, alle Verlässlichkeit, alles, worauf man vertrauen kann. Kein Stuhl ist mehr ein Sitzmöbel, er kann eine Waffe sein, die einem Arme und Rippen bricht. Kein Wasser ist einfach mehr zum Trinken und zum Händewaschen da. Unter der Folter ist es ein feindliches Etwas, das den Tod bereithält. Allen Gegenständen ist nun Schmerz und Tod als Zweck eingeschrieben. Sie werden zu Instrumenten des gewaltsamen Eindringens, der Zerstümmelung, der Tortur, sind dazu da, um Nägel auszureißen, Finger, Ohren oder Genitalien abzuschneiden. Und kein Wort reicht mehr aus, um sich mitzuteilen, sondern es kann immer gegen einen verwendet werden. Der Gefolterte weiß nicht mehr, was er antworten soll. Seine Antworten sind immer Verrat, an seinen Freunden, seiner Familie, an sich selbst. Sprache aber ist kommunikativ oder sie ist gar nicht. Unter der Folter erlischt die Sprache. Wenn man aber nicht einmal mehr über Worte verfügt, in denen man sprechen könnte, ist es nur noch ein kleiner Schritt, einem die Worte zu entziehen, in denen man über sich denken kann. Die Folter ist vollständige Enteignung. Das Opfer soll sich selbst verlieren – und jedes Vertrauen in die Welt und den anderen, den Mitmenschen. Es soll wahnsinnig werden. Das ist die millionenfache Wirklichkeit der Folter, nicht in einer sophistisch konstruierten, sondern in der wirklichen Welt!

Der »Fall Daschner« hat bestätigt, was die Foltergegner immer wieder hervorheben: Das Folterverbot schützt uns

1 Claudia Roth, Ende der fünfziger Jahre

2 Als Dramaturgieassistentin in Dortmund, Mitte der siebziger Jahre

3 »Märzstürme«, mit dem Hoffmanns Comic Teater, in der Mitte mit Kopftuch C. R., letzte Reihe 2. v. l. Rio Reiser, 1981

4 Ton Steine Scherben in Fresenhagen, 1983, v. l. n. r.: Martin Paul, C. R., Funky K. Götzner, Rio Reiser, Misha Schöneberg, Dirk Schlömer, R. P. S. Lanrue, Britta Neander

5 Unterwegs mit der »Rock 'n' Roll Zirkus«-Tour von Ton Steine Scherben und Schroeder Roadshow, 1983

6 LP-Werbung von Ton Steine Scherben und die Stellenanzeige der Grünen in der »taz« vom 30. Mai 1985

7 Als Pressesprecherin der grünen Bundestagsfraktion, Mitte der achtziger Jahre

8 Mit dem irakischen Kurdenführer Masud Barzani im Nordirak, 1992

9 Mit Danielle Mitterrand während einer Veranstaltung zur Kurdenfrage, Mitte der neunziger Jahre

10 Mit Leyla Zana in Diyarbakir, 2006

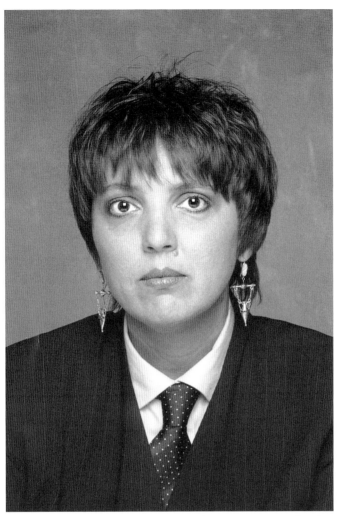

11 Im »Kostüm« für den Bericht über die Situation von Schwulen und Lesben im Europäischen Parlament, Februar 1994

12 Mit Alexander Langer, 1995

13 Mit Dario Fo in Straßburg, Mitte der neunziger Jahre

14 Mit Richard Gere am Rande einer Tibet-Diskussion im Europäischen Parlament, Mitte der neunziger Jahre

15 Mit dem Dalai Lama als Vorsitzende des Menschenrechtsausschusses, 1999

16 Streitbar: Mit Otto Schily

17 Vor dem von Karla Schefter gegründeten Krankenhaus im afghanischen Chak-e-Wardak, 2000

18 Treffen mit dem afghanischen Präsidenten Hamid Karzai zusammen mit Außenminister Joschka Fischer (im Hintergrund links), 2002

19 C. R. besichtigt die Arbeit der Minenräumer in Afghanistan

20 Wahlplakat, 2002

21 Mit Richard Perle in der Talkshow »Sabine Christiansen«, 2003

22 Auf der Ehrencouch des Schwullesbischen Stadtfestes in Berlin, 2003

vor verhängnisvollen Entwicklungen. Die Erfahrung zeigt: Überall dort, wo es Folter gibt, ist es um die Rechtsstaatlichkeit schlecht bestellt. Denn Folter lässt sich nicht eingrenzen. Sie infiziert das System, das sie zulässt. Folter gleicht einer Seuche, die rasend schnell um sich greift, wenn sie einmal ausgebrochen ist. Genau das ist geschehen im Irak, in Abu Ghoraib. Nicht nur die basalen Kategorien menschlichen Zusammenlebens, Respekt, Toleranz, Vertrauen, die Integrität der Person und des Körpers, die Seele, fallen ihr zum Opfer, auch die Institutionen des Staates, die Justiz werden infiziert. Wo es Folter gibt, wird der Zivilisationsbruch alltäglich, und niemand ist mehr davor sicher, zum Opfer zu werden.

Das ist die Erfahrung mit der Folter jenseits der Talkshows, wo man in bequemen Sesseln über Folter plaudert und vergisst, dass es um die physische und psychische Zerstörung von Menschen geht. Folter kann kein Mittel sein zu einem wie auch immer bemäntelten Zweck. Genauso wenig wie die Todesstrafe.

13. Leylas offene Rechnung

Bei meinen Besuchen in der Türkei traf ich auch viele Kurdinnen und Kurden, politisch denkende Menschen, die Kritik übten an den Zuständen in der Türkei und an der Situation der Kurden. Viele von ihnen wurden entführt, inhaftiert, gefoltert und getötet.

Vedat Aydin war einer von ihnen und derjenige, den ich als ersten näher kennenlernte. Er war Gründungsmitglied des Menschenrechtsvereins und Vorsitzender der Arbeiterpartei des Volkes (HEP) in Diyarbakir. Diyarbakir ist mit dem schmutzigen Krieg zwischen der PKK und der türkischen Armee von etwa 350 000 auf über 1,3 Millionen Einwohner angewachsen, als Folge der Vertreibung und Zerstörung der kurdischen Dörfer, einer Politik der verbrannten Erde. Und jeder neue Flüchtling trägt mit seiner eigenen Leidensgeschichte zum Unglück dieser Region bei. Die Arbeitslosenquote der Flüchtlinge und Vertriebenen in Diyarbakir liegt bei fast 100 Prozent. Im Grunde genommen ist die Stadt ein einziges soziales Pulverfass.

Ich lernte Vedat im Winter 1990/91 kennen, als ich mit ihm darüber diskutierte, wie der Wiederaufbau und die eigenständige Entwicklung der Region Kurdistan erfolgen könnte. Ich besuchte ihn in seinem Büro, das von einem Bollerofen gewärmt wurde, während draußen der bitterkalte Winter Kurdistans herrschte. Vedat ging es vor allem um den ökonomischen Aufbau und Fortschritt der kurdischen Gebiete. Das erschien mir nicht nur aus humanitären Gründen dringend geboten, sondern auch politisch klug. Denn ohne faire ökonomische Teilhabe wird es immer Streit und Krieg geben.

Am 5. Juni 1991 wurde Vedat von türkischen Spezialeinheiten aus seinem Haus geholt, schwer misshandelt und schließlich ermordet. Drei Tage später fand man seine Leiche unter einer Brücke auf einer Landstraße. Vedats Tod waren so viele andere vorausgegangen, und so viele folgten ihm, politisch engagierte Menschen, häufig Journalisten und Schriftsteller wie der berühmte alte Mûsa Anter, der, als er ermordet wurde, bereits viele Jahrzehnte politischer Verfolgung und Repression hinter sich hatte.

Im September 1992 traf es den Generalsekretär der Demokratischen Partei Kurdistan-Iran, Dr. Sadegh Sharafkandi, zusammen mit den Parteisprechern in Frankreich und Deutschland, Fattah Abdoli und Homayoun Ardalan, und dem Dolmetscher Nouri Dehkordi. Ich hatte mich mit ihnen zu einem Abendessen in Brüssel getroffen, das sehr offen und herzlich verlief. Wir aßen und feierten zusammen. Freundschaftlich stritten wir, auf welchem Weg ich die iranischen Kurden besuchen könne, heimlich und illegal durch das verminte Gebiet der irakischen Kurden oder mit offizieller Einreiseerlaubnis aus Teheran. Ich wollte den letzteren, offiziellen Weg wählen. Wir verabschiedeten uns, und ich wünschte ihnen eine gute Reise. Sie wollten nach Berlin, um an der Konferenz der Sozialistischen Internationale teilzunehmen. Zwei Tage später waren sie tot. Sie starben im Kugelhagel des iranischen Geheimdienstes im griechischen Restaurant Mykonos in Berlin-Wilmersdorf.

Kurdistan war jahrhundertelang der Schauplatz von Kämpfen zwischen dem Osmanischen und dem Persischen Reich. Hier überschneiden sich die Siedlungsgebiete der Türken, Aserbaidschaner, Araber, Perser und Armenier. Kurden leben im Iran, im Irak, in Syrien und in der Türkei. Und alle Völker und Staaten haben Gebietsansprüche und -forderungen und schrecken auch vor Waffengewalt nicht zurück, um sie geltend zu machen. Nachdem die Kurden bei der Ermordung der Armenier noch an der Seite der Türken gekämpft hatten, wandte sich der türkische Nationalismus schließlich auch gegen sie, die ehemaligen Verbündeten. Systematisch wurden kurdische Stammesführer liquidiert. Der Kemalismus wollte nicht nur die türkische Einheit, er wollte auch die kulturelle Gleichheit aller Menschen erzwingen. Während Atatürk durchaus Fortschritte in Richtung auf eine modernere Gesellschaft und eine Öffnung gegenüber dem Westen erzielte, ließ er zugleich kurdische Aufstände mit äußerster Härte niederschlagen. Seit Mitte der achtziger Jahre kämpft die Arbeiterpartei Kurdistans (PKK) gewaltsam für die Unabhängigkeit Kurdistans. Mehr als 35 000 Menschen verloren in den Kämpfen ihr Leben. Doch viele Kurden lehnten schon damals die PKK ab und suchten nach friedlichen und demokratischen Wegen, die Anerkennung ihrer kulturellen Identität durchzusetzen, wissend, dass Dezentralisierung und Selbstbestimmungsrecht nicht notwendigerweise Abkopplung und Eigenstaatlichkeit bedeuten. Menschen wie Vedat ging es um ein Ende des Krieges und der Entrechtung in den Notstandsprovinzen, in denen es faktisch keine zivile Justiz gab, es ging ihm um das Ende der Parteienverbote und der permanenten Kriminalisierung und um das Recht, die eigene Sprache sprechen zu dürfen.

Vedats Beerdigung am 10. Juni 1991 geriet zu einer der größten Demonstrationen für die Rechte der Kurden und gegen den »schmutzigen Krieg«, die Morde an ihren Politikern. Über 100 000 Menschen nahmen daran teil. Kurdische Abgeordnete des türkischen Parlaments waren darunter. Auf den Zinnen der alten Stadtmauer von Diyarbakir standen türkische Soldaten. Ohne erkennbaren Anlass senkten sie ihre Gewehre und schossen in den Zug, der sich auf dem Weg zu dem außerhalb der Stadtmauern gelegenen Friedhof befand. Panik brach aus, die Flüchtenden sprangen und stürzten die Stadtmauer und die Böschungen hinunter, brachen sich Arme und Beine. Die Militärs rückten vor und schlugen mit äußerster Brutalität zu, mit Vorliebe auf diejenigen, die sie kannten, zum Beispiel die Abgeordneten des türkischen Parlaments, denen ihre Immunität nicht das Geringste half. Elf Menschen wurden getötet, Unzählige erlitten schwere Verletzungen.

Ich war an diesem Tag bei der Sitzung des gemeinsamen parlamentarischen Ausschusses EU-Türkei in Istanbul und reiste, als ich von diesen Geschehnissen hörte, sofort nach Diyarbakir. Eine Ausgangssperre war verhängt worden, und ich musste mich an Mauern entlangdrücken und über dunkle Gassen hasten, um mich in Hinterzimmern mit Freunden und Journalisten zu treffen. Es war auch strengstens verboten, dass Ausländer das Krankenhaus betraten. Ich ging trotzdem hin und gelangte über eine Feuertreppe ins Innere. Die Blutkonserven waren längst aufgebraucht. Ärzten und Krankenschwestern war es jedoch verboten worden, selbst Blut zu spenden, um Leben zu retten – und deutschen Politikerinnen ebenfalls.

Ein junger Mann hatte sich bei der Flucht vor dem Angriff des Militärs das Rückgrat gebrochen und war querschnittsgelähmt. Als ich mit ihm sprach, wusste er noch nicht, dass er nie wieder würde laufen können. Aber ich wusste es. Ich traf seine Familie, die er allein ernährt hatte und es jetzt nicht mehr würde tun können. Ich redete mit ihnen, saß mit ihnen an seinem Krankenbett. Und es fiel mir in diesem Moment alles andere als leicht zu sagen, die Türkei brauche eine Chance in Europa. Viele der konservativen Politiker, die sich gegen Beitrittsverhandlungen mit der Türkei aussprachen, werden weniger Gefühle, weniger Ohnmacht und Zorn gegen die Türkei oder vielmehr gegen die Verantwortlichen für diese Gewalttat empfunden haben als ich in diesem Moment. Und dennoch gilt es, sich wie bei der Todesstrafe, wie bei der Frage einer friedlichen Lösung zwischen Palästinensern und Israelis, nicht verleiten zu lassen, eine Schuld gegen die andere zu setzen.

In diesen traurigen Tagen lernte ich Leyla Zana kennen, die Ehefrau von Mehdi Zana, dem ehemaligen Bürgermeister von Diyarbakir. Leylas Mann war bereits 1980 verhaftet und für Jahre ins Gefängnis gesperrt worden – seine einzige Schuld bestand darin, dass er ein guter kurdischer Bürgermeister war, der große Popularität genoss.

Wenn mich jemand fragen würde, welche politischen Vorbilder ich habe, würde ich antworten, dass ich diejenigen bewundere, die einen Beitrag zur friedlichen Lösung schwieriger Konflikte geleistet haben, Nelson Mandela oder Mahatma Gandhi, auch Bürgerrechtler wie Martin Luther King. Wenn mich jemand fragen würde, welcher Mensch mich am meisten beeindruckt hat, würde ich auch den Namen Leyla Zanas nennen. Schon als Fraktionschefin der Grünen im Europäischen Parlament war die Menschen- und Bürgerrechtspolitik eines meiner großen Anliegen. Aber erst durch Leyla Zana habe ich wirklich begriffen, was es bedeutet, ein Leben in Rechtlosigkeit zu führen, wie es ist, wenn es keine zivile und unabhängige Justiz gibt, wenn Ausgangssperren und Polizeispitzeleien das Leben verändern, wenn man ständig fürchten muss, abgeholt zu werden, wenn man jederzeit eingesperrt, gefoltert, ermordet werden kann.

Leyla ist eine bildschöne Frau. Aber sie hatte – nicht untypisch für viele kurdische Frauen – nie schreiben und lesen gelernt und sprach auch kein Türkisch. Als sie vierzehn Jahre alt war, wurde sie mit dem zwanzig Jahre älteren Mehdi verheiratet. Als Mehdi ins Gefängnis kam, begann Leyla die Schule nachzuholen und lernte Türkisch und Lesen und Schreiben.

Als ich sie kennenlernte, arbeitete sie als Journalistin bei einer kleinen Zeitung. Vor mir an einem einfachen Holzschreibtisch saß eine schmale Frau, die am ganzen Körper grün und blau geschlagen war. Ganz offensichtlich hatte man mit stumpfen Gegenständen auf sie eingeprügelt. So schön sie war, so grauenhaft sah sie aus. Damals, in der winzigen Redaktion, als ich auf einem wackligen Stuhl dieser geschundenen Frau gegenübersaß, ergriff mich tiefe Verzweiflung. Ich wusste nicht mehr weiter. Ich wusste nicht, wie man dieses Elend und diese Gewalt beenden könnte. Und ich spürte, wie begrenzt meine Kräfte waren, wie begrenzt die Möglichkeiten der Menschenrechtspolitik waren, um den Kurden, die man damals nicht Kurden, sondern nur

Bergtürken nennen durfte, zu Recht und Freiheit zu verhelfen. Als ich Leyla fragte, wie es weitergehen solle, war sie es – sie, die eigentlich des Trostes bedurft hätte –, die mich kämpferisch anschaute und sagte, dass für jeden Ermordeten hundert andere nachkommen würden. Das klingt pathetisch. Tatsächlich ist es tragisch. Denn es starben und verschwanden so viele, dass Leylas Rechnung nicht aufgehen konnte.

Leyla Zana wurde 1991 als erste und einzige kurdische Frau ins türkische Parlament gewählt, als Vertreterin und Sprecherin ihrer Region. Bei ihrer Vereidigung im Parlament trug sie ein Haarband in den kurdischen Farben Gelb-Rot-Grün. Sie sprach den Verfassungseid auf Türkisch, wie es das Gesetz forderte, fügte dann aber auf Kurdisch hinzu: »Ich werde mich dafür einsetzen, dass das kurdische und das türkische Volk zusammen in einem demokratischen Rahmen leben können.«

Ihre politische Aufgabe war auch die Vermittlung zwischen dem türkischen Staat und Parlament und der kurdischen Guerilla, der PKK. Tatsächlich unterstützte auch der gemäßigte Staatspräsident Turgut Özal sie bis zu seinem Tod in diesem Bemühen. Als die gnadenlose und vor allem gnadenlos korrupte »eiserne« Lady Tansu Çiller das Amt der Ministerpräsidentin übernahm, wurde Leyla Zana zusammen mit anderen Mitstreitern verhaftet. Das, wofür sie gewählt worden war und wofür sie bereits erste Erfolge vorweisen konnte, sollte nun Hochverrat sein. Der Staat schickte Soldaten, und das Parlament hob die Immunität der neuen Mitabgeordneten auf und beklatschte deren Verhaftung stehend. 1994 verurteilte man sie zu 15 Jahren Haft, zusammen mit den kurdischen Abgeordneten Hatip Dicle, Orhan Dogan, Ahmet Türk und Selim Sadak.

Eine Konferenz zum Thema Rassismus in Europa, die die Grünen im Europäischen Parlament damals in Istanbul veranstalten wollten, erhielt durch das Vorgehen gegen Leyla und die anderen Abgeordneten eine ganz neue, sehr politische Bedeutung. Plötzlich war es unmöglich, einen geeigneten Raum zu finden, weil wie durch Zauberhand alle Veranstaltungsräume belegt waren. Ich schlug dann das »Ciragan Palace« in Istanbul vor, direkt am Bosporus gelegen, vielleicht eines der schönsten Hotels der Welt – und ganz sicher ein Tempel des Kapitalismus. Meine türkischen Freunde waren äußerst skeptisch. Sie meinten, dass wir die Räume nicht bekämen, und falls doch, dass sie dann zu teuer seien, und falls nicht zu teuer, dass zumindest keine Teilnehmer dorthin kämen. Der Manager, ein Deutscher, erwies sich jedoch als ausgesprochen freundlicher und hilfsbereiter Mensch und gab uns seinen schönsten und größten Saal. Fast tausend Menschen kamen. Eröffnet wurde die Konferenz von dem Schriftsteller Aziz Nesin. Aziz hat unter anderem die türkische Übersetzung von Salman Rushdies »Satanischen Versen« herausgegeben, weshalb auch gegen ihn die Fatwa verhängt worden war. Doch Aziz war ein mutiger Mann. Bei einem alevitischen Kulturfest in Sivas warf er einem Großteil der türkischen Bevölkerung Feigheit vor, weil sie nicht für die Demokratie stritten. Vor den Augen von Militär und Polizei belagerten die Fundamentalisten daraufhin das Hotel, in dem er wohnte, und steckten es in Brand. Aziz überlebte knapp, aber 37 Menschen starben.

Auf unserem Kongress sprachen grüne Abgeordnete aus den unterschiedlichsten Ländern und Regionen, unter anderem aus Südtirol, Korsika und Belgien, zu den Themen Rassismus, Minderheitenrechte und Diskriminierung. Auch Leyla sandte eine Grußbotschaft aus dem Gefängnis – und alle wussten, dass bei den Redebeiträgen und Diskussionen die Probleme in der Türkei stets mit gemeint waren. Eingeladen war auch der damals neu gewählte Bürgermeister Istanbuls, Tayyip Erdoğan, der spätere Ministerpräsident der Türkei. Niemals hätten wir gedacht, dass er tatsächlich zu solch einer heiklen Veranstaltung kommen würde. Aber Erdoğan kam und hörte zu. Das war ein gutes Zeichen. Dennoch wurden andere Teilnehmer, türkische Freunde von mir, anschließend wegen Separatismus und »Meinungsdelikten« angeklagt und verurteilt.

Der Staatsanwalt im La-Grand-Prozess hatte Walter als »Hund« beschimpft. Als wäre die Sprache der Ankläger ein zeitloses Esperanto, benutzte Leyla Zanas Ankläger die gleichen Worte, um für sie die Todesstrafe zu fordern. Ort und Zeit waren verschieden – diesmal war es ein Verfahren vor einem Militärtribunal –, aber die Muster glichen sich bis in die Wortwahl.

Im Verfahren gegen Leyla war ich nicht nur als Beobachterin des Europäischen Parlaments, sondern auch als Freundin zugegen. Im Gerichtssaal saß ich direkt hinter ihr, ich hätte sie berühren können, wenn sie nicht durch eine Reihe schwer bewaffneter Soldaten abgesperrt gewesen wäre. Aber obwohl ich keinen Meter von ihr entfernt saß, konnte ich ihr Gesicht die ganze Verhandlung über nicht sehen. Erst am Abend im Hotel im Fernsehen sah ich sie, bleich, aber nicht gebrochen, eher stolz und wissend, dass man sie vorführte, um sie zu demütigen.

Vor dem Gericht in Ankara gibt es einen kleinen Hain, in dem sich an diesem Verhandlungstag Frauen in traditioneller kurdischer Kleidung und viele Kinder sammelten. Die Frauen reckten ihre geballten Fäuste in den Himmel und schrien, dass diese Kinder in die Berge gehen würden – was hieß, dass sie den Krieg weiterführen würden –, falls es zu einer Verurteilung ihrer Abgeordneten käme.

Am Tag der Urteilsverkündung musste ich zum Gipfel der europäischen Regierungschefs nach Essen und konnte nicht im Gericht sein. Aber in jeder freien Minute hörte ich Radio und sah fern. Leyla wurde wegen ihres Mutes und ihrer Aufrichtigkeit verurteilt. 1998 wurde ihre 15-jährige Gefängnisstrafe um zwei weitere Jahre verlängert.

Ich besuchte Leyla einen Monat nach ihrer Verurteilung im Gefängnis. Sie war schmal geworden, wollte über ihre Haftbedingungen nicht reden, sie seien auch nicht schlechter als bei anderen, sagte sie. Das war ihre Haltung. Sie war ungebrochen, fast fröhlich. Und so, wie sie mich die Furcht vor dem Verlust von Rechten und Schutz hatte begreifen lassen, so sehr verkörperte sie jetzt den Mut, dem Unrecht zu trotzen.

Jedes Mal wenn ich danach in Ankara war, versuchte ich Leyla im Gefängnis zu besuchen. Vor der Zollunion mit der Türkei 1996 war das möglich, danach fast nie mehr. Wenn ich abgewiesen wurde, versuchte ich ihr zumindest einen Gruß zukommen zu lassen. Einmal kaufte ich einen Blumenstock und brachte ihn mit einem Brief zum Gefängnis.

Kurz darauf erreichte mich ein Brief von ihr, in dem sie mich bat, ihr keine Blumen mit Wurzeln zu schicken. In ihrer Zelle gäbe es kein Licht, der Blumenstock sei schon verwelkt. Danach brachte ich ihr nur noch Schnittblumen. Es war jedesmal dasselbe Ritual: Vor dem großen Metalltor stehen, einen Blumenstrauß in der Hand, das Warten in einer kleinen Teestube nebenan. Nur dreimal wurde ich vorgelassen.

Bei einem meiner Besuche wurde ich nur flüchtig abgetastet und behielt mein Handy in der Tasche. Ich gab es Leyla. Sie nahm es mit zitternden Fingern und wählte die Telefonnummer ihrer Kinder, die zu dieser Zeit in Paris lebten. Es war an einem Sonntagabend, ihre Kinder waren zu Hause, und sie erreichte ihren Sohn. In diesem Glücksmoment schien sie alles um sich herum zu vergessen.

Wie viele andere erkrankte auch Leyla im Gefängnis. Die Haftbedingungen waren verheerend. 2002 sprach ihr der Europäische Gerichtshof für Menschenrechte 50 000 Euro Entschädigung zu, am 21. April 2004 bestätigte ein türkisches Gericht das Urteil – dann wurde sie völlig überraschend im Juni 2004 freigelassen. Viele hatten für diese Freilassung gekämpft – mit großem Einsatz über viele Jahre auch Danielle Mitterrand, die Frau des früheren französischen Staatspräsidenten, die ein internationales Komitee zu ihrer Befreiung ins Leben gerufen hatte, in dem ich mitarbeitete. Von Danielle lernte ich: Vergesst sie nicht, vergessen tötet.

1993, vor Leylas Verhaftung, hatte ich mit ihr und Mehdi das Newroz-Fest, das kurdische Frühlingsfest, gefeiert, auf dem großen, kalten, zugigen Marktplatz von Diyarbakir. Wir tanzten. Tauben stiegen wie ein Friedenssymbol in einen eiskalten Himmel, es brannten Feuer, Musik wurde gespielt, und Autoreifen wurden angezündet – was die Festlichkeit noch einmal steigern sollte. Und als das Fest auf dem Marktplatz vorbei war und die Feuer erloschen, feierten wir bei Leyla und Mehdi zu Hause weiter. Ihre Kinder und ihre Eltern hatten sich in der großen Wohnung versammelt. Mehr als zehn Jahre später, als Leyla aus dem Gefängnis entlassen wurde, gab es davon nichts mehr. Die Wohnung war aufgelöst, die Familie zerstört. Auch Mehdi war noch einmal inhaftiert worden. Die langen Haftjahre haben an beiden gezehrt. Sie konnten ihr Leid nicht teilen. Auch die Newroz-Feiern wurden wieder verboten und blieben es bis ins Jahr 2000. Wo sie dennoch stattfanden, wurden sie gewaltsam aufgelöst – auch mit Panzern aus Deutschland, die diejenigen, die heute die Kurdenfrage als Argument gegen einen Beitritt der Türkei zur EU vorschieben, nach der deutschen Wiedervereinigung an die Türkei verkauften oder ihr umsonst überließen, weil das billiger war, als sie zu verschrotten.

14. Der Himmel über Cizre

Anfang August 1990 wurde Kuwait von den Truppen Saddam Husseins besetzt. Anfang 1991 begann die Aktion »Desert Storm« gegen den Irak. Wenige Wochen später fand im ehrwürdigen Saal des Auswärtigen Ausschusses im Parlament in Washington eine Konferenz zur kurdischen Frage statt, zu der ich als Vertreterin des Europäischen Parlaments eingeladen worden war. Die amerikanischen Truppen hatten bereits die Grenze zum Irak überschritten und kamen überraschend schnell voran. Die allgemeine, auch durch Aussagen der amerikanischen Generäle gestützte Erwartungshaltung war, dass Saddam Hussein nach wenigen Tagen verhaftet sei und dann auch die kurdische Frage gelöst werden könne, wenn der irakische Diktator endlich hinter Gittern wäre, der eine verbrecherische Umsiedlungspolitik betrieb, kurdische Dörfer systematisch entvölkern und zerstören ließ und schon 1988 in Halabja Tausende unschuldige Menschen bei einem Giftgasangriff umgebracht hatte. Doch dann folgte das Drama. Mitten in diese Nacht, wir saßen bei einem großen Charity Dinner, platzte die Nachricht, dass der Befehl zum Vormarsch auf Bagdad nicht erteilt worden sei und die amerikanische Regierung sich damit entschieden hätte, Saddam im Amt zu belassen. Damit war auch die Hoffnung, dass die Kurdenfrage endlich gelöst und die Unterdrückung der Schiiten im Süden des Iraks beendet werden könne, zunichte gemacht. Die Depression unter den Konferenzteilnehmern war an diesem Abend greifbar. Aber der schändlichste Teil dieser Aufführung stand noch aus – der Rückzug der Amerikaner von ihren Verbündeten und die Antwort Saddams, die neuerlichen Morde an den Kurden. Eine humanitäre Tragödie bahnte sich an. Ich fuhr, so schnell ich konnte, in die kurdischen Gebiete.

Mein Ausgangslager war das Camp der amerikanischen Einheiten, die vom türkischen in den irakischen Teil Kurdistans hinein operierten, um die dortige Bevölkerung vor Saddams Attacken zu schützen. Auf türkischer Seite wurde das große Flüchtlingslager Mardin-Kiziltepe errichtet, in denen die Menschen unter primitivsten Bedingungen viele Jahre leben würden.

Ich versuchte, mit den amerikanischen Offizieren nicht nur darüber zu reden, was Saddam Hussein für Gräueltaten an den Kurden verübte, sondern sie auch darauf aufmerksam zu machen, was auf türkischer Seite mit den Kurden geschah. Aber ihre Befehle waren eindeutig und nur auf den Irak gerichtet. Die Menschenrechtsverletzungen ihrer Nato-Verbündeten wollten sie nicht zur Kenntnis nehmen. Trotz unsicherer Verhältnisse und vieler Warnungen machte ich mich mit Ali Yurttagül, einem Mitarbeiter der grünen EP-Fraktion, dem Journalisten und Autor Ömer Erzeren, einem Dolmetscher und einem Fahrer auf den Weg nach Cizre.

Im Winter ist es in Kurdistan bitterkalt. Wir fuhren mit dem unauffälligen privaten Wagen des Fahrers und wurden zunächst von Militärjeeps eskortiert. Bis der Taxifahrer, ein alter Mann mit weißen Bartstoppeln, sagte, dass es jetzt besser sei, ohne die Soldaten weiterzufahren, denn wenn sie uns weiterbegleiteten, würden andere, die PKK zum Beispiel, denken, wir seien Kollaborateure. Seiner Meinung nach war nur der, der absolut ungeschützt war, halbwegs sicher.

Die Sicherheitskräfte hatten die weitere Fahrtroute bereits geplant. Wir bestätigten, dass wir nach Cizre wollten, und konnten danach tatsächlich allein weiterfahren.

Wir übernachteten im einzigen Hotel von Cizre, einem kleinen, sehr einfachen Gebäude am Hauptplatz der Stadt. Mir war kalt, ich wollte mich waschen und endlich ein wenig Ruhe haben. Also fragte ich im Hotel nach dem schönsten Zimmer, das sie hatten.

Der Besitzer antwortete, dass es ein sehr schönes Zimmer gebe, nämlich die Hochzeitssuite. Ich nickte und sagte, dass ich die nehmen würde. Er fragte mich, wo mein Mann sei, und ich antwortete, dass ich auch ohne Mann das Zimmer gern nehmen und bezahlen würde. Der Hotelbesitzer starrte mich überrascht an. Nicht, weil ich unnötig viel Geld ausgeben wollte, sondern weil ich als Frau ohne Mann reiste.

Mein Mitarbeiter sprang mir zur Seite und erklärte dem verständnislosen Hotelier, dass ich aus Deutschland komme, wo das nichts Außergewöhnliches sei. Ich bekam die Hochzeitssuite. Es war ein kleines Zimmer, kahle Wände, keine Bilder, zwei Pritschen, getrennt durch zwei Nachttische, in der anderen Ecke stand ein defekter Bosch-Kühlschrank, im Badezimmer gab es eine Wanne, die sehr lange nicht mehr gereinigt worden war. Der einzige Schmuck des Zimmers war eine nackte rote Glühbirne an der Wand, die dem Raum Gemütlichkeit, vielleicht auch ein wenig erotische Atmosphäre geben sollte. Eine kleine, unscheinbare Szenerie, aber mir machte sie deutlich, wie freudlos der Konflikt das Leben in dieser Region gemacht hatte.

In Cizre trafen wir den damaligen Bürgermeister Haşim Haşimi und diskutierten mit ihm über die politische Lage. Er lud uns zu sich zum Abendessen ein. Aber die Stimmung war sehr angespannt. Wir saßen, wie es Brauch war, auf Decken auf dem Boden. Haşim trug einen Pistolengurt, und die kurdischen Männer hatten, während sie Tee tranken und Reis mit Lamm aßen, alle ihre Gewehre in der Hand oder auf dem Schoß. Die Frauen und die Kinder durften nicht im gleichen Raum essen wie die Männer, ich war die einzige Frau im Raum.

Cizre liegt in der Grenzregion, wo die türkischen, die irakischen und die syrischen Kurdengebiete aufeinander stoßen. Wir wollten noch nachts zurück nach Diyarbakir fahren, doch Haşim hatte Sorge, uns in der Dunkelheit durch diese gefährliche Gegend fahren zu lassen. Schließlich begleitete er uns mit einer großen Anzahl bewaffneter Männer aus der Stadt hinaus.

Es war ein sternenklarer Himmel, Eiseskälte, das Thermo

meter weit unter null Grad, es lag Schnee. Uns allen war das Risiko dieser Fahrt eindringlich bewusst. Der Krieg war ständig spürbar. Gerade weil man nichts hörte, keinen Gefechtslärm, keine Flugzeuge, war seine Bedrohung so unmittelbar. Plötzlich gab es einen gewaltigen Knall genau unter unserem Auto. Wir hielten sofort, weil wir dachten, wir seien beschossen worden. Tatsächlich war nur ein Reifen geplatzt. Nachts um drei standen wir auf einer Landstraße, vor uns die Nordfront der Amerikaner, über uns der weite Sternenhimmel und die majestätische Landschaft Kurdistans in dunklen Schatten hinter uns. Während der Fahrer den Reifen wechselte, sprachen wir über die Religionen. In diesem Dreieck der Staaten leben so viele Glaubensgemeinschaften miteinander, sie ist unermesslich reich an Natur- und Kulturgütern, hier befindet sich der biblische Berg Ararat, wo Noahs Arche strandete. Es musste doch möglich sein, dieser Region eine Friedensperspektive zu geben. Wo lag der Weg, der nicht aus dem einen Konflikt den nächsten folgen ließ? Ihn mussten wir suchen. Trotz aller Widerstände.

Mein Einsatz für die Menschen in Kurdistan hat mir viele Freundschaften, aber auch Feindschaften eingetragen. Stets habe ich ganz bewusst versucht, mich auch kritisch mit der PKK auseinanderzusetzen. So wie ich die Gewalt der Türken gegen die Kurden verurteile, so war ich von Anfang an sicher, dass auch kurdische Gewalt kein Mittel zur Lösung des Konfliktes ist. Es ist heller Wahnsinn, dass die PKK 2005 den Waffenstillstand aufgekündigt hat, gerade in dem Moment, in dem erstmals die kurdische Sprache im öffentlichen Leben auftauchte, in dem es eine realistische Hoffnung auf Frieden gab. Aber PKK-Chef Öcalan braucht den Krieg zur eigenen Legitimation, auch um den Preis, das Vorgehen der Staatsmacht zu legitimieren.

Es gab große Hetzartikel in der »Hürriyet« und vielen anderen türkischen Zeitungen mit Überschriften in dicken Lettern, die meinen Rauswurf aus der Türkei forderten. Die

Anfeindungen gipfelten 1995 in einer Rede des Staatsministers Ayvaz Gökdemir, der auch Kommando-Ayvaz genannt wurde. Er war Ausbilder der Grauen Wölfe gewesen, einer türkisch-faschistischen Kampftruppe, die über 5000 Morde an Kurden und Linken auch in Deutschland begangen hat und aus deren Umkreis vermutlich auch der Papst-Attentäter Ali Ağca kam. Ich war zum Zeitpunkt seiner Anwürfe als Fraktionsvorsitzende der Grünen auf einer Delegationsreise des Europäischen Parlaments, zusammen mit Pauline Green, der Vorsitzenden der Sozialistischen Fraktion, und Cathérine Lalumière, einer engen Vertrauten Mitterrands, die Generalsekretärin des Europarats gewesen war und jetzt die Radikale Fraktion im Europäischen Parlament führte. Ayvaz Gökdemir, der wahrlich kein Herzensbrecher war, beschimpfte uns in seiner Rede öffentlich als »europäische Huren«, von denen sich kein Türke etwas sagen lassen solle.

Als ich von Gökdemirs Beschimpfung hörte, beriet ich mich mit meinen Kolleginnen. Schließlich beschloss ich, Ayvaz Gökdemir anzuzeigen, obwohl Cathérine und Pauline skeptisch waren und diesen Schritt für sich ablehnten. Auch meine türkischen Freunde sahen wenig Erfolgsaussichten darin, dass ausgerechnet ich, eine Ausländerin, zudem mit meiner politischen Geschichte, einen türkischen Staatsminister anklagte. Andere jedoch ermutigten mich und sagten, dass es gerade eine Fremde sein sollte, die ihn anklagte, um ein Zeichen des Mutes zu setzen. Nach einem langjährigen Verfahren, einer Revision und Neuaufnahme, bekam ich schließlich Recht zugesprochen. Das Verfahren hatte eine Öffentlichkeit für eine Gegenmeinung gegen den herrschenden Machismus geschaffen. Journalisten solidarisierten sich mit mir, weil Gökdemir sie der Lüge bezichtigt hatte, und die zivile türkische Justiz konnte beweisen, dass sie unabhängig war. Ayvaz Gökdemir musste knapp 7500 Euro Schadensersatz zahlen. Ich wollte das Geld einer türkischen Prostituiertenorganisation spenden, die sich aber nicht traute, es öffentlich anzunehmen. Ich übergab es dann der Frauenorganisation »Morçati«, die seit Jahren gegen Diskriminierung und Gewalt in der Türkei kämpft. Ich muss gestehen, ich freue mich noch heute über die Anerkennung, die mir dieser Sieg in der Türkei eingebracht hat. Ich glaube, es war einer der wichtigsten Kämpfe, die ich gewonnen habe. Denn nach dem Urteil meldeten sich plötzlich auch viele Männer, die sagten, dieser Mann habe nicht nur eine europäische Politikerin, sondern alle Frauen beleidigt, und die sich im Namen der türkischen Männer entschuldigten.

Nach zwanzig Jahren politischem Einsatz in und für die Türkei sind mir dieses Land und seine Menschen so nah, dass dies für mich kein Thema neben anderen auf der politischen Agenda ist. Es ist für mich spätestens seit der Rückreise von Cizre und jener Nacht hinter der Front ein Anliegen, in dem sich so viele Bilder, so viel Glück, aber auch so viel Leid bündelt. Die vielen Mütter, die ich kennenlernte, deren Söhne ermordet wurden, als Guerillakämpfer oder als Soldaten gestorben waren, die vielen Totenfeiern, an denen ich teilnahm, die vielen Gefolterten, die im Gefängnis über Nacht ergrauten, die Journalisten, die ich kannte und die terrorisiert und getötet wurden, die patriarchalische Enteignung, die ich kennengelernt habe – würde ich aufhören, mich für die Belange und Ansprüche der Kurden und Türken einzusetzen, ich würde meine Erinnerung und meine Freunde verraten.

Die größte Gefahr in der Region besteht in der erneuten Zuspitzung der Konfrontation und darin, dass radikale Kräfte wie der iranische Präsident Ahmadinedschad Einfluss ausüben. Die EU und auch Deutschland sind gefordert, hier eine verantwortungsvolle Politik zu betreiben, die mit dazu beiträgt, dass die Dynamik der Veränderungen in der Türkei fortbesteht und die Reformen vorangetrieben werden. Es geht um eine Politik, die dem Wiederaufleben der Gewalt entgegenwirkt und die kurdische Frage einer Lösung näher bringt.

Die Türkei hat seit 1963 eine vertraglich verankerte Beitrittsperspektive zur Europäischen Gemeinschaft. Walter

Hallstein, der damalige Kommissionspräsident und spätere christdemokratische Bundestagsabgeordnete, hat das bei der Unterzeichnung des Assoziierungsabkommens mit der Türkei hervorgehoben und deutlich gemacht, dass Europa sich nicht geographisch und kulturalistisch ausgrenzend definiert, sondern der gemeinsame Raum von Menschenrechten, Demokratie und Rechtsstaatlichkeit ist, den Werten, die verbinden. Seit 1963 hat jede deutsche Bundesregierung – einschließlich der unionsgeführten – bekräftigt, dass die Türkei zu Europa gehört. Wenn Unionspolitiker jetzt, nach 40 Jahren, von dieser Position abrücken, dann liegt darin mehr als nur eine kleine Kurskorrektur. Die so genannte »privilegierte Partnerschaft«, die sie vorschlagen, ist ein privilegierter Rausschmiss der Türkei aus Europa. Es ist der Bruch eines Versprechens, von dem die Zukunftsperspektive eines Landes abhängt, das für Deutschland und Europa von herausragender Bedeutung ist, es ist die Blindheit eines Populismus, der strategische Chancen für Menschenrechte, Frieden und Wohlstand verspielt.

15. Über Grenzen

Der Europäische Rat hat die Aufnahme von Beitrittsverhandlungen mit der Türkei beschlossen. Der von der Union vorgebrachte Vorschlag einer privilegierten Partnerschaft erhielt selbst in der konservativen Fraktion des Europäischen Parlaments eine klare Abfuhr. Der Beschluss zur Aufnahme von Beitrittsverhandlungen ist gut und richtig. Er war ein folgerichtiger Schritt, der auf Kontinuität und Verlässlichkeit setzt und im Einklang mit den wohlverstandenen und langfristigen Interessen der EU und ihrer Mitgliedstaaten steht. Die Verhandlungen werden auf der Grundlage der Kopenhagener Kriterien geführt, die für alle Beitrittskandidaten gelten. Teil des Verhandlungsprozesses ist ein umfangreiches Monitoringverfahren, das die Fortschritte im sozialen, politischen, wirtschaftlichen und rechtlichen Bereich dokumentiert. Der Verhandlungsprozess und die notwendigen weiteren Reformen werden noch einen längeren Zeitraum in Anspruch nehmen. Wenn die Türkei die Aufnahmebedingungen erfüllt, kann sie der EU beitreten.

Die anhaltenden konservativen Kampagnen gegen die Türkei, gegen Migranten und den Islam, mit denen die Union gegenwärtig auch ihre Profillosigkeit in der Großen Koalition überspielen will, reißen Gräben auf und zerschlagen viel politisches Porzellan – vor allem auf dem Rücken der bei uns lebenden türkischstämmigen Migranten.

Wenig hilfreich war auch der Streit um die Karikaturen des Propheten Mohammed, der von Dänemark ausging und zu einer weltweiten Eskalation der Gewalt führte. Eine freie Presse hat das Recht, solche Karikaturen zu veröffentlichen. Und ich würde stets für diese Freiheit kämpfen. Ob eine solche Veröffentlichung immer und zu jedem Zeitpunkt auch klug ist, steht auf einem anderen Blatt – ebenso wie die Frage, ob es von besonderem Mut und Konsequenz zeugt, dies in nichtislamischen Ländern zu tun, während man gleichzeitig vor der Veröffentlichung von Zeichnungen zurückschreckt, die das Christentum karikieren. Bei näherem Hinsehen verfängt sich die radikalliberale Geste, die hier am Werk ist, in Abstraktheit und Inkonsequenz. Sie sucht sich die »Freiheit« heraus, die ihr gefällt, und verweigert den Zusammenhang. Wem die Gefühle von Gläubigen bei Mohammed-Karikaturen egal sind – und bei Jesus-Karikaturen nicht, der will auf Spaltung hinaus, der segelt im Schlepptau des Neokonservatismus zurück ins alte Blockdenken, der sucht offensichtlich einen Ersatz für die Wagenburg des Kalten Krieges, aus deren Deckung heraus er einen Kampf der Kulturen und Religionen führen kann. Er liefert die scheinliberale Begleitmusik für scheinchristliche Politiker wie CSU-Chef Stoiber, die bei jeder Muslimhatz dabei sind, um angesichts der papstkritischen Comic-Serie »Popetown« Gefängnisstrafen bis zu drei Jahren für Gotteslästerei zu fordern.

Gerade die Integration der vielen Menschen mit Migrationshintergrund, die bei uns leben, wird von den Sprüchen und Kampagnen, die sich gegen das Fremde richten, behindert. Als »geistig-moralische« Klammer soll dabei immer wieder die »deutsche Leitkultur« dienen, die Friedrich Merz vor einigen Jahren ins Spiel brachte. Die ist jedoch in ihrer Plumpheit nur der Biertisch zu seinem berühmten Bierdeckel. Die von ihm angestoßene Leitkulturdebatte funktioniert nach einem perfiden Muster. Man gibt vor, über die Identität einer Kultur zu sprechen, während man sich tatsächlich nur negativ von anderen abgrenzt. Von anderen, das heißt im Wesentlichen von Gesellschaftsentwürfen, die Andersheit zulassen, gegen einen multikulturellen Ansatz, der das Fremde nicht ausgrenzt, sondern es auch als Chance und Bereicherung für das Eigene begreift. Das ist keine akademische Theorie der Toleranz, sondern eine verdrängte und geleugnete Wahrheit unseres Lebens. Denn was würde das »Ende von Multikulturalität« für ein Land bedeuten, in dem fast jeder Fünfte einen Migrationshintergrund hat – das sind über 15,5 Millionen Menschen. Unser Leben ist reicher geworden durch Menschen, die ihre Kultur mitbringen. Und nicht nur, weil wir gern Pizza oder Falafel essen. Der Schriftsteller Feridun Zaimoglu gewann einen der renommiertesten Literaturpreise des deutschen Sprachraums, den Preis der Jury beim Ingeborg-Bachmann-Wettbewerb, und katapultierte sich in die erste Reihe der deutschen Schriftsteller. Navid Kermani hat einen deutschen und einen iranischen Pass, türkischer HipHop aus Kaiserslautern schafft es in die Charts – und zwar bei uns und in der Türkei. Die in Teheran geborene Jasmin Tabatabai gehört zu den besten und bekanntesten Schauspielerinnen unseres Landes, Fatih Akin gewann mit seinem Film »Gegen die Wand« die wichtigsten Filmpreise in Europa, auch den Goldenen Bären, und erzählt Millionen von Türken und Deutschen ihre gemeinsame Geschichte. Diese – eine deutsche Geschichte – wurde auch in der Türkei mit größtem Interesse aufgenommen und mit viel Lob bedacht. Dort allerdings mit umgekehrtem Vorzeichen, denn dort ist wiederum ein Bild von den in Deutschland lebenden »Almancılar« in Umlauf, das mit der Realität wenig zu tun hat.

In diesen Entwicklungen zeigt sich eine neue Seite der Multikulturalität. Bisher war ein Bild vorherrschend, das auf das Zusammenleben verschiedener Kulturen in einer Gesellschaft zielte. Diese Dimension ist weiter wichtig. Es gibt aber auch eine neue Dimension, die immer größere Bedeutung erhält – das Zusammenbestehen verschiedener Kulturen in einer Person, in einer Lebensgeschichte. Das ist die multikulturelle Prägung jedes Einzelnen von uns. Diese Prägung artikuliert sich in besonderer Weise bei Künstlern mit Migrationshintergrund. Viele junge türkische Künstler bei uns haben begriffen, was eine interkulturelle Wirklichkeit ist – mit ihren Chancen und Problemen. Und ihre Werke, Filme und Bücher, gehören mit zum Besten, was die deutsche Kunst derzeit hervorbringt.

Ein jüdischer Freund sagte mir vor einiger Zeit, dass diese Entwicklung nicht aufgrund der Offenheit unserer Gesellschaft, sondern trotz der noch immer fortbestehenden Diskriminierung entstanden sei. Tatsächlich hat sich die Frage der Migration längst von der gesellschaftlichen Ebene zu der des einzelnen Menschen verschoben. Interkulturelle Erfahrungen bestimmen unsere Lebenswirklichkeit. Sie geben uns ein neues Gefühl der Zusammengehörigkeit mit anderen. Nicht immer wissen wir es schon, und manchmal sind wir überrascht davon, wie weit wir hier schon sind – bei allen Versuchen, dem engstirnigen Nationalismus entgegenzuarbeiten. In den ersten sechs Monaten des Jahres 2006 schossen konservative Politiker und Journalisten aus vollen Rohren: Multi-Kulti ist tot, die Deutschen sterben aus, Schluss mit der Überfremdung! Dann fand das größte »Multi-Kulti«-Fest statt, das es je auf deutschem Boden gegeben hat, die Fußballweltmeisterschaft 2006. Millionen von Menschen – Deutsche, Migranten, Gäste aus der ganzen Welt – feierten gemeinsam mit ihren Mannschaften und mit den Mannschaften der anderen, deren Leistungen die Fans fair anerkannten. Die WM war gerade nicht das archaiische Kriegsspiel, das der »Spiegel«-Journalist Matthias Matussek auf seiner Promotour für einen neuen deutschen Nationalstolz ausgemacht haben will. Auf der ganzen Welt wurden die Gastfreundschaft und die Weltoffenheit der Deutschen gelobt. Vom Fahnenabschießen, von dem Matussek in den Talkshows schwadronierte, habe ich nichts gesehen – und auch nichts von der Neurose, die bei all denen vorliegen soll, die das anders sehen als er. Was ich gesehen habe, waren deutsche Fahnen zusammen mit vielen anderen Fahnen, die ich zuerst gar nicht alle erkannt habe – obwohl ich darin eigentlich gut bin und im »Nationalhymnenerkennen« bei Hape Kerkeling sogar schon einmal ziemlich scharfe Nationalgetränke gewonnen habe. In meiner Straße fand jedenfalls kein Fußball-Ersatzkrieg statt – und auch nicht in den Stadien und auf den Fanmeilen, die ich besucht habe. Da wurde bis tief in die Nacht gefeiert, und ich hatte mit der Regenbogenfahne geflaggt.

Die Multikulturalität ist nicht »zu Ende«, wie Leute formulieren, die nicht wissen, was sie da sagen. Sie ist eine Realität, die aus der Wirtschaft und dem Alltagsleben nicht mehr wegzudenken ist, sie bestimmt Sport und Kultur. Und sie zeigt sich auch in der Politik immer deutlicher. Vermutlich hat mich die Zeit im Europäischen Parlament in meinem politischen Leben am stärksten verändert. Die Erfahrung im Umgang mit Politikern aus anderen Ländern und mit unterschiedlichen politischen Kulturen hat mich bescheidener werden lassen. Gleichzeitig hat die Erfahrung der Fremdheit und des Abwägens, des Kompromisse-Schließens und des Sprechens in vielen Sprachen mein eigenes politisches Selbstbewusstsein gestärkt. Erst jetzt lernte ich, was die europäische Idee eigentlich ausmacht, was bei den Abstimmungen über die Verfassung 2005 in Frankreich und den Niederlanden vergessen wurde: Europa sollte nicht als Bündnis von lauter Vaterländern geschmiedet werden, sondern diese sollten sich europäisieren, so dass etwas Drittes entsteht, etwas Lebendiges und Zukunftsweisendes, etwas, das die Identität der Menschen einbindet und positiv verändert. Das Europa, das ich erreichen will, bricht mit der alten Dichotomie Staat – Individuum, die aus dem Obrigkeitsstaat stammt. In meiner europäischen Vision ist der Staat nicht etwas den Menschen Entgegengesetztes, sondern der Staat aller, die in diesem Land leben.

Genau vor diesem Hintergrund und getrieben von diesem Verlangen, haben die Grünen Anfang der neunziger Jahre einen ersten Entwurf zu einer europäischen Verfassung vorgelegt. Das Besondere an diesem Entwurf war, dass er nicht unterschieden hat zwischen Verfassungsrechten erster und zweiter Klasse, also politischen Bürgerrechten, wie dem Wahlrecht, und sozialen Menschenrechten, wie dem Recht auf Teilhabe an der Arbeitswelt. Die Rechte sollten unteilbar sein. Wer ein Recht hat, hat alle, weil sie zusammengehören wie die beiden Seiten einer Medaille.

Der Verfassungsentwurf, der dann zur Abstimmung gestellt wurde, atmete diesen Geist eines Europa der Bürgerinnen und Bürger nur bedingt. Es war allerdings ein Verfassungsentwurf, der besser ist als sein Ruf, trotz allem, was daran auszusetzen ist. Er beschreibt das Ziel des sozialen Europa, die ökologische Dimension und die der Geschlechtergerechtigkeit. Mit der Charta der Grundrechte ist erstmals ein gemeinsames bürgerrechtliches Fundament vorgesehen, eine Hierarchisierung von bürgerlichen politischen Freiheitsrechten und sozialen Rechten konnte nach langen, heftigen Auseinandersetzungen verhindert werden.

Eine negative Begleitmusik in dieser Debatte lieferte die EU-Dienstleistungsrichtlinie, die parallel dazu diskutiert wurde. Diese Richtlinie hätte in ihrem ursprünglichen Entwurf tatsächlich einen Wettlauf der sozialen Schäbigkeit möglich gemacht. Dennoch war der Kampf der französischen Linken gegen den Verfassungsentwurf falsch. Er hat der europäischen Idee geschadet und der politischen Linken auch. Denn die Kritik war nicht konstruktiv, sondern pauschal und letztlich antieuropäisch, weil sie vor allem innenpolitisch begründet war.

Europa darf nicht auseinanderfallen. Und da nach meinem Verständnis wir alle Europa sind, sollten wir uns für das, was für uns gemeinsam das Beste ist, engagieren. Und das Beste ist in diesem Fall ein Europa, das borniert nationalistische Denkmuster hinter sich lässt, das die Nation nicht völkisch und seine Staatengrenzen nicht als Festungsmauern betrachtet. Es ist kein Europa der Abschiebelager. Es ist ein Europa, das nicht abendländelnd und europatümelnd ist, so wie Deutschland einmal deutschtümelnd war. Eine solche Weltsicht ist heute ungefähr so attraktiv wie der deutsche Fußball in der Spätphase von Berti Vogts als Bundestrainer. Betrachten wir nur einmal die Angriffsspieler unserer Nationalmannschaft. Miroslav Klose und Lukas Podolski, unsere »Top-Scorer«, kommen beide aus Polen, und Doppelpass ist für sie nicht nur eine fußballerische Kategorie, sondern auch eine der Staatsangehörigkeit. Kevin Kuranyi, der in Rio de Janeiro zur Welt kam, kämpft mit dem in der Schweiz geborenen Oliver Neuville um einen Stürmerplatz in der Nationalmannschaft. Gerald Asamoah kam in Mapong in Ghana zur Welt. Nur Patrick Owomoyela und David Odonkor sind echte Hamburger beziehungsweise Dortmunder Jungs! Diese jungen Spieler sind ein gutes Bild für ein Deutschland, das sich verändert hat – eigentlich für eine neue Kultur. Im deutschen Fußball hat man endlich bemerkt, dass sich etwas getan hat – nachdem andere Länder uns in der Spielkultur um Lichtjahre abgehängt hatten. Die multikulturelle Wahrheit liegt auf dem Platz! Sie hat die Bundesligastadien erreicht – und endlich auch die deutsche Fußballnationalmannschaft.

Die Rede von der »deutschen Leitkultur« dagegen, die man der multikulturellen Gesellschaft entgegensetzen will, grenzt aus und hierarchisiert. Es ist nicht ersichtlich, welchen Beitrag ein Zwangsgebet in deutschen Schulen zur Integration leisten soll und wie der Zwang, in islamischen Moscheen auf Deutsch zu beten, die Kulturen versöhnt. Wer beten will, der soll dies in der Sprache tun, in der er will, egal ob Jude oder Moslem, ob evangelischer, katholischer oder orthodoxer Christ. Wer durch solche Zwangsvorschriften in das Leben der Menschen eingreift, zerstört Vertrauen und drangsaliert sie, er grenzt aus und wertet ab, er trägt damit zur Abschottung der Kulturen bei und bewirkt das Gegenteil von Integration. Viele Christen haben sich energisch gegen solche Maßnahmen ausgesprochen. Die katholische Vereinigung »Justitia und Pax«, die weiter blickt als die konservativen Kirchturmspolitiker, hat davor gewarnt, das Christentum für eine Leitkulturdebatte vereinnahmen zu wollen. Was würde wohl Herr Söder dazu sagen, wenn in Jerusalem in der Heiligen Grabesbasilika nur Arabisch oder Hebräisch gesprochen werden dürfte?

Hilfreich für eine bessere Integration sind andere Vorschläge, zum Beispiel die Ausbildung muslimischer Geistlicher in Deutschland auf der Basis und im Rahmen des

Grundgesetzes. Friedrich Merz sah selbst schnell ein, wie untragbar eine Begriffskopplung ist, die eine nationalkulturelle Hierarchie impliziert. Nach der Welle scharfer Kritik, die ihm entgegenschlug, fügte er deshalb noch eine weitere Bestimmung hinzu und sprach von »freiheitlicher« deutscher Leitkultur. Dabei hatte er die Verfassungstradition unseres Grundgesetzes und einen Minimalkonsens zu Freiheit, Menschenwürde und Gleichberechtigung im Auge. Das ist ehrenwert, aber inhaltlich zerlegt es die Konstruktion vollends. Denn dem Grundgesetz geht es in guter Allgemeinheit um die »Würde des Menschen« – unabhängig von besonderen kulturellen Bezügen, von Religionszugehörigkeiten, von ethnischen Merkmalen oder Geschlecht. Der Bezug auf das Grundgesetz schließt aus, was Merz hineindefinieren wollte – es sieht gerade keine Leitkultur vor. Es will der freiheitlich-demokratische Rahmen für eine plurale Gesellschaft sein, in dem Menschen mit unterschiedlichen Perspektiven gedeihlich zusammen leben.

Die Begriffsbildung in der angelsächsischen Diskussion vermeidet die Sackgasse, in die der Begriff »deutsche Leitkultur« führt. Sie fasst den freiheitlich-demokratischen Minimalkonsens, der für moderne Demokratien unerlässlich ist, nicht in einer nationalkulturellen Begrifflichkeit, sondern als »overlapping consensus«, als konsensuelle Schnittmenge, die sich auf der Grundlage sehr unterschiedlicher Werthaltungen herausbilden kann.

Dem Konsens liegen unendlich reichhaltige, zivile Perspektiven zugrunde, die für sich keine Allgemeinverbindlichkeit beanspruchen können, die aber dennoch Motive beinhalten, aus denen heraus Bürgerinnen und Bürger ihr Gemeinwesen positiv stützen und den freiheitlichen und demokratischen Konsens anstreben.

Dieses Zusammenspiel von Vielfalt und Konsens ist der springende Punkt. Denn hier geht es nicht um eine Selbstverständlichkeit, sondern um ein hohes Gut, um das wir uns immer wieder neu bemühen müssen. Dazu brauchen wir keine ausgrenzende Leitkultur, die den Menschen ihre Werte von oben herab aufzwingen will, sondern eine Debatte, die den demokratischen Konsens unter den Bedingungen von Pluralität, Interkulturalität und rascher Globalisierung weiterentwickelt. Unser Gemeinwesen gründet in ziviler Vielfalt, sein Rahmen ist das Grundgesetz und kein nationalkulturelles Projekt. Multikulturalität ist keine Erfindung von wohlmeinenden Menschen. Sie ist nicht zuletzt das, was sich aus der Arbeitsmigration ergeben hat. Sie ist ein Ergebnis der Politik unterschiedlicher Regierungen seit den sechziger Jahren. Sie ist das, was konservative Politiker über Jahrzehnte hinweg verdrängt haben, sie ist unsere plurale Lebenswirklichkeit.

Deutsche Konservative lieben Monokulturen, weil sie auf den ersten Blick gut handhabbar scheinen. Das, was unmittelbar vor Augen liegt, wiederholt sich in einem begrenzten Spielraum der Variation. Die große Zahl wird überschaubar. Problemlösungen erfolgen im Rahmen von routinierten Verfahren. Ein schmales Handlungsrepertoire – so das Versprechen – sei ausreichend zur Bearbeitung eines riesigen Handlungsfelds. Homogenisierung meint die Ausmerzung von Unterschieden – in der technischen Fertigung, in der Land- und Forstwirtschaft wie auch im Versuch, den vielfältigen Formen der Alltagskultur eine »deutsche Leitkultur« aufzuzwingen.

Aber wir leben nicht mehr im 19. oder frühen 20. Jahrhundert. Der Paradigmenwechsel weg von der Monokultur hat längst stattgefunden. Das organisatorische Leitbild des beginnenden 21. Jahrhunderts ist nicht mehr das Fließband, der Appellplatz mit Soldaten in Reih und Glied oder der deutsche Wald als monokulturelle »Stangengärtnerei«. Heute geht es um flexible Netzwerke, um industrielle Cluster, um mikrosoziologisch zu beschreibende »Schwarmbildungen«, um eine lebendige Vielfalt und Gleichzeitigkeit von Kulturen, um »diversity«, um eine Pluralität von Perspektiven, deren Zusammenwirken schnelle und angemessene Problemlösungen möglich macht. Die Grünen sind als Partei ein politischer Ausdruck dieser kulturellen und auch organisationshistorischen Wende. Aber auch große Unternehmen haben längst bemerkt, dass sich etwas getan hat. Hierarchien werden flacher. Bei DaimlerChrysler und vielen anderen großen Unternehmen fördert man den interkulturellen Austausch. Es geht um die Nutzung des Potentials einer Belegschaft, die vielen verschiedenen Kulturen entstammt. Und eine Bundeswehr, die im Rahmen der UN-Friedenseinsätze aktiv ist, sucht händeringend nach Soldatinnen und Soldaten mit Migrationshintergrund, weil eine entsprechende Verwurzelung eine wichtige Kompetenz darstellen kann, etwa in Afghanistan oder im Kosovo. Multikulturalität prägt die Gegenwart und auch die Zukunft. Sie ist das, was sich im Zuge der Globalisierung, mit der Beschleunigung der Informationsströme, mit der Ausweitung des Handels und der internationalen Arbeitsteilung noch weiter verstärken wird. Das Gesicht des »Exportweltmeisters« Deutschland wird in den kommenden Jahrzehnten noch viel multikultureller werden, als es heute schon ist. Wer das verhindern will, verkennt deutsche Interessen. Wer das »Ende von Multi-Kulti« ausruft, hat nicht nur ein Problem mit der Gegenwart, er hat ein Problem mit seiner Zukunftsfähigkeit. Und wer sagt, dieser Begriff sei Schall und Rauch, der verkennt die Logik des Diskurses zu diesem Thema.

Niemand sagt, dass der Weg der Integration ein leichter ist. Und wenn die Konservativen gerade uns Grünen vorwerfen, wir würden ein rosarotes Bild von Einbürgerung zeichnen, dann ist das Heuchelei. Es waren konservative Politiker, die die Anerkennung der Realität über Jahrzehnte verweigert haben, die keine Mittel für Sprach- und Integrationsmaßnahmen zur Verfügung stellten – und sie nun unter Innenminister Schäuble drastisch kürzen.

Natürlich ist die multikulturelle Demokratie, die es heute zu entwickeln gilt, mit Zumutungen und Anstrengungen verbunden. Wer sich die Mühe macht und die grünen Diskussionen bis in die achtziger Jahre zurückverfolgt, der wird schon dort die entsprechenden Problembeschreibungen finden. Aber diesen Anstrengungen mit der Forderung nach einer Leitkultur, gar einer deutschen Leitkultur, entgehen zu wollen wäre der Beginn des Weges in die Sackgasse der Abschottung. Konservative Katholiken müssen CSD-Paraden, überzeugte Feministinnen Kopftücher, gläubige Muslime einander küssende Männer und bayerische Stammtischler grüne Weltverbesserinnen ertragen. Das alles sind Zumutungen, die in einer pluralistischen Gesellschaft ausgehalten werden müssen.

Nicht tolerieren können wir lediglich die Intoleranz. Hier haben wir klare Regeln, die viel klarer und den Problemen weit angemessener sind als alles, was die Leitkulturalisten auf den verworrenen Pfaden ihrer Debatte bisher zustande gebracht haben. Das Band, das ein Zusammenleben in unserer sich pluralisierenden und ausdifferenzierenden Gesellschaft ermöglicht, ist unsere Verfassung mit ihren Freiheits- und Grundrechten. Toleranz hört für uns da auf, wo das Grundgesetz und die Menschenrechte missachtet werden. Die Trennung von Religion und Staat gehört zu den Grundlagen unseres Zusammenlebens. Alle Religionen müssen daher staatliches Recht und insbesondere die Grundrechte achten.

Wir brauchen keine »deutsche Leitkultur«, die eine Zweitkultur ausgrenzt und malträtiert, sondern eine Politik und Kultur der Anerkennung, die die gegenseitige Anerkennung der Individuen als Trägerinnen und Träger von gleichen Rechten, gleichen Pflichten und Freiheiten befördern. Das friedliche Zusammenleben zwischen Menschen, die aus unterschiedlichen Kulturen kommen, setzt wechselseitige Anerkennung voraus: Differenz auf der Grundlage von Gleichheit, auf der Grundlage dessen, was das Grundgesetz in allgemeiner Form regelt. Es meint eine Toleranz und Dialogfähigkeit, die Andersheit aushält, die anderen Kulturen und Religionen gegenüber weder gleichgültig ist noch sie mit autoritären Konstruktionen hierarchisieren will.

Oft habe ich davon gesprochen, dass mir Cem Özdemir, Sibel Kekilli und Xavier Naidoo rein leitkulturmäßig um Lichtjahre näher sind als Stoiber, Koch und Schönbohm. Das habe ich nicht gesagt, weil ich meine Reden unterhaltsamer gestalten wollte, sondern immer ernst gemeint.

16. Vielheit und Gleichheit

Kunst und Fußball zeigen etwas, das auch dem Nationalstaat widerfährt. Die Bundesrepublik kann heute weder als abgeschlossener Markt noch als abgeschlossene Nationalkultur oder gar als völkische Einheit beschrieben werden. Kapital- und Warenströme, Migration, globale Klimaveränderungen, kulturelle Überschneidungen – sie alle liegen quer zur überkommenen nationalstaatlichen Logik. Und damit stoßen auch die uns vertrauten Mechanismen der Politik an ihre Grenzen, wir müssen lernen, sie zu verändern. Das ist eine neue Herausforderung, der sich nicht mit alten Schemata begegnen lässt. Wer einfach nur das alte Nationalstaatsdenken auf das »christliche Abendland« erweitern und ein »Europa der Vaterländer« proklamieren will, der konserviert nur das alte, konservative Staatsideal. Europa kann sich – genauso wenig wie Deutschland – religiös und kulturell exklusiv definieren. Ein neues Europa, das sein altes humanistisches Erbe ernst nimmt und nicht in den Wind schlägt, würde ein Europa sein, das den Dialog zwischen Religionen und Kulturen sucht und ermöglicht – und nicht ein autoritärer Ordnungsrahmen, der alles von einem vermeintlich überlegenen Standpunkt aus bewertet und in Hierarchien einteilt. Der europäische Einigungsprozess sollte, wie die multikulturelle Lebenswirklichkeit es schon mit uns allen tut, die Staaten von innen verändern. Das wäre ein wirklicher Schritt über die alten Grenzen hinaus zu einer multikulturellen Demokratie.

Vielheit kann ihre Kraft für eine neue, offene und erfolgreiche Gesellschaft nur entfalten, wenn sie offene und allen zugängliche Strukturen hat, wenn Zugangschancen gerecht verteilt sind. Was für den Nationalstaat gilt, gilt selbstverständlich auch für Binnenorganisationen. Getrennte und abgeschottete Lebenswelten sind kein Erfolgsmodell. Sie sind Grund für Misstrauen, Kriege, Eifersucht. Und nicht immer erfüllt das Zusammenleben von Menschen mit unterschiedlichem kulturellen und religiösen Hintergrund alle Wünsche. Hier gibt es sehr viele Aufgaben. Eine sehr wichtige ist die Integration des Islam. Wir brauchen legitimierte Ansprechpartner, wie es sie auch bei anderen Religionsgemeinschaften gibt. Ich meine, ein aufgeklärtes Deutschland muss den Islam als gleichberechtigte Religion neben anderen akzeptieren. Und Muslime sollten auf der Grundlage des Grundgesetzes gleichberechtigt und ohne Diskriminierung am sozialen Leben teilnehmen können.

Das schließt auch den Bau von Moscheen mit den dazugehörigen Sozial- und Bildungseinrichtungen ein, und zwar nicht versteckt in Hinterhöfen und in Industriegebieten, sondern dort, wo es einen Bedarf dafür gibt, in innerstädtischen Bereichen, in Wohngebieten mit hohem muslimischem Bevölkerungsanteil. Wenn solche Einrichtungen einen angemessenen Platz im öffentlichen Leben haben, dann sind die Chancen dafür, dass es zu Begegnung und Dialog, zu einer aktiven Teilnahme am öffentlichen Leben kommt, weit größer.

Frauen müssen selbstverständlich das Recht haben, sich nach islamischen Vorschriften zu kleiden, auch am Arbeitsplatz und auch im öffentlichen Dienst. Gerade hier, wenn junge Lehrerinnen ihr Kopftuch auch in der Schule tragen wollen, ist die Debatte kontrovers – auch innerhalb der grünen Partei. Das gemeinsame neue Europa, an dem wir bauen, und nicht zuletzt unsere Verfassung implizieren aber, dass es grundsätzlich keine Ungleichbehandlung zwischen den Religionen geben darf, auch nicht mit Blick auf die Kleidung. Bevormundung fällt immer auf einen selbst zurück und konfrontiert mit den eigenen Vorurteilen und Eigenarten. Der Artikel 4 des Grundgesetzes hebt die Religionsfreiheit in den Rang eines Bürgerrechts. Wer eine harte Konfrontation von Staat, Gesellschaft und Kirche sucht, spielt den Fundamentalisten in die Hände. Nur wer tolerant ist, kann Intoleranz wirksam bekämpfen. Im Fall der muslimischen Lehrerinnen, die ein Kopftuch tragen, kommt oft hinzu, dass sie bereits die schwierigsten Schritte der Integration hinter sich haben. Man sollte sie also stärken und zu selbstbestimmtem Handeln ermutigen, statt ihnen Steine in den Weg zu legen.

Ich habe immer für das Recht gekämpft, dass Frauen so leben können, wie sie wollen, und dazu gehört auch, dass sie sich kleiden können, wie es ihnen gefällt. Deshalb sehe ich nicht ein, warum der Zwang, kein Kopftuch zu tragen, demokratischer sein sollte. Und wenn wir schon bei einem so komplizierten Thema sind: Warum stellt eigentlich niemand die Barttracht der Männer in Frage?

Wenn ich dafür eintrete, dass Frauen, auch muslimische Frauen, sich so kleiden können, wie sie es wünschen, dann heißt das ebenso und ganz ohne Abstriche, dass muslimische Frauen nicht zum Tragen des Schleiers gezwungen werden dürfen. Muslime müssen in ihrer Gemeinschaft der Abwertung von muslimischen Frauen, die kein Kopftuch tragen, entgegentreten.

In Afghanistan habe ich einmal eine Burka, den Ganzkörper-Schleier der afghanischen Frauen, getragen. Er legt sich wie ein Panzer über den Körper, durch das schmale Sichtfeld sieht man sehr wenig von der Außenwelt. Ich kam mir vor, als würde ich mich in einem Käfig bewegen. Dabei ist der Schleier nicht nur Abschließung, er wirkt auf eine sehr doppeldeutige Weise. Er soll verbergen, aber er zieht auch die Blicke an und stellt das, was er verbirgt, erst als geheimnisvoll, schön oder bedeutsam heraus.

Bei uns sind die Motive für das Tragen des Schleiers sehr vielfältig, in noch stark patriarchal geprägten Gesellschaften ist er ein Symbol für die Unterdrückung der Frau. Ihn abzulegen ist ein Zeichen der Emanzipation. Dennoch ist der Unterschied zwischen dem Verbot von religiöser Kleidung und dem Leben mit ihr einer, der Toleranz ausmacht.

Zur Integration des Islam in unserem Land gehört überdies das Recht der Muslime auf die Bestattung der Toten nach islamischen Regeln, auf besonderen Gräberfeldern oder eigenen muslimischen Friedhöfen. Auch der Schutz und die Achtung zentraler islamischer Feiertage gehören dazu, ebenso wie der gleichberechtigte Zugang von Muslimen zu öffentlich-rechtlichen Medien und die Behandlung des Islam im Schulunterricht. Muslimische Lehrkräfte sollten an deutschen Universitäten ausgebildet werden, auch in islamischer Theologie. Eine Predigerausbildung unter Ausschluss der Öffentlichkeit befördert die Abkoppelung von der sozialen Lebenswirklichkeit und einen unkritischen Autoritätsglauben. Sie unterläuft das, woraus unsere offene Gesellschaft ihre besondere Stärke bezieht, den Dialog, den Austausch, den friedlichen Wettstreit der Argumente.

Der Respekt gegenüber dem Islam bedeutet jedoch keinen Verzicht auf das Festhalten allgemeiner Bildungs- und Erziehungsstandards. Pauschale Unterrichtsbefreiungen in den Schulen aus kulturellen Gründen, etwa im Sport-, Schwimm- oder im Sexualkundeunterricht, sind nicht hinnehmbar. Denn religiöse Anliegen dürfen ihrerseits auch die Trennung von Staat und Kirche in Deutschland nicht in Frage stellen.

Seit einigen Monaten wird Gewalt von Migranten gegen Migrantinnen breit diskutiert. Eine zentrale Bedeutung haben dabei die so genannten »Ehrenmorde«, Verbrechen, die vorgeblich die »Familienehre« schützen oder wiederherstellen sollen. Die Debatte um solche Verbrechen zeigt, dass der Kampf gegen die Gewalt an Frauen, den wir seit Jahrzehnten führen, noch lange nicht beendet ist – weder bei uns noch anderswo. Die UN-Menschenrechtskommission berichtet bereits seit einigen Jahren regelmäßig über das Thema. Jährlich, so schätzt die UNO, werden weltweit circa 5000 Ehrenmorde verübt.

Dabei sind sie kein Spezifikum islamisch geprägter Kulturen – wie man das in der deutschen Debatte ebenso lautstark wie scheinwissenschaftlich behauptet hat. Ehrenmorde werden in Gesellschaften mit sehr unterschiedlichen religiösen Traditionen verübt – in Pakistan, Bangladesh, der Türkei und den Ländern des Nahen Ostens ebenso wie in Indien, Brasilien, Ecuador und Italien und in vielen anderen Ländern der Welt. Wichtiger als religiöse Prägungen sind traditionell-patriarchalische Familienstrukturen – und entsprechende Vorstellungen von »Familienehre«.

Das heißt, dass man Gewalt nur verhindert, indem man sie an ihrer Wurzel packt und für einen Abbau dieser autoritären patriarchalen Strukturen sorgt. Ein solcher Abbau aber wird nur über Integration und zivilgesellschaftliche Maßnahmen gelingen.

In der Debatte war zu beobachten, wie weit der Jargon der Rechtskonservativen schon um sich gegriffen hat. Manchmal kommt es mir vor, als hätten wir nur noch eine Antwort auf alle Probleme – Gesetzesverschärfungen: Man will das Jugendstrafrecht verschärfen, Verfassungsrechte einschränken, man will tatsächlich glauben machen, dass eine rechtskonservative Ausländerpolitik die Emanzipation von Migrantinnen in Deutschland vorantreiben würde. Man stärkt das Recht jedoch nicht mit weniger Recht. Wer mit autoritären und paternalistischen Sprüchen autoritäre und paternalistische Strukturen bekämpfen will, der hat offensichtlich einen Fehler im Programm – oder betreibt Selbstprofilierung zu Lasten eines sehr komplexen sozialen Problems.

Die Gesetze, die wir haben, sind alles andere als unzureichend. Sie gelten für alle – auch für diejenigen, die glauben, im Namen der Ehre Verbrechen begehen zu dürfen. Dass es hier in der Bestrafung keinen falschen Rabatt gibt, hat der Bundesgerichtshof klargestellt. Was wir brauchen, ist eine gezielte Sensibilisierung der Zivilgesellschaft, der Sozialarbeit, der Polizei, der Justiz und der Juristenausbildung. Wir brauchen keine pauschale Verdächtigungskultur, sondern die interkulturelle Öffnung und Fortbildung dieser staatlichen Bereiche. Und wir dürfen auch nicht vergessen, dass es in den Institutionen bereits viel Detailwissen um die Probleme gibt – und eine große Skepsis gegenüber Politikern, die sonntags viel von Integration reden und werktags dann die Stellen und Mittel in den Problembereichen kürzen.

Würde man unsere multikulturelle Wirklichkeit anerkennen, dann würde man für Kitas und Schulen Erzieherinnen und Lehrerinnen gezielt in solchen Fragen und Problemen ausbilden, würde russisch- und türkischsprachige Lehrerinnen einstellen. Ich weiß, dass in einigen Krankenhäusern die türkische Putzfrau bei Visiten und Einlieferungen geholt wird, um für die Ärzte zu übersetzen. Im Gesundheitsbereich, im Pflegewesen, in den Behörden, in der Politik würde man eine neue und offenere Kultur etablieren.

Gewalt, auch die an der Berliner Rütli-Schule, ist immer auch Ausdruck von Ausgrenzung. Die geplanten Einbürgerungstests und die Forderungen aus der Union, die Einbürgerungsbedingungen zu verschärfen, zerstören das Vertrauen von Migranten, sind beschämend, rückwärtsgewandt und realitätsfern und führen zu einem dramatischen Rückgang bei den Einbürgerungszahlen in unserem Land. Statt einen Trivial-Pursuit-Test einzuführen, sollte es doch darum gehen, im Zuge der Einbürgerung den Wertekanon des Grundgesetzes zu vermitteln. Schon jetzt sind die vorhandenen Hürden, die vor einer Einbürgerung stehen, hoch: acht Jahre Mindestaufenthalt in Deutschland, gesicherter Unterhalt, sehr gute Deutschkenntnisse, ein polizeiliches Führungszeugnis und eine Regelanfrage beim Verfassungsschutz. Diesen Umstand verschweigen die Unionspolitiker offenbar wissentlich.

Immer wenn die Realität die These des »Endes von Multi-Kulti« widerlegt, findet eine interessante Verschiebung der Debatte statt, die ich schon oftmals in Diskussionen erlebt habe. Stillschweigend wird auf eine höhere Abstraktionsebene umgeschaltet und vom »Ende der Idee von Multi-Kulti« gesprochen. Nicht mehr die multikulturelle Wirklichkeit wird plötzlich in Frage gestellt – das wäre ein doch zu offensichtlicher Widerspruch zur Wirklichkeit –, sondern eine Idee, wie Multikulturalität zu leben, zu gestalten sei. Das Aufschlussreiche ist, dass damit tatsächlich eine zweite

Bedeutung von Multikulturalität angesprochen wird. Multikulturalität meint tatsächlich nicht nur eine Realität, sondern beinhaltet auch ein starkes Ideal. Es handelt sich um einen Doppelbegriff, der gleichzeitig beschreibt und ethisch fordert. Er hält fest, was faktisch ist, und er beschreibt etwas, das sein soll. Von dieser zweiten Seite, der Seite des Sollens her, steht Multikulturalität für eine in der Wirklichkeit verankerte Ethik. Wer von Multikulturalität redet – und vor allem auch, wer hier die Polemik sucht –, sollte diese innere Spannung des Begriffs nicht übersehen.

Multikulturalität als ethisches Ideal erkennt die multikulturelle Wirklichkeit an, ohne sie mit heiler Welt zu identifizieren. Es geht nicht um Konfliktverdrängung, sondern um eine bestimmte Art von Dialog und Konfliktaustragung. Multikulturalität als Ideal meint Verständigungsbereitschaft. Sie geht auf den Dialog der Kulturen, setzt darauf, dass ein ziviler, sachlich-produktiver Dialog möglich und notwendig ist – und nimmt dabei das Grundgesetz mit seinen Regeln als Basis. Sie steht nicht für eine heile Welt, in der Sein und Sollen zusammenfallen. Umgekehrt wird ein Schuh draus: In einer solchen Welt wäre das Ideal gerade überflüssig.

Wer das »Ende von Multi-Kulti« verkündet, hat nicht nur ein Problem mit der Wirklichkeit, er hat auch ein Problem mit seiner Dialogfähigkeit.

Wie es um den Schutz und die Anerkennung von Vielfalt bei uns tatsächlich bestellt ist, zeigte sich auch bei den Debatten um das Antidiskriminierungsgesetz, als CDU, CSU und FDP heftig gegen die Grünen polemisierten. Als Vorwand hatte man sich einmal mehr eine angebliche Wirtschaftsfeindlichkeit ausguckt. Das Antidiskriminierungsgesetz soll religiöse, körperliche, geschlechtliche und sexuelle Individualität schützen. Was ist daran wirtschaftsfeindlich? Als ob Menschen ihr Leben dem ökonomischen Erfolg unterordnen müssen und nicht ökonomischer Erfolg dazu da ist, das Leben reichhaltiger zu machen. Aber dann muss man die Reichhaltigkeit auch wollen und schützen. Und einige

Wirtschaftsführer täten gut daran, zu erkennen und auszusprechen, dass eine offene Gesellschaft ihnen nützt, gerade ihnen. Diskriminierung ist kein Standortvorteil, sondern ein Standortnachteil. Statt das Ressentiment zu bedienen, sollten sie sich überlegen, warum so viele Spezialisten, die wir in Deutschland dringend bräuchten, einen Bogen um unser Land machen.

Demokratie und die Anerkennung von rechtlicher Gleichheit und der Einzigartigkeit von Individuen sind für mich nichts Selbstverständliches und ein für alle Mal Gegebenes. Sie müssen fortwährend erkämpft werden – jeden Tag. Die Vielfalt der kulturellen Lebensformen und Orientierungen in unserer Gesellschaft ist nicht nur ein Faktum, sie ist ein Gut. Die Innovationsfähigkeit von modernen Gesellschaften hängt entscheidend davon ab, ob sie ein friedliches und gedeihliches Zusammenleben von Individuen mit sehr unterschiedlichen Orientierungen und Lebensweisen gewährleisten und ihnen gerechte Chancen eröffnen. Das ist keine Kleinigkeit. Es ist auch keine politische Spielwiese, die vermeintlich jenseits der harten Wirklichkeit angesiedelt ist. Es ist eine Frage, die den Kern des Alltagslebens und des Wirtschaftens betrifft.

Wir müssen Vielfalt schützen und ihre kreativen Potentiale fördern. Dies tut man nicht, indem man Tagträumen von einer monokulturellen Ausrichtung der Gesellschaft, von einer »deutschen Leitkultur« nachhängt. Stattdessen benötigen wir demokratische, sozial gerechte und kulturell angemessene Regeln für eine plurale Wirklichkeit. Was einigen führenden Arbeitgeberfunktionären bisher entgangen ist, das wissen viele Unternehmen inzwischen ganz genau. Für rund die Hälfte der großen Dax-Unternehmen gehört »Diversity-Management« heute zur Firmenphilosophie. Die Commerzbank zum Beispiel will mit ihrem Projekt »Diversity – Vielfalt leben« deutlich machen, dass sie die Unterschiede in Kultur, Nationalität, Alter, Geschlecht, Religion und körperlicher Verfassung ihrer Mitarbeiter sowie in ihren

Einstellungen und ihrer Lebensgestaltung als Nutzen im Sinne des Unternehmensinteresses begriffen. Das diskriminierungsfreie Miteinander einer Vielfalt von individuellen Persönlichkeiten wird hier als Teil der Wettbewerbsfähigkeit gesehen.

Gleichzeitig hat kulturelle Vielfalt noch ganz andere Seiten, zum Beispiel eine intergenerationelle. Wir leben im Übergang zu einer Vier-Generationen-Gesellschaft. Die kulturellen Unterschiede zwischen Großeltern und Enkeln sind heute oft größer als die Unterschiede zwischen gleichaltrigen Schülerinnen und Schülern aus verschiedenen Ländern der EU.

Wir brauchen entschiedene Schritte hin zu mehr Teilhabegerechtigkeit, zu einem Leitbild der wechselseitigen Achtung und Anerkennung. Beim Zugang zu Arbeit, zu öffentlich angebotenen Waren und Dienstleistungen sind Benachteiligungen aus Gründen der ethnischen Herkunft, des Geschlechts, der Religion oder der Weltanschauung, aufgrund einer Behinderung, des Alters oder der sexuellen Identität immer noch eine Tatsache.

Bislang wurden behinderten Menschen und Schwulen regelmäßig Versicherungen verwehrt und eine Risikoprüfung von vornherein mit Verweis auf die Behinderung und besondere Risiken abgelehnt. Reise- und Fluggesellschaften verweigerten behinderten Menschen den Abschluss von Reiseverträgen. Sie wurden wegen angeblicher Belästigung aus Gaststätten und Hotels gewiesen. Wohnungsgesellschaften vermieteten oft prinzipiell nicht an behinderte Menschen.

Wem aber Waren, Dienstleistungen, Verträge in diskriminierender Weise vorenthalten werden, der wird auch als Individuum missachtet und abgewertet. Solche Erfahrungen sind nicht einfach nur lästig, sie untergraben das Selbstwertgefühl. Im Extremfall zerstört die dauernde Ausgrenzung und Zurückweisung die psychische Integrität eines Menschen. So viel Einsicht und Einfühlung in den Nächsten sollten von einer Partei, die das »C« für christlich im Namen trägt, zu erwarten sein. Die Kritik am Antidiskriminierungsgesetz zeigte, wie weit sich einige in der Union vom normativen Kern des Christentums, von der Solidarität mit Erniedrigten und sozial Ausgegrenzten, entfernt haben.

Mit einem guten Diskriminierungsschutz können Frauen nicht nur gegen offensichtliche Diskriminierungen in Einzelfällen vorgehen, sondern auch gegen mittelbare Diskriminierungen bei Einstellungen, bei Beförderungen, beim Entgelt oder gegen andere Diskriminierungen im Erwerbsleben. Insbesondere in der privaten Krankenversicherung, wo die statistisch höhere Lebenserwartung der Frauen durch lebenslange Prämienzahlung kompensiert wird, haben Versicherer höhere Beiträge für Frauen nicht zuletzt mit unbewiesenen Behauptungen über die angeblich höheren Krankheitskosten von Frauen gerechtfertigt. So viel zu bestehender Gleichheit in Deutschland.

Ein gutes Beispiel dafür, wie belanglos politische Schlagwörter sind, wenn man sie nicht hinterfragt und zwingt, ihren Wahrheitsanspruch preiszugeben, ist das Bonmot, dass die Grünen die neue Partei der Besserverdienenden seien – ein Prädikat, mit dem die FDP sich früher schmückte und das sie nun loswerden und den Grünen zuschieben will. Aber was wird hier gesagt, und was wird verschwiegen? Schauen wir genauer hin, weil das für das Verständnis von Bürgerrechtspolitik und von Gerechtigkeit in einem weiteren Sinne wichtige Konsequenzen hat.

Tatsächlich ist es so, dass das flotte Bonmot von den grünen Besserverdienern drei Viertel der Wahrheit unter den Tisch fallen läßt. Verschwiegen wird nämlich, dass nicht nur Menschen mit gutem Einkommen, sondern gerade auch Menschen mit geringerem Einkommen die Grünen wählen, darunter viele Arbeitslose, die oft eher Grün wählen als SPD, Union oder gar FDP. Verschwiegen wird auch, dass die Grünen-Wähler beim Wähleranteil mit vergleichsweise gutem Einkommen hinter den bestverdienenden FDP-Wählern und knapp vor den Unionswählern liegen. Und verschwiegen wird schließlich, dass Grünen-Wähler den mit Abstand höchsten Bildungsstand haben – und ein höherer Bildungsstand oft mit höherem Einkommen einhergeht. Bei genauem Hinsehen sagt der flotte Spruch sehr wenig über die Grünen, aber sehr viel über die, die ihn im Munde führen, über ihr Verständnis von Politik und der Rolle, die sie dem Bürger dabei zubilligen. Sie gehen nämlich davon aus, dass Politik nur engstirnige Lobbyarbeit für die eigene Klientel sein kann – so wie die FDP dies in Reinform vorexerziert.

Tatsächlich ist es so, dass die Grünen und ihre Wähler sich gerade nicht von einem wirtschaftsliberalen Bürgerverständnis herleiten, das Freiheit vor allen Dingen als Gewerbefreiheit meint und sich der Würde der Tresore verpflichtet fühlt. Der grüne Apotheker macht Flüchtlingsarbeit, nicht Lobbyarbeit für Privilegierte. Der verpflichtende Bürgerbegriff der Grünen ist der des Citoyen, der für gleiche Rechte plus Chancengerechtigkeit für alle Menschen streitet. Diese Unterscheidung lässt sich im Übrigen auch historisch nachweisen, von der Französischen Revolution bis zur deutschen von 1848. Und ich verschweige auch nicht, dass der Citoyen oft den Kürzeren gezogen hat, weil er sich seine Ansprüche auf Gerechtigkeit und Fairness von den herrschenden Eliten nicht einfach abkaufen ließ. Diese Spaltung im Selbstverständnis trennt die Grünen aufs tiefste von der neoliberalen, merkantil-kapitalistischen FDP. Den Gerechtigkeitsansatz der Grünen wird die FDP nie verstehen, ob sie sich nun stolz als Partei der Besserverdienenden tituliert oder die Grünen als solche zu diffamieren sucht. Es ist der Unterschied zwischen Egoismus und sozialem Gewissen, zwischen einem Denken, das Freiheit auf Ellbogenfreiheit reduziert, und einem Denken, das Gerechtigkeitsansprüche in ihrer ganzen Komplexität zur Geltung bringen will.

Man muss stets die Kontexte beachten und die Voraussetzungen mitdenken, die zu politischen Werturteilen führen, vor allem im Diskurs um Rechte und Gerechtigkeit. Und genau hier eine Erweiterung vorgenommen zu haben ist eine historische Aufgabe, ein Verdienst, aber auch die Mission der Grünen. »Friede den Hütten, Krieg den Palästen« heißt es bei Georg Büchner. Sowohl die martialische Kampfaufforderung wie die allein auf Verteilungsgerechtigkeit zielende Weltsicht haben die Grünen erweitert und auf eine neue, zeitgemäße Weise ausgelegt. So wichtig Verteilungsgerechtigkeit als Voraussetzung für die Sicherung des sozialen Zusammenhalts auch heute immer noch ist und sein muss, Gerechtigkeit erschöpft sich nicht in ihr. Wir brauchen einen mehrdimensionalen Gerechtigkeitsbegriff, der auch Beteiligungsgerechtigkeit umfasst, der keinen Menschen außen vor lässt und mit Sozialhilfeleistungen abspeist. Wir brauchen kein entmündigendes Versorgen, aber auch nicht die neoliberale Entsorgung des Sozialstaates, sondern die Einsicht, dass soziale Entrechtung eine Einschränkung von Bürgerrechten ist. Wir brauchen Geschlechtergerechtigkeit. Wo hier der Unterschied liegt, das zeigt schlaglichtartig eine in der FDP verschämt begonnene und sogleich wieder abgebrochene Diskussion darüber, ob diese Männerpartei nicht zumindest 30 Prozent der Funktionen für Frauen reservieren sollte. Bei den Grünen sind Frauen zu 50 Prozent an der Macht beteiligt. Und Frauen brauchen diese Hälfte, nicht im Himmel, sondern schon auf Erden – und zwar in der ganzen Gesellschaft. Geschlechtergerechtigkeit, Beteiligungen von Behinderten und Diskriminierten, Generationengerechtigkeit, ökologische Gerechtigkeit, das ist es, was die Grünen auf die politische Agenda gesetzt haben. Gerechtigkeit – das meint gerechte Anerkennungsverhältnisse, nicht Abspeisungsmodelle. In Deutschland leben über sieben Millionen Menschen, die kein Wahlrecht haben – hier gibt es riesige Defizite in der demokratischen Partizipation. Nach Estland und der Slowakei gibt es kein europäisches Land, in dem die Lohndifferenz zwischen Männern und Frauen so groß ist wie in Deutschland, nämlich 23 Prozent für gleichwertige Arbeit. Wir haben die bestausgebildete Frauengeneration, aber bei den Führungsposten in der Privatwirtschaft liegt der Frauenanteil im einstelligen Prozentbereich. Wir befinden uns im Übergang von einer Drei-Generationen-Gesellschaft zu einer Vier-Generationen-Gesellschaft. Aber statt daraus ein neues Modell des Zusammenrückens und des Miteinanders zu machen, werden Rentner gegen Schüler ausgespielt, bedeutet die Erhöhung des Renteneintrittsalters faktisch die Verlängerung der Arbeitslosigkeit und Altersarmut, werden Studiengebühren eingeführt und die Lernmittelfreiheit abgeschafft. Stattdessen wäre ein Generationenpakt nötig, bei dem die Älteren von ihren zum Teil beachtlichen Vermögen und Erbschaften abgeben, damit die Jüngeren die Möglichkeit erhalten, durch gute und erfolgreiche Teilhabe am Arbeitsmarkt deren Lebensabend zu sichern.

Der Grundansatz, Menschen nicht in die Sozialhilfe abzuschieben, war – bei aller berechtigten Kritik – auch das Motiv für die Reform der Arbeitsersatzleistungen, die Hartz-Reformen. In ihnen sind durchaus Ideen zu finden, die weit zurück in die grüne Parteigeschichte reichen, die einen egalitären Ansatz formulieren und keinen noch so lange arbeitslosen Menschen aufgeben, die Menschen nicht nur materiell abspeisen, sondern motivieren und aktivieren wollen: der eigenständige Leistungsanspruch für Jugendliche ab 18 Jahren, die Verpflichtung der Jobcenter, jedem unter 25-jährigen eine Arbeit, eine Arbeitsgelegenheit oder eine Ausbildung anzubieten, das Ziel, die Jugendarbeitslosigkeit abzubauen.

Das Problem mit den Hartz-Gesetzen ist, dass das Prinzip des wohlwollenden Förderns in sein Gegenteil verkehrt wurde, in das des strengen Forderns, was auch an den Unionsforderungen im Vermittlungsausschuss liegt. Was grüne Teilerfolge waren, sieht man an den neuerlichen Verschärfungen, die jetzt durchgesetzt werden, da die Grünen nicht mehr mitregieren. Unter der Bezeichnung »Optimierungsgesetz« sollen Kinder wieder länger bei ihren Eltern, im »Hotel Mama«, leben, was das Gegenteil von einer Förderung der Mündigkeit ist. Bei der Anrechnung des Partnereinkommens müssen Menschen in Zukunft nachweisen, dass sie nicht zusammenleben. Wie immer das gehen soll – nachweisen, dass man etwas nicht tut –, es verkehrt das Prinzip der Bürgerrechte, das immer von einer positiven Meldung ausgeht. Vor allem Frauen werden so wieder stärker in die Abhängigkeit von ihren Partnern getrieben. Neue Wohnformen wie »Mehrgenerationenhäuser« werden faktisch zerschlagen, zumal auch der Sanktionsapparat ausgebaut wird, denn nun können auch Miet- und Heizkosten gekürzt werden. Zugleich wurden die Rentenbeiträge für Langzeitarbeitslose und damit auch ihre späteren Rentenansprüche halbiert.

Nötig wären dagegen die Aufnahme des positiven Impulses und eine Weiterentwicklung des Arbeitslosengeldes II zur Grundsicherung, die Neuberechnung der Regelsätze für Gesamtdeutschland, die Berücksichtigung der in den letzten Jahren enorm gestiegenen Energiekosten und die Zuzahlungen im Gesundheitswesen, vor allen Dingen muss das Geld konsequent nach dem Individualitätsprinzip ausgezahlt werden. Das heißt, jeder Mensch erhält es einfach aufgrund der Tatsache, dass er ein Mensch ist. Das aber ist genau die Grenze, über die Union und SPD nicht gehen wollen – die Union nicht, weil sie von einem letztlich völkischen Familienbegriff ausgeht, die SPD nicht, weil auch sie noch von einem altmodischen Ehemodell ausgeht, in dem letztlich der Mann für die Frau aufzukommen hat.

Wer die Arbeit der Großen Koalition betrachtet, den mutet es fast ironisch an, wenn gesagt wird, dass ausgerechnet die Regierungsbeteiligung der Grünen einem verwaltungstechnischen Politikverständnis Vorschub geleistet haben soll, das in der Großen Koalition unter Merkel nun vollends aufgegangen sei. Wir Grünen traten mit viel Verve und festen Grundüberzeugungen in die Regierung ein. Und gerade die Tatsache, dass wir Kompromisse zu schließen bereit waren, dass wir Verantwortung übernahmen und in schwierigen Debatten auch Positionen überdachten, trug uns den Vorwurf des Wankelmutes ein. Da das so ist, möchte ich doch auf einige Unterschiede zur Großen Koalition hinweisen.

Die Großkoalitionäre hatten bei ihrem Regierungsantritt nichts zu überdenken. Denn bevor auch nur ein Gedanke ans Allgemeine verschwendet war, bevor auch nur ein Wort zu den Zielen gewechselt war, bevor auch nur in schemenhaften Umrissen feststand, was der Inhalt dieser Regierungsverantwortung sei, war man schon beim Besonderen und sehr Speziellen, waren schon die Pöstchen und Regierungsämter verteilt: Macht vor Inhalt – das ist ein beispielloser Vorgang in der Geschichte der Bundesrepublik, und das ist der Geburtsfehler dieser Großen Koalition.

Und vor Verhandlungsbeginn waren auch schon die Wahlkampfversprechen entsorgt: »2 Prozent Merkel-Steuer niemals« mit dem SPD-Logo drauf und das Unions-Gegenstück: »2 Prozent Mehrwertsteuererhöhung nur, wenn sie voll in die Senkung der Lohnnebenkosten fließt«. Geeinigt hat man sich auf eine »3 Prozent Merkel/Münte-Steuer«, die eine Vollbremsung für die Konjunktur riskiert, vor allem in den Haushaltslöchern versickert und die Unternehmen Milliarden kostet.

Die Große Koalition regiert ohne klare Zielvorstellung – da schließe ich mich dem luziden Urteil von Bundespräsident Horst Köhler an. Sie verzichtet auf weit greifende Konzepte und bastelt stattdessen an kleinsten gemeinsamen Nennern, die gesichtswahrend sein sollen für Politiker, die aber teuer sind für das Gemeinwesen und unsere Systeme nicht wirklich nachhaltig reformieren.

Und wenn man das dann als Technokratismus in vermeintlich rot-grüner Tradition hinstellen will, dann sage ich zweierlei. Erstens: Es ist nicht einmal mehr Technokratismus, was die Große Koalition tut – jener politische Ableger des Technizismus, der glaubt, dass es für jedes technische Problem eine innertechnische Lösung gibt – und dann immerhin nach der besten technischen Lösung sucht. Was die Große Koalition leistet, ist subtechnokratisch, es ist eine diffuse und ziellose Wurschtelei. Zweitens sage ich: Selbst wenn es sich um eine technokratische Politik handelte, die glaubt, dass Politik in einem komplexen politischen System nur aus der inneren Systemlogik heraus formuliert werden kann, dann wäre immer noch nichts zu sehen vom normativen Fundament des Handelns. Denn grüne Politik kritisiert nicht nur den blinden Technokratismus, sondern besteht auch auf diesem normativen Fundament. Ich weiß mich gerade hier einig mit aufrechten Sozialdemokraten und mit einem ehrlichen und aufgeklärten Konservatismus.

Doch ich möchte die technokratische Position auch nicht unterschätzen. Fachpolitik ist tatsächlich eine hoch arbeitsteilige Angelegenheit. Für fast jedes Gesetz im Bundestag benötigen wir wissenschaftliche Expertisen, Gutachten, große Anhörungen. Politische Fachdebatten vollziehen sich in einer Fachsprache, die schon für Politiker aus anderen Fachgebieten nur schwer nachvollziehbar sind.

Aber die Lösung für diese Schwierigkeit kann nicht die Entkopplung von Politik und Ethik sein. Im Gegenteil, die ethische Debatte muss sich so weit ausdifferenzieren, dass sie an die Probleme der Fachpolitik heranreicht. In einigen Bereichen, zum Beispiel in der Gentechnik-Debatte, ist das ja schon der Fall.

Administration der Macht ist nicht die einzige Möglichkeit, »Politik« zu verstehen. Eine andere ist, dass die politische Arbeit außerhalb der Regierungsgeschäfte wieder ein Ort der gesellschaftlichen Besinnung über sich selbst wird, dass Politik die Frage nach der Gerechtigkeit in neuer Schärfe und mit neuer Dimension und Reichweite stellt. Ich glaube, dass nichts Geringeres von Politik verlangt werden soll und dass ein solcher Anspruch nur eingelöst werden kann, wenn Politikerinnen und Politiker bereit sind, eigene Wertvorstellungen, ihre Person zu riskieren, um Antworten zu geben.

17. Flucht aus dem Alltag

Wie in vielen anderen Familien lebten nach dem Zweiten Weltkrieg auch im Haus meiner Großeltern Flüchtlinge und Vertriebene aus Ostpreußen. So wie Zivilcourage im alltäglichen Leben galt auch die Gastfreundlichkeit gegenüber Menschen, die alles verloren hatten, bei uns als selbstverständlich. Nie klagte meine Großmutter über Enge oder Einschränkungen ihres privaten Lebens. Natürlich gab es, wie könnte es anders sein, auch Reibereien und Streit. Aber das Solidaritätsgebot war größer. Und wie ich mich in Versailles meinem Vater und meinem Großvater verpflichtet und verbunden gefühlt habe, fühle ich mich heute noch in jeder Debatte und in jedem Streit um Asylrecht und die Aufnahme von Flüchtlingen meiner Großmutter verbunden.

Mit ihr ging ich in das Franziskanerkloster, wo ich Franz von Assisi zwischen den Tieren sah, und mit ihr besuchte ich das Krippenspiel vor Weihnachten. Wie Maria und Josef auf der Suche nach einer Herberge an die Gasthöfe klopften und immer wieder abgewiesen wurden, die Entbindung im Stall, die Not, die Kälte haben sich mir als Kind tief eingeprägt.

Und die Geschichten von der Flucht, von Walter Benjamins Selbstmord in den Pyrenäen, weil Spanien ihm die Durchreise verweigerte und ins besetzte Frankreich deportieren wollte, von den verschlossenen Grenzen der Schweiz, die Flüchtlingsgespräche von Bertolt Brecht haben mich immer tief bewegt.

Das Verhältnis der deutschen Gesellschaft zu Flüchtlingen ist kein gegenseitiges. Wir als Gesellschaft sind auf sie nicht angewiesen, sie dafür umso mehr auf uns. Sie bieten uns kein Tauschgeschäft, sie bitten uns um ihr nacktes Überleben. Sie fordern das grundlegendste Recht auf dieser Erde ein: überleben zu dürfen. Wir können es ihnen gewähren oder versagen. So wie von Deutschland nie wieder ein Krieg ausgehen darf, so muss Deutschland nach dem Nationalsozialismus eine Vorreiterrolle für eine humane Flüchtlings- und Asylpolitik übernehmen. Dies ist die unmittelbare Lehre aus dem Terror der Nazis, der Millionen von Menschen – auch Millionen von Deutschen – auf Hilfe und Zuflucht in anderen Ländern angewiesen sein ließ.

Das Asylrecht geht auf die im Kern religiöse Vorstellung zurück, dass es auf der Erde Orte gibt, die Sicherheit vor Verfolgung bieten. Für die antiken Griechen waren die Apollontempel oder das Orakel von Delphi solche Orte, für die Juden der Tempel, bei den Germanen die Thing-Stätten, im Christentum waren es die Kirchen. Allen Kulturen gemeinsam war, dass sie den um Asyl Bittenden nicht nach Schuld oder Sühne beurteilten, sondern ihm erst einmal Schutz gewährten. Erst wenn Leib und Leben gerettet waren, wurde über Rechtsfragen gestritten.

Das Grundgesetz der Bundesrepublik gehört zu den asylfreundlichsten der Welt. Als eine der wenigen Verfassungen gewährt es einen individuellen Rechtsanspruch auf Asyl. Der entscheidende Punkt ist, dass es auch gegenüber den Zielen und politischen Vorstellungen des Flüchtlings bei der Entscheidung über Gewährung oder Ablehnung neutral ist. Selbst wer kein Freund unserer freiheitlich-demokratischen Grundordnung ist, hat einen Anspruch auf den Schutz seines Lebens und eine menschenwürdige Behandlung. Erst wenn das gewährleistet ist, kommen andere Ansprüche zum Tragen.

Eines der einschneidendsten politischen Ereignisse für mich war der so genannte Asylkompromiss aus dem Jahr 1993. Die Zuwanderung aus Osteuropa und aus Ländern Afrikas war in den Jahren zuvor besonders hoch gewesen. Die Grenzdurchgangslager erreichten ihre Kapazitätsgrenze. Im Mai 1993 verabschiedete der Bundestag ein Gesetz, das die Begrenzung des Zuzugs von Aussiedlern auf durchschnittlich 220000 Personen im Jahr und eine Einschränkung des Asylrechts vorsah. Wer aus einem Land kommt, in dem die Grundfreiheiten und der Schutz vor politischer Verfolgung ausreichend gewährleistet sind, kann kein Asylrecht mehr für sich in Anspruch nehmen. Und damit beginnen die politischen Probleme. Denn die Beurteilung, ob ein Krieg oder Bürgerkrieg, eine Revolution oder ein wirtschaftlicher Notstand einen Asylanspruch begründen, hängt entscheidend von der politischen Sicht auf Konflikte ab. Das gilt auch für die Frage, wann ein Genozid, die Vernichtung einer Volksgruppe, oder eine andere massive Unterdrückung einer religiösen oder ethnischen Minderheit vorliegt. Und viele Menschen, die aus ihrer persönlichen Sicht Opfer von Willkür und Gewalt sind, wurden bei uns abgewiesen, weil eine vermeintlich neutrale Prüfung zu erkennen glaubte, dass keine Asylgründe vorlägen.

Eine Einschränkung ist immer eine Aushöhlung, doch nur 132 Bundestagsabgeordnete stimmten gegen das Gesetz. »Asylmissbrauch« ist für mich das Unwort des Jahrhunderts. Wer ein Recht beansprucht, darf nicht unter Generalverdacht gestellt werden. Er hat den Anspruch auf eine faire Behandlung. Oder das Recht ist kein Recht.

Wenn ich sage, dass Westeuropas Verhältnis zu den Flüchtlingen dieser Erde kein gegenseitiges ist, so bedeutet es nicht, dass es kein wechselseitiges ist. Obwohl wir mit den Flüchtlingen keine Tauschgeschäfte machen, ist unser Verhältnis zu ihnen im Herzen der Ökonomie verwurzelt. Denn unsere Wirtschaft und der Reichtum unserer Gesellschaft ist direkt am Elend der Ärmsten dieser Welt beteiligt.

Der freie Austausch von Waren, Dienstleistungen und Ideen ist eine gute Sache – wenn zum Beispiel die Idee der Meinungsfreiheit über das Internet die Grenzen von Diktaturen überschreitet. Wenn aber umgekehrt die Kräfte des Marktes nicht durch ein politisch gestaltendes und menschenrechtsorientiertes Handeln ausbalanciert werden, sind Demokratie und Rechtsstaatlichkeit ebenso wie die Rechte,

Freiheiten und Sicherheit des einzelnen gefährdet. Vielerorts drohen die Kräfte des Marktes die Rechte des Einzelnen zu erdrücken. Der harte globale Wettbewerb höhlt zum Beispiel international anerkannte Arbeitsnormen aus, verlängert menschenunwürdige Arbeitsbedingungen oder schafft sie neu. Die Liberalisierung und Deregulierung der globalen Finanzmärkte nötigt vielen ökonomischen Schwellenländern eine Wirtschaftsform auf, die ihren lokalen Bedingungen nicht gerecht wird. Es ist bewiesen, dass Entscheidungen des Internationalen Währungsfonds mancherorts direkt zu sozialem Elend und zu Unruhen und Straßenschlachten in den betroffenen Ländern führen, etwa in Venezuela, wo 1989 die Preise für Brot um 200 Prozent anstiegen, oder in Thailand, wo der IWF eine Mehrwertsteuererhöhung durchsetzte und das Land damit in eine Rezession trieb.

Der Mechanismus, nach dem der IWF funktioniert, geht zurück auf die Gründungskonferenz des Internationalen Währungsfonds und der Weltbank 1944 in Bretton Woods im amerikanischen New Hampshire. Damals wurde unter anderem festgelegt, dass das Stimmrecht der Mitgliedsländer des IWF sich an ihren Kapitaleinlagen bemisst. Das heißt, die reichen Geberländer bestimmen über die Verteilung ihrer Mittel. Die USA, Deutschland und Japan haben zusammen circa 30 Prozent Stimmanteile, während die 80 ärmsten Länder zusammen nur über 10 Prozent verfügen. 1980 einigten sich die Geberländer auf den so genannten Washington Consensus und verordneten jedem Land damit sozusagen standardmäßig ein Maßnahmepaket, das Privatisierung, Verschuldungsabbau durch Rücknahme öffentlicher Leistungen und Importliberalisierung vorsieht. Argentinien hielt sich an die Vorgaben und ruinierte allen Fortschritt der siebziger Jahre. China hielt sich nicht an die Vorgaben und kann heute höchste Wachstumsraten und sinkende Armut verbuchen. Doch was ist der Preis dafür? Es findet dort eine ökologische Zerstörung in bislang ungeahntem Ausmaß statt. Über ein Viertel der Chinesen haben keinen Zugang zu Trinkwasser,

20 der 30 am meisten verschmutzten Städte weltweit liegen in China. Chemieunfälle lassen riesige Flüsse sterben, die Luft ist versmogt wie die Londons vor 200 Jahren, es gibt über 300 Millionen Binnenflüchtlinge, nicht wenige von ihnen auf der Flucht vor ökologischen Katastrophen. Und auch die Unterdrückung der Bürgerrechte, von Demokratie, von freien Gewerkschaften und sozialen Bewegungen im Land, die Zensur, die drastischen Einschränkungen der Pressefreiheit, die Unterdrückung von ethnischen und religiösen Minderheiten gehören auf diese andere, dunkle Seite der Wachstumsmedaille. Menschen, die sich gegen entschädigungslose Enteignung von Land wehren, werden mehr und mehr Opfer staatlicher Repression und Gewalt – wie der Bauer, der dem deutschen Fernsehen ein kritisches Interview zum Drei-Schluchten-Staudamm gegeben hatte und den danach eine organisierte Bande lebensgefährlich verletzte, so dass er querschnittsgelähmt bleiben wird.

Schröders außenpolitische Prämisse, dass China und auch Russland durch ein Wachstum ihrer Wirtschaft und durch die Öffnung ihrer Märkte automatisch zu mehr Demokratie gelangen würden, war schlichtweg falsch. Das Gegenteil ist eingetreten. Deshalb stehen wir mehr denn je vor der Aufgabe, sozial-ökologische und demokratische Standards mit Wirtschaftspolitik zu verknüpfen. Das ist nicht nur eine Aufgabe der Politik, sondern auch der Wirtschaft selbst, die sich an ethische Standards halten muss.

Der Begriff der »Globalisierung« sollte also nicht darüber hinwegtäuschen, dass oft die Grenzüberschreitung keineswegs wirklich »global« im Sinne einer alle Regionen einbeziehenden Entwicklung ist. Der weitaus größte Teil des Welthandels findet zwischen den Industrieländern statt. Der Westen durchläuft eine beschleunigte Modernisierung, während zur selben Zeit in anderen Regionen Armut und Hunger fortbestehen und staatliche Ordnungen zerfallen. Auch innerhalb vieler Staaten klaffen neue Gräben auf: Die »global cities« sind Zentren der Entwicklung und der Macht, und wenige Kilometer entfernt davon veröden ländliche Gegenden.

Um diesen verheerenden Anpassungsdruck auf die ganze Welt zu brechen, sollten Welthandelsorganisation, Weltbank und IWF den UN-Institutionen untergeordnet werden und somit einem Mindestmaß an demokratischer Kontrolle. Auch sollte der IWF seine Programme für nicht-profitorientierte Projekte öffnen und stärker evaluieren. Doch die Ernennung des Bush-Freundes und ehemaligen stellvertretenden Verteidigungsministers der USA, des neokonservativen Hardliners Paul Wolfowitz, zum Weltbankpräsidenten im Jahr 2005 gibt wenig Anlass zur Hoffnung.

Der Schwund überkommener nationalstaatlicher Regulierungsmöglichkeiten, den wir heute erleben, darf nicht einfach Deregulierung bedeuten, er muss einhergehen mit dem Aufbau neuer übergreifender Regulierungsformen. Und es gibt ja bereits entsprechende Prozesse. Das Kyoto-Protokoll, die Sozialcharta des Europarates, der UN-Gerichtshof in Den Haag, die OECD-Leitlinien für international tätige Unternehmen oder die Global-Compact-Initiative von Kofi Annan skizzieren die Richtung, in die Eine-Welt-Politik gehen muss. Sehr unterschiedliche Regelungen kommen hier zum Zug – Selbstverpflichtungen ebenso wie Verträge und »hard law«, deren Bestimmungen juristisch bereits durchsetzbar sind – oder durchsetzbar gemacht werden müssen.

18. Bleiben dürfen

Bei der Entscheidung, ob Asyl gewährt wird, geht es einzig um die individuelle Situation des Flüchtlings. Die Frage nach den Ursachen der Konflikte, die zu seiner Flucht führten, spielt juristisch keine Rolle. Politisch lässt sich die Asyldebatte jedoch nicht von den komplexen globalen Wechselwirkungsmechanismen ablösen. Letztendlich muss Politik deren Gestaltung in die Hand nehmen und verantworten. Das ist eine oft kaum überschaubare und in ihrer Tragweite im wahrsten Sinne weltpolitische Aufgabe.

Einer meiner engsten Mitarbeiter, Ali Mahdjoubi, kommt aus dem Iran. Viele Angehörige seiner Familie waren an den Protestaktionen beteiligt, die 1979 zum Sturz des Schahs führten. Die Schergen der Schah-Diktatur hatten zwei seiner Schwestern und den älteren Bruder verhaftet und monatelang schwer misshandelt, mit Elektroschocks und anderen Foltermethoden. Die Spuren tragen sie auch noch heute an ihrem Körper. Sie alle kamen kurz vor dem Ende der Schah-Diktatur frei, nach fünf Jahren in politischer Gefangenschaft. Auch in der Islamischen Republik arbeiteten sie weiter in der Opposition. Ali Mahdjoubi floh aus dem Iran, studierte dann in Baku Geologie und kam schließlich nach Deutschland. Sein Bruder, der ebenfalls als Flüchtling nach Deutschland kam, arbeitet inzwischen als Arzt in Köln, seine Schwestern leben heute mit ihren Familien in Schweden.

Wenn man ihn in seiner Wohnung besucht, fällt zunächst die Ordnung und Sauberkeit auf. Dann bemerkt man, dass diese Wohnung anders ist als andere Wohnungen, die man kennt, und seien sie noch so sauber und aufgeräumt. Erst wenn man sich nochmals umsieht, begreift man es. Kein Möbelstück, kein Buch, keine Tasse und kein Bild ist alt. Alles ist neu. Nichts hat eine Geschichte – so, als hätte seine persönliche Geschichte eben erst begonnen. Das Schicksal der Flucht begleitet ihn auch heute noch, Jahre danach. So war es ihm nicht möglich, sich von seiner Mutter zu verabschieden, als sie starb, und er konnte nicht an ihrem Begräbnis teilnehmen, weil er nicht ohne Gefahr in den Iran einreisen kann.

Die Wohnung eines Flüchtlings zeigt keine Spuren der Vergangenheit, keine Zuckerlöffel aus Omas Beständen, keinen Stuhl des Großvaters, keine Bücher aus der Kindheit, keine Bilder von Eltern oder Geschwistern; Sauberkeit und Geschichtslosigkeit sind ihre Insignien. Und wenn man hiervon auf die Geschichte des Menschen zurückschließt, kann man erahnen, was Flucht bedeutet: ein Leben um des Lebens willen, in dem für die Behaglichkeit lieb gewonnener Dinge kein Raum mehr ist.

Dennoch kämpfen Menschen in den Flüchtlingslagern überall auf der Welt um ihren Alltag, um ihre Würde und um die Aneignung von Geschichte. Wer das Leben im Schlamm und Elend solcher Lager kennt, begreift, auf welche Rechte es in dieser Welt ankommt. Die Männer, sofern sie nicht im Krieg sind, machen sich auf und versuchen aus Hilfslieferungen oder Abfällen Nahrung aufzutreiben, und es ist eine Schande, dass ein Mann wie der russische Präsident Putin verdorbenes Fleisch und abgelaufene Konserven in die Lager tschetschenischer Flüchtlinge in Inguschetien oder Dagestan schicken lässt. Die Frauen kämpfen darum, die Hygiene irgendwie aufrechtzuerhalten, um ihre Familien vor Krankheiten zu schützen.

Neben dem Kampf um Nahrung und Wärme ist der Kampf um Bildung das prägende Moment im Lagerleben. In allen Flüchtlingslagern organisieren sich kleine Klassen und Schulen. Ich glaube, es gibt kein Flüchtlingslager, in dem Kinder leben, wo die Flüchtlinge nicht irgendeine Form von Schule einrichten. Stets finden sich Menschen bereit, zu unterrichten und die verlorenen Symbole und Gegenstände der eigenen Geschichte durch Wissen zu ersetzen. Das Leid in Flüchtlingslagern habe ich öfter gesehen, als mir lieb gewesen ist. Ich war in Lagern in Pakistan und Afghanistan, in Inguschetien und Moçambique, im kurdischen Kiziltepe, in Polen und Tschechien, in Ceuta in Spanien, in Frankreich, Italien, Portugal, in Albanien und Mazedonien und im serbischen Roma-Lager »La Deponia«, in dem Kinder in Pappkartons leben, die in Nordrhein-Westfalen eingeschult und bestens integriert waren, bevor sie abgeschoben wurden. Und immer wieder habe ich dieselben Menschen getroffen, die Helfenden, die Leiter der Organisationen. So sehr aus diesen immer wiederkehrenden Begegnungen und dem gemeinsamen Anliegen, die Welt gegen das Elend zu mobilisieren, Freundschaften wurden, so viel Grauen hängt an diesen Begegnungen. Sie sind wie Feldlinien, die anzeigen, wie das Elend und die Gewalt um den Globus wandern. Sie zeigen auch, dass um Kriege, Bürgerkriege und Naturkatastrophen bereits so etwas wie ein organisierter Wettbewerb, fast ein eigener Markt entstanden ist, was wiederum belegt, dass wir mit den Verwerfungen der Welt zu rechnen und umzugehen gelernt haben. Doch meine große Sorge ist, dass wir aufhören, ihre Ursachen zu verstehen und nur noch ihre Wirkungen bekämpfen.

1989 wurde im Europäischen Parlament heftig darüber diskutiert, ob die Italiener an ihren südlichen Außengrenzen Soldaten einsetzen dürften, um Flüchtlinge abzufangen. Es gab einen großen Aufschrei der Entrüstung, man beharrte darauf, dass Flüchtlinge doch keine Feinde sind, die man mit militärischen Mitteln bekämpfen darf. Inzwischen erscheint vielen der Einsatz von Militär an den Grenzen ganz normal – aus Flüchtlingen wurden »Illegale«.

Und scheinbar normal ist heute nicht nur, dass man Soldaten gegen Flüchtlinge einsetzt und Menschen in Lagern zusammenpfercht, sondern auch, dass man darüber nachdenkt, Sammellager außerhalb der Europäischen Union zu unterhalten, dass man Flüchtlinge niederschießt und zusammenknüppelt. An den Flüchtlingsdramen zeigen sich die

Folgen, die Armut, Globalisierung und Versteppung durch Klimawandel bereits heute zeitigen. Und an den Reaktionen darauf wird sichtbar, dass Europa auf diese Herausforderung bisher nur mit den Mitteln einer primitiven Verrohung antworten will, mit einer militarisierten Flüchtlingsabwehr. Hier ist ein Umdenken dringend geboten. Und nicht nur ein Umdenken, auch ein Umsteuern und Neuausrichten internationaler Politik.

Zu dem Neuentwurf, den wir hier brauchen, gehört nicht zuletzt ein Verständnis von Entwicklungshilfe, das die ökologische Dimension von Entwicklungspolitik und Zusammenarbeit viel stärker mit bedenkt, das die Länder der südlichen Hemisphäre gerade bei den erneuerbaren Energien am technologischen Fortschritt teilhaben lässt, das die Welt unabhängig von fossilen Brennstoffen macht und den Menschen Lebensgrundlagen, Nahrung, Wasser und Energie gibt, ohne dass sie am Tropf der Industrienationen hängen.

Längst ist die Abhängigkeit des Westens und auch der südlichen Hemisphäre vom Öl so bestimmend, sind die entsprechenden Interessen so dominant, dass andere Ansprüche und Perspektiven leicht überspielt werden. Nicht selten drohen die Ölinteressen auch die Friedens- und Menschenrechtspolitik aus dem Feld zu schlagen. Kriege zwischen Staaten, Bürgerkriege, Militärputsche – nicht selten sind Erdölvorkommen das treibende Motiv. Im Verlauf entsprechender Konflikte kommt es zu massiven Menschenrechtsverletzungen. Eine Politik »Weg vom Öl« ist deshalb unverzichtbarer Baustein einer weltweiten Friedens- und Menschenrechtspolitik.

Die jüngsten Erschütterungen auf dem Mineralölmarkt trafen die ärmsten Länder in besonderem Maß. Aufgrund der gestiegenen Ölpreise müssen sie weit mehr Mittel für den Ölimport aufwenden. Entsprechend weniger Mittel können sie für die Armutsbekämpfung und die Entwicklung ihrer Länder aufbringen. Eine Politik, die auf die Verringerung des Ölverbrauchs und die Marktgängigkeit von effizienten Technologien und erneuerbaren Energien zielt, leistet deshalb auch einen Beitrag zur aktiven und nachhaltigen Armutsbekämpfung.

Das Umlenken von fossilen zu erneuerbaren Energien erfordert langen Atem – nicht nur, weil es das alte Denken des Industrialismus in Frage stellt, sondern auch, weil eine große Lobby von Unternehmern, Verbandschefs und Managern mit dem schwarzen Gold riesige Profite macht.

Und auch viele von denen, die tatsächlich wirksam Hilfe leisten, werden in eine solche falsche Logik hineingezwungen. Man kann zeigen, dass das Spendenaufkommen in Deutschland seit Jahrzehnten insgesamt stabil geblieben ist, es verteilt sich nur unterschiedlich auf die jeweiligen Organisationen. Hilfsorganisationen müssen so um ihren Anteil am Spendentopf bangen. Die Folge ist, dass sie zu einer umfangreichen Presse- und Medienarbeit gezwungen sind, die nicht einfach nur über die Lage in den jeweiligen Ländern und die Projekte aufklärt. Damit Spendengelder fließen, müssen Schilder, Slogans und Plakate medienwirksam platziert werden, das eigene Banner muss möglichst in der »Tagesschau« zu sehen sein. Diese Logik der medialen Darstellung bindet Kräfte und Mittel, die in der eigentlichen Hilfsarbeit dringend nötig wären.

In Albanien habe ich einen regelrechten Wettbewerb zwischen den Nationen um das beste Flüchtlingslager gesehen – eine wirklich absurde Konkurrenz. Im saudi-arabischen Lager gab es fließend heißes und kaltes Wasser – ein Komfort, der in vielen Gegenden Albaniens ein regelrechter Luxus ist. Im deutschen Lager waren Toilettenhäuser aufgestellt, die Straßen breit angelegt und alles genau bedacht – von der Essensverteilung bis zum Abstand der Zelte. Trotzdem war es kein besonders beliebtes Lager – weniger, weil es sich direkt neben einer Mülldeponie befand, sondern weil sich kein Leben, keine Atmosphäre einstellte, die den Menschen eine Identität vermitteln konnte. Es war wie ein steriles Neubaugebiet, die Kosovo-Albaner aber zogen das Lager vor, das sie bei den Italienern fanden. Das war scheinbar ohne Konzept angelegt worden, es bestand aus vielen kleinen Zelten, die kreuz und quer und auf engstem Raum aufgestellt waren. Die Zeltstadt ähnelte mit ihren vielen kleinen Gässchen der Altstadt von Neapel. Die Sicherheitskräfte waren in ausgemusterte italienische Feuerwehruniformen gesteckt worden, und zweimal am Tag gab es Spaghetti für alle.

Das klingt vielleicht wie eine nette Anekdote vom Rande des Alptraums. Doch wer bedenkt, welche Art von Entwurzelung Flüchtlinge erfahren, wird verstehen, welche Rolle ein solches kleines Glück spielt und wie sehr der Kampf in den Lagern ein Kampf um einen lebbaren Alltag ist.

Einen besonderen Eindruck von der Wirklichkeit dieser Lager bekam ich in einem großen Flüchtlingslager in Mazedonien, in dem das ganze Umfeld mir so irreal erschien, weil mich die Landschaft dort so sehr an meine Allgäuer Heimat erinnerte. Die roten Ziegeldächer, die Vorgärten, alles wirkte so vertraut, und all das Vertreibungselend, die Verletzungen und Verbrechen, die Gewalt erschienen so wenig vorstellbar. Und doch waren sie mitten unter uns. In diesem Lager hatte es in der Nacht vor unserem Besuch gewalttätige Übergriffe auf eine Roma-Großfamilie gegeben, die nur mit größter Anstrengung von Bundeswehrsoldaten und Vertretern der Hilfsorganisationen beendet werden konnten. Man konnte die latente Gewalt spüren, die Angst und Verzweiflung der dort Lebenden und die Hierarchie unter den Flüchtlingen – die Ausgrenzung noch im Elend, die die Roma, die auf die allerunterste Stufe gedrängt waren, als erste traf.

Und wie sieht es bei uns aus, wie stabil ist das Fundament der Menschenrechte im Umgang mit Flüchtlingen, mit Menschen, die uns brauchen? Die menschenrechtliche Realität in Deutschland ist bitter, und das ist eine Schande für eines der reichsten Länder auf der Welt, dem nicht zuletzt aufgrund seiner historischen Verantwortung in dieser Frage eine besondere Verpflichtung zufällt. In einem Wettlauf der Schäbigkeit werden die Lebensbedingungen für Flüchtlinge möglichst abschreckend gestaltet, in der irrigen Annahme, das könnte Menschen von einer Flucht abhalten. Vornehm ausgedrückt, spricht man von »Anreizminderung«, was vollkommen ignoriert, dass kein Mensch seine Heimat ohne Grund verlässt. Unter diesem elenden Schlagwort wird bei uns an den Flüchtlingsunterkünften gespart, wird Bildung verweigert, werden Arbeitsverbote verhängt, gibt es Residenzpflichten – ein anmutig klingendes Wort, hinter dem nichts anderes steht als das Verbot der Freizügigkeit über die Grenzen des Aufenthaltsorts hinaus.

Eine besondere Schande alltäglicher Menschenrechtsverletzungen laden wir bei der Abschiebung auf uns, bei der Menschen oft grausam gezwungen werden und auch sterben, nur weil sie sich weigern, in ein Land zurückgebracht zu werden, in dem ihr Leib und Leben in Gefahr ist. Was für eine heuchlerische Politik, wenn zwar dem zum Christentum konvertierten afghanischen Moslem eine Woche vor wichtigen Wahlen von Angela Merkel Asyl in Deutschland angeboten wird – was ich natürlich unterstütze –, wenn dann aber nach wie vor gefährdete Hindus aus Hamburg gnadenlos nach Afghanistan abgeschoben werden. Wie unerträglich ist die tausendfache Aberkennung eines sicheren Flüchtlingsstatus irakischer Menschen bei uns. Die Situation dieser Menschen verschlechtert sich dadurch drastisch, zum Beispiel was die Möglichkeit einer Arbeitsaufnahme oder eines selbstbestimmten Lebens angeht. Ich wünsche mir oft, dass das Kruzifix an den Wänden solcher Entscheider herunterfallen möge. Denn mit christlicher Nächstenliebe hat eine solche Politik nichts, aber auch gar nichts zu tun. Eher mit dem Lukas-Evangelium, in dem die Pharisäer sprechen: Gott, ich danke dir, dass ich nicht bin, dass wir nicht sind wie jene ...

Wenn wir von Integration in unserem Land sprechen, dann zähle ich Hunderttausende Flüchtlinge dazu. Nur die herrschende Politik zeigt sich nicht integrationsbereit, weil sie das Bleiberecht für langjährig bei uns lebende Flüchtlinge nicht gewährt, die Illegalisierung von Menschen nicht beendet, sondern vermittelt, dass es darum geht, diese Menschen in Not so schnell wie möglich wieder loszuwerden.

Die herrschende Politik hält an Lagern fest – gegen Expertisen, die vorrechnen, dass eine dezentrale Unterbringung viel billiger wäre und positive integrative Folgen hätte. Sie verwahrt Flüchtlinge wie Möbelstücke, die niemand mehr haben will. Sie verweigert ihnen Geschichte. Sie verweigert Rückhalt in unserer Gegenwart und Hoffnung auf eine bessere Zukunft, auf jenen Sinn, der ein Leben organisiert. Absurdistan liegt mitten in Deutschland.

19. Asymmetrische Antworten

Im Istanbuler Gerichtssaal unmittelbar hinter Leyla Zana zu sitzen, aber ihr Gesicht nicht sehen und ihre Gefühle, ihre Mimik, ihren Seelenzustand nur über das Medium des Fernsehens erschließen zu können, das ist für mich zu einem Symbol geworden für das neue Verhältnis von Nähe in Distanz in der globalisierten Welt.

Manchmal können wir durch konsequentes Handeln, zum Beispiel durch unser Konsumverhalten, Unrechtsverhältnissen entgegenwirken. Aber zu oft ist es uns nicht mehr möglich, unserer Wirklichkeit, obwohl sie greifbar und nah ist, ins Gesicht zu sehen. Stattdessen erfahren wir aus den Medien, wie es um uns steht. Wir sehen Zahlen, hören Berichte und glauben Argumentationen, die mit den Gesichtern von Leidenden oder Toten unterlegt sind.

So leben wir seit dem 11. September 2001 mit einer traurigen Liste von Orten, die immer länger zu werden droht: New York, Bali, Riad, Madrid, Bagdad, Istanbul – Tausende von Menschen haben bei Terrorangriffen ihr Leben verloren oder wurden schwer verletzt. Fast täglich erreichen uns neue Schreckensmeldungen aus dem Irak. Die terroristischen Anschläge stehen im Mittelpunkt der Medienberichterstattung. Sie sind eines der beherrschenden Themen in der Politik. Sie haben große Auswirkungen auf die Wirtschaft. Auch wenn sie sich fern von Deutschland abspielen, bestimmen sie die Atmosphäre, in der wir leben, wesentlich mit. Umgekehrt verhielt es sich mit den Unruhen, die jene dänische Zeitung durch den Islam verächtlich machende Karikaturen im Februar 2006 auslöste. Alle in der westlichen Welt hat die Wucht und die Gewalt überrascht, mit der gegen diese Bilder demonstriert wurde. Und auch wenn die Gewalt geschürt worden ist, ist das doch ein Hinweis darauf, wie leicht sie zu schüren ist. Denn der internationale Terrorismus arbeitet stark mit Symbolen und Bildern.

Im Unterschied zu anderen Spielarten des Terrorismus will der terroristische Kampf, wie wir ihn spätestens seit dem 11. September 2001 kennen, nicht für einen lokal bestimmten Konflikt Aufmerksamkeit erzielen, ihm geht es um den »clash of civilizations«. Jeder Dialog soll im »Kampf der Kulturen« untergehen. Seine Bildsprache zielt entsprechend auch auf tief liegende kulturelle Wahrnehmungsmuster. Er will Unterschiede zwischen den Weltkulturen zu gewaltsamen Gegensätzen steigern. Er unterteilt in Mächte des Guten und des Bösen. Die »weichen Ziele«, die Unbeteiligten, die er mit in den Tod reißt, sind für ihn bloße Staffage beim Versuch, einen »substantiellen« Gegensatz zu konstruieren. Teil des blutigen Kalküls ist es, »symmetrische« Antworten zu provozieren. So paradox es klingt: Der internationale Terrorismus will die vorgeblich so großen Unterschiede zwischen den Kulturen und Religionen dadurch herausstellen, dass er eine gemeinsame Sprache etabliert, nämlich eine Sprache des wechselseitigen Terrors, die nur die Auslöschung des Anderen kennt und nicht die Verständigung mit ihm. Alle Beteiligten sollen so gewaltsam agieren, wie die Terrorangriffe es vorsehen. Die Unterschiede zwischen den Kulturen sollen via Terror zur Frontlinie werden in einem Weltkrieg der Kulturen und Religionen.

Diese neue Bedrohung – Erhard Eppler nannte sie einmal »privatisierte Gewalt« – untergräbt das Gewaltmonopol der Staaten, und das nicht erst seit dem 11. September. Seit Jahren sind in vielen Regionen der Welt staatliche Strukturen erodiert und der brutalen Macht von Milizen, Terroristen und Warlords gewichen. Und auch George W. Bushs Krieg gegen den Irak hat den Terrorismus nicht geschwächt, sondern weiter angefacht. Der Wandel der Welt seit Ende der achtziger Jahre hat keineswegs überall zu mehr Frieden geführt. Im Gegenteil: In das Machtvakuum, das die Auflösung der Sowjetunion oder Jugoslawiens hinterlassen hat, sind neue Regionalkonflikte getreten, wobei alte, längst überwunden geglaubte Konflikte in ungeahnter Schärfe wieder ausgebrochen sind. Das Recht und vor allem die Menschenrechte wurden dabei millionenfach mit Füßen getreten.

Ob Somalia, Afghanistan oder Kongo – so genannte »Failing States« haben ein Erbe hinterlassen, in dem die Menschenrechte vollkommen irrelevant zu sein scheinen. Hier gilt es, ganz von vorn anzufangen und dem Recht und vor allem den elementaren Menschenrechten wieder oder auch erstmalig zum Durchbruch zu verhelfen.

Die große strategische Herausforderung des neuen Terrorismus besteht darin, dass wir eine andere Antwort zu geben haben als jene, die er vorsieht. Wir müssen die Antwort, die er provozieren will, verweigern. Wir müssen uns vor den Gefahren des Terrors schützen, ohne dabei die Sprache der Gewalt und des Terrors, die er uns aufdrängen will, zu übernehmen. George W. Bushs Irak-Krieg hat die falsche Antwort gegeben, nämlich die, die dem Kalkül der Terroristen entspricht. Ich erinnere mich an ein heftiges Streitgespräch, das ich im Vorfeld des Irak-Krieges mit Richard Perle, dem neokonservativen Vordenker der Bush-Regierung und Leiter des Defense Policy Board Advisory, in der Talkshow »Sabine Christiansen« führte. Ich fragte ihn, wie eine Nachkriegsordnung aussehen solle und wie lange der Krieg wohl dauern würde. Er war felsenfest davon überzeugt, dass der Krieg nach ein bis zwei Wochen beendet sein würde, dass die Iraker auf der Straße stehen und selbst gebastelte amerikanische Fahnen schwenken würden und die Kosten des Krieges durch die Ölgewinnung schnell gedeckt wären. Danach käme Syrien dran, im Iran solle eine Revolution angezettelt werden, und dann sei die Demokratisierung Saudi-Arabiens an der Reihe. Ich wusste in dem Moment nicht, ob ich mich über diese unrealistischen Sandkastenspiele ärgern oder ob ich Angst bekommen sollte vor so viel Größenwahn.

Die mit dem Anspruch auf Weitblick und ungeschönten Realismus vorgetragenen neokonservativen Konzepte haben sich als Luftschlösser erwiesen – auch wenn einige Rechtsausleger bei uns einen zweiten Aufguss dieses Ansatzes für unser Land herbeisehnen. Die praktische Politik der Neokonservativen hinterlässt nicht nur einen Scherbenhaufen. In diesem Zusammenhang muss man auch vor den Gefahren weiterer unkalkulierbarer Abenteuer warnen, insbesondere vor einer Eskalation gegenüber dem Iran. Das Säbelrasseln in Washington schwächt den iranischen Präsidenten Ahmadinedschad nicht, es stärkt diesen Mann mit seiner verworrenen und verbrecherischen Weltsicht, der sich zum Führer der islamischen Welt berufen fühlt und bei seinen Auftritten bereits ein göttliches Licht um sich verspürt.

Es ist also eine doppelte Herausforderung, der wir uns stellen müssen. Ihr moralisches Fundament ist das Wissen, dass die Bilder im Fernsehen nicht Spielfiguren zeigen, sondern Menschen und reales Leid. Es geht darum, dem symbolischen Denken nicht anheim zu fallen. Gerade in dem Moment, wo der Konflikt zwischen Israel und dem Libanon eskaliert, wo alle Grenzen überschritten zu sein scheinen, wo das Existenzrecht Israels vom Iran bestritten wird, die amerikanische Besetzung im Irak immer mehr Terror und Tod nach sich zieht, ist es wichtig zu erinnern, dass in der Außenpolitik nicht alles, was machbar ist, auch getan werden darf. Immer wieder versuchen Regierungen, die Rechte des Einzelnen zu relativieren, aus ideologischen Gründen, unter Hinweis auf ein angeblich kulturell bedingt anderes Menschenrechtsverständnis, im Hinblick auf vorgeblich übergeordnete staatliche Sicherheitsinteressen. Zwar wird auch im Westen immer wieder beschworen, dass Menschenrechte das Fundament sind, auf dem das Gebäude einer friedlichen und menschenwürdigen Welt ruhen muss – aber diese Einsicht wird in der Praxis nur zu oft missachtet.

Was nicht getan werden darf, zeigt sich exemplarisch in Guantanamo, Abu Ghoraib, Bagram oder Kandahar. Der Kampf gegen den Terrorismus wird nur zu gewinnen sein, wenn er rechtsstaatlich geführt wird, mit Mitteln, die seinen

Zweck – eine gerechtere, demokratischere und für alle Menschen sichere Welt – nicht verraten. Es ist nicht hinnehmbar, dass die USA als einzig verbliebene Supermacht sich eigene Definitionen von Ethik und Menschenwürde anmaßen wie in Guantanamo – die Errichtung eines Raums jenseits des Völkerrechts, jenseits der juristischen Rechtsnorm überhaupt – und die Gewaltenteilung, das Grundprinzip westlicher Verfassungen, außer Kraft setzen. Da reicht es auch nicht, wenn Frau Merkel das Lager einmal anspricht und danach Bush zu sich nach Hause einlädt. Vielmehr ist es die Bundesrepublik ihrem eigenen Selbstverständnis, aber auch dem deutsch-amerikanischen Verhältnis schuldig, den Skandal von Guantanamo politisch zu bewerten und hier keinen Schmusekurs zu fahren. Die Freundschaft zu den USA hat ihren normativen Kern in den Werten einer offenen und rechtsstaatlich verfassten Gesellschaft. Eine solche Gesellschaft hat schon verloren, wenn sie als Antwort auf terroristische Angriffe die Bürger- und Menschenrechte einschränkt und selbst zu foltern beginnt.

Das gilt selbstverständlich auch für die deutschen Geheimdienste und den BND. Für ein Land wie die Bundesrepublik ist es wichtig, verlässliche und eigenständige Informationen über die Lage in Krisengebieten zu haben. Das gilt umso mehr, wenn es um eine zugespitzte Lage geht wie im Irak. Das ist eine wichtige und richtige Informationsbeschaffung, die im Interesse der Bundesrepublik liegt. Aber die Vorwürfe, wonach BND-Mitarbeiter in menschenrechtsverletzende Aktivitäten der USA involviert gewesen seien und in Foltergefängnissen Verhöre durchführten, gehen weit darüber hinaus. Wir brauchen hier eine lückenlose Aufklärung, aus der alle nötigen Konsequenzen für die Arbeit des BND und seine demokratische Kontrolle gezogen werden.

Auch die üblen Spitzelanwerbemethoden des BND sind vollkommen inakzeptabel, ebenso wie das Ausspionieren von Journalisten bis in die Privatsphäre hinein. Ein solches Vorgehen ist kein Kavaliersdelikt, es ist ein unverfrorener

Anschlag auf die Pressefreiheit und damit auf ein zentrales Grundrecht und eines der wichtigsten Fundamente unserer Demokratie, das nicht mit unverbindlichen Entschuldigungen von ehemaligen oder amtierenden Geheimdienstchefs aus der Welt zu schaffen ist. Zudem ist zu befürchten, dass bisher nur die Spitze des Eisbergs sichtbar wurde. Auch bei der Pressebespitzelung brauchen wir eine umfassende Aufklärung mit nachhaltigen Konsequenzen, sowohl in Bezug auf die verantwortlichen Personen als auch auf die Strukturen. Es geht nicht an, dass die Demokratie zur Geisel eines Geheimdienstes wird, der angebliche Lecks im eigenen Laden jenseits von Recht und Gesetz schließen will. Der Geheimdienst agiert nicht im rechtsfreien Raum. Er soll die Demokratie schützen und nicht beschädigen. Wenn noch ein Beleg dafür gefehlt hätte, dass eine umfassende Kontrolle der Geheimdienste nötig ist, dann ist er mit den Skandalen des Frühjahrs 2006 endgültig erbracht. Umso unverfrorener ist es, in den Ergänzungen zum Terrorismusgesetz vom Juli 2006 die Kompetenzen für Geheimdienste maßlos auszuweiten.

Mich erinnert diese Auseinandersetzung an die Debatten, die ich als Fraktionschefin der Grünen im Europäischen Parlament 1994/95 über die Aufstellung der europäischen Polizei Europol führte. Selbstverständlich war es sinnvoll, eine Polizei einzuführen, deren Kompetenzen Nationalgrenzen überschreitet. Aber wie so häufig sollte die neue Struktur jenseits der bestehenden aufgebaut werden, also keiner demokratischen Kontrolle unterliegen. Dem Europäischen Parlament wurde der Text der Konvention zur Europol über Wochen vorenthalten, das Thema sollte im Parlament nicht diskutiert werden. Die deutsche Ratspräsidentschaft in Person des damaligen Innenministers Manfred Kanther stritt sogar ab, dass ein solcher Konventionsentwurf überhaupt existierte, obwohl ich ihn schon als Kopie in den Händen hielt. In detektivischer Kleinarbeit suchten wir Mitglieder des Innenausschusses uns die Informationen über das geplante europäische Polizeiamt zusammen, kämpften gegen Mauern aus Geheimhaltungsbeschlüssen und stocherten in einem Nebel von Gerüchten. Irgendwie bekannt. Und irgendwie verwandt mit der Situation des Frühjahres 2006.

Damals wie heute geht es um Grundsätzliches: Gerade in Krisenzeiten bewähren sich internationale Grund- und Menschenrechtsstandards. So sind Demokratien bei der Terrorismusbekämpfung kritisch an ihren eigenen Maßstäben zu messen. Der Kampf gegen Terror, das ist breiter Konsens, erfordert gezielte Maßnahmen im Bereich von Polizei und Justiz. Zu einem Abbau von Bürgerrechten und einer Aushebelung menschenrechtlicher Grundnormen unter dem Deckmantel Terrorismusbekämpfung darf es jedoch nicht kommen. Einen »Anti-Terror-Rabatt« darf es nicht geben. Denn er würde verspielen, was er zu schützen vorgibt.

Menschenrechte sind kein Luxusgut, kein Sonntagsthema, das in den Hintergrund rücken kann, wenn die Stunde angeblich wichtigerer Themen schlägt, wenn es um Sicherheitspolitik geht. Im Gegenteil: Die Förderung von Menschenrechten, Demokratie und Rechtsstaatlichkeit ist auf Dauer die verlässlichste Grundlage für Stabilität und Frieden. Das ist eine zentrale Lektion aus dem Kalten Krieg, und sie erhält heute eine neue, globale Aktualität. Der Dialog und nicht der Kampf der Kulturen ist die große Aufgabe der Gegenwart. Solch ein Dialog setzt Offenheit und Respekt für den Anderen und das Andere voraus – und Verständigungsbereitschaft. Internationale Menschenrechtspolitik kann nur funktionieren im Dialog zwischen einzelnen Menschen, zwischen Geschlechtern und Gruppen, zwischen Völkern, Kulturen und Religionen, auch im Dialog zwischen Okzident und Orient. Das Ziel ist eine Kultur der Anerkennung, die gemeinsamen Grundregeln folgt, dabei jedoch kulturelle, religiöse und andere Eigenheiten toleriert, ja als Bereicherung begreift.

Zum Dialog gehört auch die Bereitschaft, blinde Flecken in der westlichen Aufklärungstradition wahrzunehmen, zum

Beispiel einen Eurozentrismus, der außereuropäische Kulturen abwertet. Genauso gilt aber, dass Menschenrechte nicht im Mahlstrom eines Kulturrelativismus zerrieben werden dürfen. Menschenrechte sind nicht der »Gute Wille zur Macht«, die letzte Verpuppung eines eurozentristischen Denkens, der sich besonders perfide tarnt. Menschenrechte definieren elementare Regeln des Umgangs, auf deren Grundlage der Schutz kultureller Vielfalt erst möglich wird. Sie sind eine Grenze für das Unrecht des Stärkeren, egal, ob es im Namen vermeintlich »westlicher Werte« auftritt, im Namen einer Religion, einer Herrenrasse oder einer wie auch immer gearteten Welterlösungsideologie. Ein Relativismus, der die Geltung der Menschenrechte in Frage stellt, wird blind für Unrecht und Gewalt.

Sicherheitspolitik und Menschenrechtspolitik mögen vielleicht als zwei ganz unterschiedliche, voneinander völlig unabhängige Politikbereiche erscheinen. Doch das Gegenteil ist der Fall: Sie sind wechselseitig und untrennbar miteinander verbunden. Bisher ist uns allerdings vor allem eine Seite dieser Wechselwirkung bewusst, nämlich dass immer dann, wenn Menschenrechtsverletzungen die Wurzel von Konflikten sind, der Einsatz für die Wahrung der Menschenrechte zugleich der Sicherheit und Stabilität dient. Wir müssen uns aber klarmachen, dass ebenso gilt: Sicherheitspolitik muss immer auch Menschenrechtspolitik sein, damit es bei der Bekämpfung gewaltsamer Konflikte nicht zu Menschenrechtsverletzungen kommt, die eine neue Konflikt- und Gewaltspirale nach sich ziehen. Ein erweiterter Sicherheitsbegriff gibt uns dafür den notwendigen Raum, denn er erkennt die Wechselwirkung von Sicherheit und den sie tragenden Faktoren – Entwicklung, Rechtsstaatlichkeit und Menschenrechte – an.

Im Iran-Konflikt zeichnet sich nun das nächste Konfliktfeld ab. Ahmadinedschad erntet seine Zustimmung auf dem Humus der Enttäuschungen und Frustrationen, die die westlich-amerikanische Politik bei den Iranern und vielen

Muslimen ausgelöst hat. Vor diesem Hintergrund ist das Drohen Frankreichs mit dem Einsatz von Atomwaffen völlig kontraproduktiv. Der bilaterale Vertrag der USA mit Indien, der entgegen internationalen Abkommen eine Förderung des indischen Nuklearprogramms vorsieht, muss von Ländern wie Pakistan als Bedrohung empfunden werden. Dass Ahmadinedschad das als Wasser auf die Mühlen seines eigenen Atomprogramms begreift, war abzusehen.

Wie also muss unser Weg zu mehr Sicherheit aussehen? Auch wenn mir das als Grüne und Atomgegnerin nicht gefällt, völkerrechtlich gibt es keinen Grund, dem Iran die friedliche Nutzung der Atomenergie zu verwehren, zumal dann, wenn wir sie selbst nutzen. Um die Weiterverbreitung von Atomwaffen zu verhindern, müssen wir die Gremien der internationalen Inspektion stärken und eine Politik der kontrollierten Abrüstung betreiben. Wir müssen das Thema der Abrüstung wieder auf die politische Agenda setzen, wie zu Beginn der achtziger Jahre, denn die Geschichte und unsere unmittelbare Erfahrung lehren, dass wir scheitern werden, wenn wir unser Denken und Handeln auf militärische und polizeiliche Aspekte verengen. Dies gilt ebenso für den Kampf gegen den Terrorismus. Wir müssen an den Wurzeln des Terrorismus und an den Ursachen von Unsicherheit ansetzen. Fanatismus bekämpft man nicht mit Machtzynismus und kultureller Überheblichkeit, sondern mit einem umfassenden Sicherheitsverständnis, mit einer Politik, die für mehr soziale und materielle Sicherheit sorgt und auch die Sicherheitsbedürfnisse in den Regionen der Welt besser versteht.

Und vielleicht ist es an der Zeit, noch weiter zu gehen und den Sicherheitsbegriff – so wie es die Menschenrechte bereits sind – zu individualisieren, das heißt nicht den Staat, sondern den Menschen zum Zentrum staatlichen Sicherheitsinteresses und -bemühens zu machen. Diese Idee, das »human security concept«, das die Sicherheit des Individuums zutreffend als »freedom from fear« und »freedom from want« definiert, zeigt, wie das Konzept einer Kultur der Anerkennung auch auf der Ebene internationaler Konflikte fruchtbar gemacht werden kann, und berücksichtigt dabei auch die neue Art der symbolischen Kriege, die wir führen. Diese Idee scheint auch die richtigen Antworten zu haben auf die vielen tausend Gewalttaten, bei denen Menschen nicht durch Truppen eines Staates, sondern von fanatischen Einzeltätern oder Gruppen verletzt oder getötet werden, die Angst und Schrecken verbreiten und möglichst viele unschuldige Menschen in Mitleidenschaft ziehen wollen, um so die Stabilität in den Weltregionen zu untergraben.

Mit staatlicher Gewalt – so unverzichtbar deren Einsatz in bestimmten Situationen auch sein mag – lassen sich zwar die Symptome von Krisen bekämpfen, nicht aber deren Ursachen. Nicht selten verschärfen sie die Probleme erst. Mary Robinson, die frühere Hochkommissarin der Vereinten Nationen für Menschenrechte, brachte es auf den Punkt: »Die Menschenrechtsverletzungen von heute sind die Kriege von morgen.« Die permanente Übertretung rechtsstaatlicher Prinzipien bereitet den Boden für Konflikte, die viel umfassender sind.

Die Menschheit gibt heute mehr denn je für »Sicherheit« im klassischen Sinne aus. Die Administration von George W. Bush hat die Verteidigungsausgaben der Vereinigten Staaten in ihrer Regierungszeit gigantisch gesteigert, auf einen Wert, der inflationsbereinigt höher liegt als zum Höhepunkt des Kalten Krieges in der Reagan-Zeit. Und das Stockholmer Friedensforschungsinstitut SIPRI schätzt die weltweiten Rüstungsausgaben 2005 auf über 1100 Milliarden US-Dollar. Ist die Welt dadurch sicherer geworden? Das Gegenteil scheint der Fall zu sein. Nachhaltige Sicherheit kann nur geschaffen werden, wenn man auch die Ursachen der Unsicherheit bekämpft. In den »Millennium Development Goals« der Vereinten Nationen aus dem Jahr 2000 haben sich alle 191 Mitgliedstaaten über Ziele verständigt, die sie bis 2015 erreichen wollen: die Halbierung von Armut und

Hunger, besseren Zugang zu Bildung, die Gleichstellung der Frauen, die Verbesserung der Gesundheitssysteme und die Verwirklichung nachhaltiger Entwicklung in globaler Partnerschaft. Damit haben die Staaten anerkannt, dass eine umfassende Strategie gegen Gewalt, Terrorismus und Konflikte vorbeugend und offensiv Menschenrechts- und Entwicklungsfragen angehen muss.

Als in Ost-Timor gewaltsame Ausschreitungen drohten, wurde lange darüber diskutiert, ob Deutschland Polizeikräfte bereitstellen könnte. Länder und Bund waren sich über die Kostenverteilung nicht einig, und der Einsatz wurde nicht bewilligt. Als dann die Gewalt eskalierte und Hilfsmaßnahmen anliefen, waren Geldmittel schnell bei der Hand. Nur waren viele Menschen schon gestorben oder schwer verletzt. Das ist eine falsche und kurzsichtige Politik.

Zur Absicherung der Wahlen im Kongo hat die Bundeswehr ein Kontingent ins Land geschickt. Obwohl dieser Einsatz dilettantisch und nur zögerlich vorbereitet wurde, habe ich dafür gestimmt, auch gegen Kritiker, die wieder »Militarisierung« schrien und in diesem Fall mit denen in einem Boot saßen, die nach dem Motto agieren: »Was geht uns der schwarze Mann an?« Wenn wir in einer Welt leben, wenn wir eine Stärkung von internationalen Strukturen wollen, wenn es ein klares Mandat der UN und die Unterstützung der Nachbarstaaten gibt, wenn dann erstmals seit 45 Jahren im Kongo eine Wahl stattfindet, dann ist es notwendig, richtig und wichtig zu helfen. Der Vorwurf, dass dies nur Symbolpolitik sei, trifft nicht. Denn die Unterstützung eines Demokratisierungsprozesses ist mehr als nur ein Symbol, und das, was an der Aktion symbolisch ist, ist durchaus erwünscht. Es ist eine UNO-Mission, ein breit angelegtes Bündnis von Staaten, von vielen Wahlbeobachtern und auch ein Symbol dafür, dass die ehemaligen Kolonialmächte in Kooperation mit anderen Verantwortung übernehmen und sich kümmern und der schwarze Kontinent ihnen nicht egal ist.

Parallel zu der Debatte über den Kongo-Einsatz häuften sich die Nachrichten über Unruhen und Anschläge von Rebellenbanden auf Ölgesellschaften – Shell, Chevron, Agip, Total – im Nigerdelta. Vor zehn Jahren wurde der Schriftsteller Ken Saro-Wiwa, der zum Widerstand gegen die Öl- und Militärdiktatur des Präsidenten Sani Abacha aufgerufen hatte, in Nigeria hingerichtet. Wirtschaftskriminalität, Kampf und Geschäft bilden im Nigerdreieck ein unheiliges und unwürdiges Triumvirat. Shell bildet in Nigeria praktisch einen Staat im Staate, die Investitionen werfen eine hohe Rendite ab, obwohl Shell täglich bis zu zehn Prozent seiner Förderung durch Anschläge verliert. Die Gewinne aus der Ölwirtschaft fließen in die Taschen der Politiker und Bosse in der Hauptstadt, während die Gewalt täglich zunimmt und es ungezählte Opfer durch Wasser- und Umweltvergiftung gibt. Belastete Nahrungsmittel, Atemwegserkrankungen, Landflucht und ein Anwachsen der Slums in Port Harcout und Lagos – das gehört zum Alltag, während Europa unverdrossen beim Multi mit der gelben Muschel tankt. Anlässlich des zehnten Jahrestages der Hinrichtung von Ken Saro-Wiwa wurde ein Bericht über die Lage im Nigerdelta veröffentlicht, der die Katastrophe dokumentierte.

So richtig es ist, dass der Schutz der Menschenrechte den Staaten obliegt, das Beispiel der Ölförderung im Nigerdelta zeigt, dass im Zeitalter der Globalisierung auch andere Akteure maßgebliche Rollen in politischen Szenarien spielen: transnationale Wirtschaftsunternehmen, große nationale Firmen, internationale Finanzinstitutionen und Nichtregierungsorganisationen. Es ist Aufgabe der Politik, sie in die Verantwortung zu nehmen und eine neue Strategie zu ihrer Einbindung und Kontrolle zu entwerfen. Die Akteure müssen Verantwortung übernehmen und auf neue Art interagieren, um im Prozess der Globalisierung einen besseren Schutz der Menschenrechte zu erreichen. Diesem Ziel dient unter anderem die Global-Compact-Initiative des UN-Generalsekretärs Kofi Annan, in deren Rahmen multinational tätige

Unternehmen einen Beitrag zur Umsetzung der Millenniumsziele leisten und sich selbst zur Einhaltung von bestimmten menschen-, umwelt- und arbeitsrechtlichen Standards verpflichten. Das ist ein wichtiger Schritt. In dieselbe Richtung gehen die Leitlinien der OECD für multinational tätige Unternehmen. Neben Staaten müssen auch nichtstaatliche Akteure und Unternehmen eine generelle Verpflichtung für den Schutz der Menschenrechte innerhalb ihres jeweiligen Wirkungskreises anerkennen.

Die bessere Implementierung der Menschenrechte in den Prozess der Globalisierung ist eine der vordringlichsten Aufgaben heutiger Politik. In meiner Arbeit als Beauftragte der Bundesregierung für Menschenrechtspolitik und humanitäre Hilfe habe ich deshalb an genau dieser Stelle einen Schwerpunkt gelegt. Es geht um die Schaffung stabiler demokratischer und rechtsstaatlicher Verhältnisse, um die Globalisierung der Menschenrechte, nicht um die Globalisierung von Shareholder Values. Es geht um die politischen individuellen Freiheitsrechte und die sozialen und wirtschaftlichen Rechte gleichermaßen, weil sie unteilbar und universell gültig sind. Schrankenlose Ökonomisierung und Wachstum sind keine Werte an sich und schaffen vor allem keinen Automatismus hin zu gerechten Verhältnissen. Die Globalisierung braucht ökologische, soziale und ethische Leitplanken, und Wachstum muss sich dabei qualitativ und nicht nur quantitativ buchstabieren.

Beispielhaft war für mich hier die Kampagne »fair spielt« von »Misereor« und anderen entwicklungspolitischen Organisationen zur Spielzeugproduktion in Asien, deren Schirmherrin ich sein durfte. Sie setzte sich dafür ein, bei den Verbrauchern das Bewusstsein darüber zu schärfen, dass der Wert eines Teddys oder Fußballs sich nicht nur nach seiner Qualität und seinen Produktionskosten, sondern eben auch nach den Bedingungen bemisst, unter denen er hergestellt wurde. Darin liegt ein ganz neues Verständnis von »Wirtschaftsbedingungen«, die nicht einfach mehr die Verfügbarkeit einer Infrastruktur, niedrige Abgaben und billige Arbeitskraft meinen, sondern die unveräußerlichen Rechte der Beteiligten, die sozialen, ökologischen, rechtlichen Standards mit einbeziehen. Bei der Spielzeugmesse in Nürnberg im Jahr 2000 stellten wir die Kampagne vor und diskutierten mit nationalen und internationalen Vertretern der Spielzeugindustrie. Die Generalsekretärin des Verbandes der europäischen Spielzeughersteller war außerordentlich skeptisch und bestritt die Bedeutung von Verbraucherbewusstsein und verantwortlicher Kaufentscheidung. Ihre These war, dass es nur auf den Preis des Produkts ankomme. Die Antwort von Magdalena Bogner, der Vorsitzenden der Katholischen Frauengemeinschaft Deutschlands, war glasklar und überzeugend: Wenn kein Teddy, keine Puppe, an denen Blut klebt, mehr in einem katholischen Kindergarten zugelassen werden und die protestantischen sich anschließen, werden sie merken, welchen Imageschaden und, in der Konsequenz, welche wirtschaftlichen Auswirkungen das auf Firmen haben wird, die nicht garantieren, dass die Produktion des Spielzeugs einschließlich der Zulieferungen menschenrechtlichen Standards entspricht. Die Macht der Verbraucher ist keinesfalls zu unterschätzen. Sie zeigt sich am Erfolg von weltweiten, im Internet organisierten Boykottaktionen, etwa gegen den Sportartikelhersteller Nike, oder der Einführung des Gütesiegels Rugmark, das garantiert, dass Teppiche nicht von Kinderhänden geknüpft wurden.

Solche Aktionen und Kampagnen finden großen Zuspruch, obwohl – oder vielleicht weil – sie mit der Geiz-ist-geil-Mentalität brechen. Sie verbinden die Produkte sehr augenfällig mit dem Weg der Produktion und versuchen auch die Händler mit einzubeziehen. Der Druck, der sich hier und bei vielen anderen Aktivitäten aufbaut, kann die Grundlage sein für die Durchsetzung internationaler Überprüfungsmechanismen und Sanktionsmöglichkeiten bei der Verletzung von Normen und bestehenden Konventionen wie der Kinderrechtskonvention unter dem Dach der Vereinten Nationen.

Gerade den Vereinten Nationen fällt unter den Bedingungen der raschen Globalisierung eine immer wichtigere Rolle zu. Durch den Ausgleich nationaler Interessen und deren rechtliche Einbindung in multilaterale Institutionen können sie einen entscheidenden Beitrag für eine gerechte Gestaltung der Globalisierung und die Überwindung von Hegemonialpolitik und Nationalismus leisten.

So notwendig es ist, den Weg einer erweiterten Sicherheitspolitik zu gehen, so schwierig ist es, ihn demokratisch und transparent zu gestalten. Denn die Entscheidungsprozesse auf diesem Weg übersteigen den Rahmen des Nationalstaats und seiner gewählten Repräsentanten. Sie erfordern eine kritische Öffentlichkeit, die die komplizierten Prozesse der Europäisierung und Globalisierung begleitet und legitimiert. Das Zusammenspiel zwischen Politik und Zivilgesellschaft, zwischen Staat und Nichtregierungsorganisationen zu gestalten, wenn Entscheidungsprozesse zunehmend anonym werden, wenn die Verantwortung einzelner handelnder Personen hinter den Institutionen verschwindet, wenn es keinen klaren Ort der Entscheidung mehr gibt, erfordert neue politische Repräsentationsformen. Die Orte emanzipatorischer Politik sind immer weniger die homogenen Milieus vergangener Jahrzehnte. Soziale Vielfalt erfordert eine neue Politik, ein komplexes Regieren, das inklusiv und nicht exklusiv ist, das unterschiedliche kulturelle und lebensgeschichtliche Perspektiven auch auf globaler Ebene schützt und zur Geltung bringt.

In den internationalen Institutionen, in denen ich mitgearbeitet habe, war ich sehr oft mit dem alten Denken konfrontiert, das Differenz nicht erträgt und sich nur zu gern in die alten Sicherheiten der Blöcke und Einzelstaaten zurückziehen will. Ich habe aber auch viele Menschen kennengelernt mit einem feinen Gespür für die übergreifende Solidarität, die heute im Dialog wachsen muss. Von diesem Gespür brauchen wir mehr – gerade in der Bundesrepublik, dem Land, das wie kaum ein anderes von einer friedlichen und gerechten Globalisierung abhängt.

Im Artikel 14 Absatz 2 unseres Grundgesetzes ist ein wichtiges Prinzip verankert, das in der Realität ganz offensichtlich verdrängt und entsorgt wird: »Eigentum verpflichtet. Sein Gebrauch soll zugleich dem Wohle der Allgemeinheit dienen.« Verpflichtend die Rechte der Arbeitnehmer zu garantieren, nicht nur national sondern weltweit, das ist eine der großen Aufgabe im Kampf für gerechte Globalisierung. Und das muss in jedweder Unternehmenspraxis eingefordert werden.

Während wir in der internationalen Handelspolitik auf ein klares Regelwerk und bei Streitigkeiten auf Verfahren der Streitschlichtung und gegebenenfalls Sanktionen zurückgreifen können, haben wir bei der Durchsetzung sozialer Standards kein entsprechend eindeutiges Ordnungssystem.

Mit den internationalen Menschenrechtsabkommen der Vereinten Nationen und den von der Internationalen Arbeitsorganisation (ILO) entwickelten Kernarbeitsnormen existiert zwar eine völkerrechtlich verbindliche normative Grundlage für die Unterzeichnerstaaten. Die Umsetzung scheitert allerdings oft am fehlenden politischen Willen, an mangelnder staatlicher Durchsetzungsfähigkeit, aber auch an der Schwäche der damit befassten internationalen Gremien. Die Missachtung fundamentaler Normen, etwa die Kinderarbeit oder die systematische Unterdrückung unabhängiger Gewerkschaften in China, als »Standortvorteil« im internationalen Wettbewerb um Investitionen ist nicht hinnehmbar, aber faktisch längst Realität. Hier muss dringend gegengesteuert werden, soll es nicht weltweit zu einer Erosion der Menschenrechte kommen. Es braucht verbindliche Regeln und Normen für transnational agierende Unternehmen, Verhaltenskodizes für die Wirtschaft, die über freiwillige Vereinbarungen und Verpflichtungen hinausgehen.

Dies gilt auch für den Umweltschutz. Dafür bedarf es dreier Voraussetzungen: global akzeptierter Umweltstandards, einer besseren Handlungsfähigkeit der globalen politischen Institutionen sowie solcher Produktionsmuster, die sich an Umweltschutz und Ressourceneffizienz orientieren.

»Gott verbietet, dass Indien jemals zu einer Industrialisierung nach dem Muster des Westens schreitet.« Diesen erstaunlich aktuellen Satz schrieb Mahatma Gandhi 1928. Aus den damals 300 Millionen Indern sind nun mehr als eine Milliarde geworden. Wer sollte ihnen verweigern, nach einem ähnlich hohen Lebensstandard zu streben, wie er in den klassischen Industrieländern gilt? Und was für Indien gilt, trifft noch mehr auf China zu. Beide Länder werden in den nächsten 20 Jahren maßgeblich die Transformation der Weltordnung beeinflussen. Sie werden die globale Sicherheitsarchitektur, die internationalen Organisationen, die Handelsbeziehungen verändern und prägen. Ich lamentiere nicht über den Untergang des westlichen Abendlandes, sondern möchte deutlich machen, welche enormen Herausforderungen auf uns zukommen. Die Intensivierung globaler Austauschprozesse und globales Wachstum bedeuten einen verstärkten Landschafts-, Energie- und Rohstoffverbrauch. Die Folgen sind bekannt: Weltweit nehmen die CO_2-Emissionen zu, die biologische Vielfalt geht zurück, das Süßwasser wird immer knapper, und fruchtbare Böden gehen verloren. Diese Entwicklung muss viel radikaler als bisher thematisiert werden. Heute reden zwar viele Regierungen und Politiker von Umwelt, das heißt aber noch lange nicht, dass die ökologische Frage die Priorität eingeräumt bekommt, die sie haben muss, damit dem Klimawandel und der Ressourcenverknappung eine nachhaltige Politik entgegengesetzt werden kann. Am stärksten sind von diesen dramatischen Trends die Entwicklungsländer betroffen, obwohl viele der Ursachen, z. B. für die Veränderung des Klimas, wesentlich in den Industrieländern liegen. Wenn wir diese Prozesse gestalten wollen, müssen umweltfreundliche Verfahren und intelligente, ressourcensparende Produkte und Techniken entwickelt werden. Weg vom Öl, erneuerbare Energien, Aufbruch in ein postfossiles Zeitalter – das sind dafür die

Stichworte, und die Aufgaben, auf die sie verweisen, werden mehr und mehr zu Überlebensfragen der heute jungen und der zukünftigen Generationen. Wenn wir nicht konsequent umsteuern, werden die zukünftigen Kriege Kriege um die zur Neige gehenden Ressourcen, um den Zugang zu Trinkwasser sein. Das muss Auswirkungen auf unsere Außenwirtschaftspolitik haben. Und internationale Organisationen wie die Weltbank oder die WTO müssen sicherstellen, dass neben den sozialen und menschenrechtlichen auch ökologische Standards integrierter Bestandteil im Regelwerk der internationalen Normen und Verträge werden, dass sie insgesamt gestärkt und nicht geschwächt werden.

20. Macht weiter, was gut war

1989 wurde ich zum ersten Mal ins Europäische Parlament gewählt. Neu in der Grünen-Fraktion im Europäischen Parlament war auch der Südtiroler Alexander Langer, der neben der Portugiesin Maria Santos zu unserem Fraktionsvorsitzenden gewählt wurde. Yves Cochet aus Frankreich und ich wurden ihre Stellvertreter. Nach den Europawahlen 1994 führten Alexander und ich gemeinsam die Fraktion als Vorsitzende. Alexander ist einer der wichtigsten Menschen in meinem Leben geworden, die Zusammenarbeit mit ihm war für mich von größter Bedeutung.

Mit seiner überragenden Intelligenz, seinem Fleiß, seiner großartigen Rhetorik, seiner Menschenfreundlichkeit und Herzenswärme war er Vorbild und echter Freund für mich. Alexander Langer trat 1995 als Bürgermeisterkandidat für Bozen an und hatte sehr gute Chancen, Verwaltungschef dieser multiethnischen Stadt zu werden. Durch einen politischen Coup, einen juristischen Kniff der Konservativen, wurde seine Liste dann kurz vor der Wahl gestrichen. Wie andere politische Freunde in den Jahren zuvor hatte Alexander es nämlich abgelehnt, sich bei der italienischen Volkszählung als »Italiener«, »Deutscher« oder »Ladiner« ethnisch zuzuordnen. Er bestand darauf, dass er Italiener deutscher Herkunft war. Diese Weigerung wurde einem Boykott gleichgesetzt und seine Kandidatur nicht zur Wahl zugelassen. Internationale Proteste, auch von Seiten des Europäischen Parlaments, blieben ohne Folgen. Die Südtiroler Volkspartei hatte sich auf undemokratische Art und Weise eines starken Gegenkandidaten entledigt – für Alexander eine bittere und verletzende Erfahrung.

Alexander war ein Realpolitiker mit Visionen. Er, das ehemalige Mitglied der linken Formation Lotta Continua, war ein tief religiöser Mensch, sein Handeln war durchdrungen von dem Ziel, Verantwortung zu tragen für die Bewahrung der Schöpfung, für Mensch und Natur, und von der Idee eines multiethnischen Zusammenlebens. Er war ein Grüner der allerersten Stunde, das Symbol einer Bewegung, die nicht auf einer Ideologie, sondern auf Werten basierte, den Werten der Ökologie, der Gerechtigkeit, der Selbstbestimmung und Demokratie. Am 3. Juli 1995 nahm er sich das Leben, er erhängte sich bei Sonnenuntergang in einem Hain in Florenz. Es war der Todestag seines Vaters. Alexanders Schuhe standen neben dem Baum.

Kurz zuvor hatte ich von ihm ein anrührend schönes Geschenk zu meinem vierzigsten Geburtstag erhalten, von dem ich heute denke, dass es vielleicht schon ein Abschiedsgeschenk war. Eine aufgeklappte Zigarettenschachtel, auf die ein wunderbarer Baum gemalt war. Das Bild stammt von einem bosnischen Maler, der kein Papier mehr hatte und deshalb auf Zigarettenschachteln malte. Motiv und Material waren auf eine bittere Weise zusammengebracht worden.

Kurz vor seinem Tod kam Alexander in mein Büro, um die Tagesordnung für eine Fraktionssitzung zu besprechen, die erst Monate später in Palermo stattfinden sollte. Ich verstand nicht, warum wir das so frühzeitig tun sollten. Aber er bestand mit Nachdruck darauf. Er trug an diesem Tag einen Trenchcoat, und sein sonst oft von Migräne zerquältes Gesicht war ganz entspannt. Ich war froh, dass es ihm endlich besser ging. Er sah wunderschön aus an diesem Tag, dem letzten, an dem ich ihn sah – so, wie ich ihn für immer in meiner Erinnerung bewahren werde.

Ich weiß nicht, welches die Motive für seinen Selbstmord waren. Aber die politischen Geschehnisse dieser Jahre, vor allem das Auseinanderfallen des ehemaligen Jugoslawiens und die blutige Ethnisierung des Konflikts, haben ihn sehr belastet. Und ohne zu vereinfachen, glaube ich sagen zu können, dass die Gewalt, die Kriege auf dem Balkan mit zu den Gründen gehörten, die zu seinem Tod führten. Alexander Langer, der als Südtiroler lange Jahre gegen den ethnischen Wahnsinn, gegen Diskriminierung und Ausgrenzung aufgrund der Herkunft und für Minderheitenrechte in Italien kämpfte, hatte angesichts der Lage auf dem Balkan das Gefühl, dass unser integrativer Lebensentwurf und er persönlich politisch gescheitert waren. Er fühlte sich ohnmächtig und hilflos angesichts der Gewalt und des Hasses und warf sich vor, nicht genug dagegen getan zu haben. Und nicht zuletzt nach seiner verhinderten Bürgermeisterkandidatur befürchtete er, dass dieser Funke auch auf sein Land überspringen und zu einem verheerenden Flächenbrand führen könnte.

All die Jahre waren wir Büronachbarn gewesen, wir haben viel gemeinsam erstritten und auch miteinander den politischen Streit gepflegt. Ich glaube, ich bin ihm menschlich sehr nahe gekommen, umso größer sind die Vorwürfe, die ich mir mache, und umso trauriger bin ich darüber, nicht gespürt zu haben, in was für einer Grenzsituation er sich befand.

Alexander hatte immer gute und enge Kontakte nach Jugoslawien, nach Slowenien, Serbien, Bosnien, Montenegro, Kroatien und in den Kosovo. Mit Mariana Grandic, einer grünen Abgeordneten im österreichischen Parlament, gründete er das Verona-Forum, einen Kreis, in dem nichtstaatliche Organisationen des Balkans, Frauengruppen und Umweltverbände, Bürgerrechtler und Menschenrechtsgruppen, Professoren und Journalisten der unterschiedlichen Ethnien und Nationalitäten zusammenkamen. Alexanders Hoffnung und Erwartung waren, dass diese Menschen über die Verbundenheit im Kampf für Demokratie in Jugoslawien, für das Selbstbestimmungsrecht der Frauen, für Minderheitenrechte und Umweltschutz eine Gegenbewegung gegen die Gewalt und den Irrsinn des ethnischen Nationalismus auslösen könnten. Langjährige Freundschaften und enge politische Beziehungen trugen diesen Versuch und ließen uns alle auf ihn setzen. Fast alle aus der Runde kannten sich aus den

Kämpfen in der demokratischen Opposition persönlich und schätzten einander sehr. Und dann mussten wir erleben, wie in der Zeit, in der sich die Situation immer mehr verschärfte, auch in diesem vertrauten Kreis Distanz entstand, wie mitten in Debatten und Gesprächen die Stimmung umschlug und Menschen, die das gleiche Ziel verfolgten, sich plötzlich fremd zu werden schienen. Jäh und ohne ersichtlichen Grund waren die Leiterinnen der Frauenzentren von Belgrad und Zagreb erbitterte Gegnerinnen geworden, obwohl sie sich im Alltag mit den gleichen Problemen herumschlagen mussten. Serbe zu sein war wichtiger, als politisch links zu stehen, Kroate oder Slowene zu sein war wichtiger als alle gemeinsamen Probleme. Der Versuch, von unten der Gewalt den Boden zu entziehen, hatte keine reale Chance – eine erschreckende Erfahrung. Schon bei der Gründung des Verona-Forums versuchte Alexander auf die besonders dramatische Situation im Kosovo hinzuweisen, auf Diskriminierung und Ausgrenzung der albanischen Bevölkerung und die Auseinandersetzungen an der Universität in Priština. Jahre zuvor deutete sich bereits an, was in eine ungeheure Gewalteskalation münden sollte. Alexander wollte sie verhindern, in einem verzweifelten Kampf, in dem er immer wieder an Mauern der Ignoranz stieß. Mit seinem Tod hat die grüne Familie eines ihrer wichtigsten Mitglieder und habe ich einen meiner engsten Freunde verloren. Er war unser Philosoph, ein Mensch mit Herz und Verstand, der die grünen Ideen wie kaum ein anderer verkörperte. Es ist einfach nicht wahr, dass jeder Mensch ersetzbar ist. Alexander, der vielleicht erfolgreichste und effektivste Politiker des Europäischen Parlaments, der über Grenzen hinweg denken und arbeiten konnte, war und ist nicht zu ersetzen, er fehlt bis heute.

Am 13. Oktober 1998, kurz nach den Wahlen und meinem Wechsel vom Europäischen Parlament in den Deutschen Bundestag, autorisierte der NATO-Rat das Militär, Luftangriffe gegen Ziele in Jugoslawien durchzuführen. Daraufhin handelte Milošević mit Richard Holbrooke einen Waffenstillstand und ein Übereinkommen über eine Schutzzone für die Kosovaren aus. In dieser Schutzzone kam es im Januar 1999 zu einem Massaker an albanischen Bewohnern des Kosovo. Der Druck auf Belgrad wurde nochmals gesteigert, und am 6. Februar fanden im französischen Rambouillet direkte Verhandlungen zwischen Serben, Kosovaren und Albanern statt. Dreimal wurden die Verhandlungen verlängert, dann vertagt und nochmals verlängert, am 20. März scheiterten sie. Alle Schutztruppen wurden aus dem Kosovo abgezogen, Holbrooke reiste erneut nach Serbien, um Milošević doch noch zum Einlenken zu überreden. Danach griff der Beschluss des NATO-Rates vom 13. Oktober 1998, und die Luftangriffe auf Serbien begannen. Russland beantragte eine Dringlichkeitssitzung des UN-Sicherheitsrates, auf der keine Einstimmigkeit erreicht wurde, worauf der russische Ministerpräsident Primakow seine US-Reise abbrach. Ich war damals am Rande der Verzweiflung. Und vermutlich ging es vielen anderen ebenso.

Wir fragten uns, ob bereits alle politischen, diplomatischen und vor allem auch ökonomischen Sanktionsmittel konsequent ausgeschöpft waren, um den Druck auf Milošević weiter zu erhöhen. Meiner Einschätzung nach war das nicht der Fall. Das Ausschöpfen aller zivilen Möglichkeiten wäre die notwendige Voraussetzung für eine militärische Intervention gewesen – sie wurde nicht erfüllt.

Einige sind der Meinung, dass es nur ein formaler Schönheitsfehler des Kosovo-Einsatzes gewesen sei, dass die NATO sich das Mandat selbst erteilte, und dass durch diese Entscheidung, die eine Schwächung der UNO-Sicherheitsstruktur bedeutete, eine ohnehin wehrlose und schwache Organisation getroffen wurde. Es ist dies genau das Muster der Argumentation, das Bush, Rumsfeld und Wolfowitz beim zweiten Irak-Krieg benutzten. Und zumindest für den Kosovo-Krieg kann ich persönlich bezeugen, dass die formale Entscheidung ohne hinreichenden Grund getroffen wurde. Selbst die amerikanischen Stabschefs haben den Politikern nahe gelegt, zunächst den wirtschaftlichen Druck zu erhöhen. Die entsprechenden Sanktionen wurden aber ebenso wenig durchgesetzt wie ein Abbruch der diplomatischen Beziehungen. Die Beendigung aller Handelsbeziehungen, ein Investitionsverbot, das Einfrieren der Auslandsguthaben der jugoslawischen Regierung und jugoslawischer Unternehmen, der Entzug der Landerechte für die Fluggesellschaft, ein Verbot der Entladung jugoslawischer Schiffe, eine Intensivierung von Radio- und Fernsehsendungen in serbischer Sprache, gar das Angebot an Montenegro, die Sanktionen zu lockern, wenn die Grenzen zu Serbien geschlossen würden, und die Ausstellung eines internationalen Haftbefehls gegen Milošević – dies alles wären weitere Maßnahmen gewesen, zivile Sanktionen, die Zeit brauchen, um zu greifen, dann aber viel wirkungsvoller als Angriffe sein können, die immer die Gefahr bergen, dass sie die politische Führung nicht schwächen, sondern ihr eine neue Legitimationsbasis verschaffen.

Auf dem Grünen-Parteitag in Bielefeld im Mai 1999 kam es zu einer handfesten Kontroverse. Auf dem Weg in die Halle, der für alle grünen Delegierten, Befürworter und Gegner eines militärischen Einsatzes, wie ein Spießrutenlaufen durch eine aufgebrachte, ja zum Teil hasserfüllte Menge war, schüttete jemand einen Eimer Currysauce über mich. Ich wischte das klebrige Zeug ab und war zutiefst erschrocken über das Ausmaß an Aggression, mit dem wir konfrontiert waren. Beschimpfungen wie »Kriegstreiber« und »Kriegshetzer« schwirrten durch die Luft. Die Stimmung war äußerst konfrontativ und aufgewühlt. Zum ersten Mal überhaupt wurden der Parteitag von einem massiven Polizeiaufgebot geschützt und Eingangskontrollen durchgeführt. Es hatte sich etwas geändert in unserer Partei. In vielen Gesichtern waren regelrechte Angst und Wut zu sehen.

Jeder bei den Grünen wollte die Gewalt im Kosovo verhindern. Nur über den Weg wurde erbittert gestritten. Und die Gleichsetzung der Kriegsgegner mit Feiglingen und der Befürworter mit Verrätern der grünen Friedenspolitik oder gar Kriegstreibern war falsch und der Situation absolut nicht angemessen.

Es mutet mich heute wie verkehrte Welt an und schon beinahe tragisch, dass eine Partei, die dem Pazifismus und den Menschenrechten gleichermaßen verpflichtet ist und es sich nicht leicht gemacht hat, die dem Konflikt zwischen berechtigten Ansprüchen nicht einfach ausgewichen ist, sondern darüber offen und ehrlich beraten hat, für diese Diskussion gescholten wird, während andere Parteien es sich einfacher machten und glaubten, ein reines Gewissen zur Schau stellen zu können, indem sie die eine Hälfte der Wahrheit nur konsequent genug ausblendeten. Moral ist sehr einfach, solange man es nicht mit Konflikten zwischen berechtigten Ansprüchen zu tun hat. Und Politik macht es sich zu einfach, wenn sie den Kopf in den Sand steckt, sobald es ums Handeln im Dilemma geht. Und wir Grüne, neu und zum ersten Mal auf Bundesebene in der Regierungsverantwortung, waren in einem echten Dilemma.

Daniel Cohn-Bendit redete für eine Kriegszustimmung und beschimpfte uns Kriegsgegner als Feiglinge, weil wir Angst vor Gewalt hätten. Sicher tut man ihm kein Unrecht, wenn man diesen Auftritt nicht als seinen stärksten bezeichnet. Blankes Entsetzen brach aus, als Joschka Fischer auf der Bühne mit einem roten Farbbeutel beworfen wurde und dabei sein Trommelfell riss. Bei aller Kritik, Schärfe der Kontroverse und Emotionalität der Debatte, mit diesem Angriff war eine Grenze überschritten, die nichts mit der Suche nach der richtigen oder besten Antwort zu tun hatte. Nur notdürftig gesäubert, hielt Fischer seine Rede. Als ein Zwischenrufer ihn als Kriegsminister beschimpfte, antwortete er – und man hörte an seiner Stimme, wie er um Fassung rang: »Ja, jetzt kommt ihr, ich habe darauf gewartet: Kriegshetzer, hier spricht ein Kriegshetzer, und Herrn Milošević schlagt ihr demnächst für den Friedensnobelpreis vor ...«

Tatsächlich halte ich den Kosovo-Beschluss der NATO nicht zuletzt aufgrund der Selbstmandatierung der NATO bis heute für höchst problematisch, und die Abläufe der Entscheidungen sind kritisch aufzuarbeiten und zu hinterfragen. Aber ich weiß auch, dass aus den Fehlern dieses Beschlusses für den Afghanistan-Einsatz die richtigen Schlüsse und Konsequenzen gezogen worden sind. Aus der Schwächung der Vereinten Nationen erwuchs deren Stärkung. Gerade Joschka Fischer sorgte dafür, dass Kofi Annan wieder mit an den Tisch geholt wurde. Dies trug dazu bei, dass die UNO wieder eingebunden und Russland integriert wurde.

1993 hatte ich mit Helmut Lippelt Serbien besucht. Viele unserer Gesprächspartner dort flehten uns an, ihnen auch militärisch zu helfen, um die Diktatur Miloševićs zu beenden und die Ausweitung des Konfliktes zu verhindern. Sie sagten uns, dass sie auch Gewalt gegen ihr eigenes Land befürworten würden. Das hat mich damals sehr beschäftigt und tief verunsichert, und diese Frage wurde in unserer Partei national und europäisch heftig diskutiert. Neben der grundsätzlichen Kontroverse über die Legitimität auch militärischer Einsätze wurde deutschen Grünen von Abgeordneten aus anderen Ländern vorgeworfen, eine eigenartig unhistorische Auffassung von Pazifismus zu vertreten. Das Beharren, auch mein Beharren darauf, dass deutsche Soldaten nie und nimmer irgendwo in der Welt zum Einsatz gebracht werden dürften, gerade aufgrund unserer deutschen Geschichte und der daraus resultierenden historischen Verantwortung, kritisierten andere europäische Grüne als falsche Antwort auf die richtige Frage nach den Konsequenzen Deutschlands aus dem Nationalsozialismus. Sie forderten nicht ein Heraushalten, sondern aktive Friedensmissionen auch mit deutscher Beteiligung. Alexander Langer warf mir in einer solchen Fraktionsdebatte schließlich vor, dass ich ein Geschichtstrauma hätte und mit mir alle Deutschen, die so dachten wie ich. Für manche Grüne aus Europa war der deutsche Pazifismus ein falscher Schluss aus der Geschichte. Sie drängten uns, anzuerkennen, dass es in der Welt nun mal Gewalt gebe und dass es zur Pflicht eines demokratischen Deutschlands gehöre, sich diesen Tatsachen zu stellen und bei ihrer Überwindung, international eingebunden, mitzuhelfen.

Nach dem 11. September 2001 und angesichts der verheerenden Menschenrechtslage in Afghanistan habe ich eingesehen, dass die Argumente meiner damaligen Kollegen mehr Gewicht hatten, als ich damals zuzugeben bereit war. Ich habe meine sehr weitgehende Ablehnung zugunsten einer Haltung aufgegeben, die die Beteiligung auch deutscher Soldaten bei Einsätzen in anderen Ländern befürwortet, wenn sie durch die Vereinten Nationen legitimiert sind, bestehende Gewaltverhältnisse zurückdrängen und Völkermord verhindern. Dabei bin und bleibe ich mir der moralischen Probleme sehr bewusst. Es gibt hier kein »Hurra«, aber auch kein »Nie und nimmer«, das sich aus der Verantwortung stiehlt. Und gerade diese Einsicht öffnet den Blick für das Spannungsverhältnis in der konkreten Entscheidungssituation. Sie ist es, die zu größter Umsicht und Verantwortlichkeit anhält.

Der Vorwurf an die Grünen, sie hätten sich, indem sie ihren rigorosen Pazifismus aufgaben, auch von ihrer eigenen Geschichte getrennt, fällt zu einem guten Teil auf die zurück, die ihn erheben. Denn viele von ihnen haben – wie auch ich – in den achtziger Jahren den ANC in Südafrika oder die Sandinisten in Nicaragua unterstützt, die beide nicht auf den gewaltfreien Kampf gesetzt hatten, oder sie haben Geld für Waffen in El Salvador gesammelt. Und einige von ihnen, die jetzt für die Linkspartei im Bundestag sitzen, verteidigen die Menschenrechtsverletzungen Fidel Castros in Kuba. Ein Pazifist ist der jedoch gewiss nicht. Wenn man Pazifismus sagt und fordert, dann sollte man damit politischen Pazifismus meinen. Das ist die Lehre, die auch Alexander Langer vertreten hat. Ein solcher Pazifismus ist sinnvoll und durchsetzbar in einer Politik, die das friedliche Miteinander von Menschen ermöglicht. Und ich sage ganz klar: Ein politischer Pazifismus, der sich realen Gewaltsituationen stellt, sie überwinden helfen will, um gewaltfreie Perspektiven überhaupt erst zu eröffnen, ist das Gegenteil von Militarismus.

Ich glaube, die Frage, die über den Sinn und Unsinn von militärischer Beteiligung entscheidet, ist die, ob der Einsatz militärischer Mittel Gewalt, Tod und Sterben verhindert, ob Gewalt zurückgedrängt werden kann und ob wirklich alle anderen zivilen Mittel hierzu ausgeschöpft sind. Und wenn alle anderen Mittel ausgeschöpft sind, dann meint der Einsatz militärischer Mittel eben nicht, dass nun alle Mittel zulässig und erlaubt sind. Der Einsatz von Streubomben ist ein humanitäres Verbrechen. Minen und der kalkulierte Tod von unschuldigen Zivilisten können keine Mittel sein, um Gewalt zurückzudrängen und Konflikte zu lösen. Voraussetzung muss die UNO-Mandatierung von Einsätzen sein und die strikte Einhaltung des humanitären Völkerrechts, der Genfer Konventionen.

Ich kann keiner abstrakten Lehre vom gerechten Krieg folgen. Aber es gibt konkrete Situationen von Gewalt, die mit einem begrenzten Einsatz von Zwangsmitteln zum Besseren gewendet werden können. Auch ein solcher Einsatz wird Spuren von Ungerechtigkeit in sich tragen und Ungerechtigkeit verursachen. Doch die konkreten Konflikte haben mich und die Grünen zum Überdenken unserer Positionen gezwungen.

Der Lernprozess war schmerzlich und bitter, und es tut weh, einräumen zu müssen, dass die Welt vermutlich nie zu der friedlichen, guten und gerechten wird, die ich mir wünsche und für die ich weiterkämpfen werde. Aber dass sie nicht die beste Welt werden kann, heißt nicht, dass sie nicht eine bessere werden kann. Und wenn man sie zu einer besseren machen will, dann muss man sich eben auch einmischen und sich den moralischen Konflikten stellen, in die man dabei gerät.

Deutsche Soldatinnen und Soldaten tragen heute mit großem Mut und hoher Verantwortung dazu bei, dass einige Konflikte auf dieser Welt nicht weiter eskalieren oder wieder aufbrechen. Es wäre verantwortungslos, das zu leugnen. Deutsche Soldaten sammeln Waffen in Mazedonien ein und zerstören sie, verhindern im Kosovo ein Wiederaufflackern der Gewalt, begleiten in Afghanistan Kinder in die Schule, versuchen Sicherheit für die Zivilbevölkerung und einen demokratischen Wiederaufbau des Landes zu ermöglichen in einer unsicherer werdenden Situation. Wenn der Preis dafür ist, dass mir Militarisierung der Außenpolitik vorgeworfen wird, dann muss ich ihn wohl bezahlen. Es geht mir heute wie meinen europäischen Kollegen damals mit mir. Und ich frage wie sie damals, ob es nicht arrogant ist, um einer scheinbaren moralischen Unangreifbarkeit willen Menschen allein zu lassen oder, im Falle des Kongo, eine negative Entwicklung zu riskieren, statt eine positive Entwicklung zu unterstützen. Es wird immer eine der schwierigsten Entscheidungen sein, einem Einsatz des Militärs zuzustimmen – auch aus Verantwortung für die Sicherheit der Soldaten. Ein solcher Beschluss darf keine exekutive Befugnis sein, sie muss die Entscheidung und Kompetenz des Parlaments bleiben, nicht zuletzt weil es darüber zur notwendigen Auseinandersetzung und Debatte in der Gesellschaft kommt, die für eine lebendige Demokratie überlebensnotwendig ist. Die UNO braucht dringend gestärkte personelle Strukturen, vor allem auch internationale Polizeikräfte, die einen Beitrag zur Konfliktprävention leisten, die im Vorfeld verhindert, dass Auseinandersetzungen kriegerisch eskalieren. Die UNO braucht Friedensdienste, die für zivile Konfliktvermeidung und Deeskalation ausgebildet sind. Im Gegensatz zur weltweiten Aufrüstung wird dafür erschreckend wenig materielle Unterstützung bereitgestellt.

In seinem deutschen Abschiedsbrief hatte Alexander Langer geschrieben: »Macht weiter, was gut war.« Alexanders Vermächtnis ist, zu zeigen, dass grüne Politik umsetzbar ist – und kein folgenloser Sonntagsspruch. Er stand für einen verantwortungsvollen Pazifismus, der den Schutz der Zivilbevölkerung ebenso ernst nimmt wie den Anspruch, die Gewalt einzudämmen.

21. Wasser bergauf

Im Jahr 2000 besuchte ich zum ersten Mal Afghanistan. Ich reiste als Vorsitzende des Menschenrechtsausschusses des Deutschen Bundestages und war die Leiterin unserer Bundestagsdelegation. Die ursprüngliche Idee war gewesen, eine reine Frauendelegation zu entsenden, um schon mit der personellen Zusammensetzung den Schwerpunkt der Reise und das Hauptanliegen deutlich zu machen: dass nämlich Frauenrechte Menschenrechte sind. Vorausgegangen waren lange Diskussionen darüber, ob es überhaupt richtig sei, mit einer offiziellen Delegation in ein Land zu reisen, dessen Führung von der Bundesrepublik völkerrechtlich nicht anerkannt wurde und in dem es zu systematischen Menschenrechtsverletzungen vor allem auch an Frauen kam. Aber unsere männlichen Kollegen im Ausschuss verweigerten dieser Idee ihre Zustimmung, weil es für uns Frauen dort allein zu gefährlich sei. Doch weil Heiner Geißler als Tarifschlichter in einem Arbeitskampf gebraucht wurde und der SPD-Abgeordnete kurzfristig erkrankte, nahmen aus dem Ausschuss dann doch nur Politikerinnen teil. Begleitet wurden wir von einem Dolmetscher und Mitarbeitern aus Parlament und Auswärtigem Amt.

Ich muss zugeben, dass ich, obwohl ich stets für die Gleichberechtigung gestritten habe, erst dort bei den Taliban eine Vorstellung davon bekam, was die Unterdrückung der Frau im schlimmsten Falle bedeutet, was das vollständig verwehrte Recht auf Bildung, auf Arbeit, auf Gesundheit und damit auf Zukunft meint.

1996 hatten die Taliban, eine Miliz radikalislamischer Sunniten, Kabul eingenommen und bis 1998 rund neun Zehntel des afghanischen Territoriums erobert. Nach den strengen Regeln des wahhabitischen Islams errichteten die Taliban eine neue Ordnung. Einzig im Norden kämpfte ein Bündnis lokaler Kriegsführer, die Nordallianz, gegen die Taliban.

Der Ruf ihres charismatischen legendären Führers, Ahmed Schah Massud, der bei seinen Anhängern auch nach seinem Tod eine große Verehrung genießt, und der Kampf der Nordallianz an der Seite der Amerikaner hat aus meiner Sicht zu einer Verklärung dieser Kriegsgruppe geführt. Auch in ihrem Namen sind grausame Verbrechen begangen worden. Und als besonders frauenfreundlich werden sie ebenfalls nicht in die Geschichte eingehen.

Wir reisten in die Gebiete der Nordallianz, nach Faisabad, aber auch in die Gebiete, in denen die Taliban herrschten, nach Kabul, Dschalalabad und Chak-e-Wardak. Wir waren und blieben wohl die erste und einzige westliche Delegation, die sich nicht nur mit der Nordallianz, sondern auch mit den Taliban traf.

Oft wird gesagt, dass die Taliban ihrem Land eine mittelalterliche Gesellschaftsform aufgezwungen hätten, nachdem sie zuerst einen Raum der Sicherheit schufen in einer Zeit roher Gewalt, der Vergewaltigungen und anderer schlimmster Verbrechen. Das Land hat die Stadt erobert, hörten wir immer wieder. Wir erlebten archaische Zustände: brutale Unterdrückung, die völlige Entrechtung nicht nur der Frauen, sondern einer ganzen Gesellschaft. Das blühende moderne Kabul der Vergangenheit war verschwunden, jeder zivilisatorische Fortschritt zerstört. Afghanistan war ein Land ohne Lachen, ohne Musik. Kassettenrecorder, Fernseher, Kameras und Radios waren strikt verboten. Es war ein Land ohne Bilder, selbst in den medizinischen Lehrbüchern gab es sie nicht mehr, waren sie herausgerissen wie die Fröhlichkeit aus den Herzen der Menschen. Überall an den größeren Straßen auf dem Weg nach Kabul fuhren wir an Sicherheitskontrollen vorbei. An hohen Masten und Türmen hatten die Taliban Radiogeräte und Kassettenrecorder als Trophäen aufgeknüpft. Lange Tonbänder flatterten und raschelten im Wind wie Götzenbilder einer verhassten Zeit und einer als verkommen verschrienen Kultur, die es mit Stumpf und Stiel auszumerzen galt. Dafür gab es archaische Hinrichtungsmethoden, Steinigungen, man konnte in jedem Moment die Angst spüren, konnte sie sehen in den Gesichtern und hören in den Geschichten der Menschen. Ich werde nie die Stille vergessen können, eine bedrohlich laute Stille, nur unterbrochen von den wiederkehrenden Gebeten in den dafür vorgeschriebenen Zeiten.

Die vielleicht denkwürdigste Begegnung der ganzen Reise hatten wir mit dem ehemaligen Außenminister der Taliban, Wakil Ahmad Mutawakkil. Er galt einerseits als »liberaler« Taliban, andererseits als einer der engsten Getreuen des Emirs Omar. Er war zu diesem Zeitpunkt erst 30 Jahre alt. Später, nach dem Sieg der Amerikaner, tauchte er in den Untergrund ab, versteckte sich jedoch nur kurze Zeit und stellte sich im Februar 2002 den amerikanischen Behörden.

Wir trafen ihn in seinem Ministerium, das von einem verwahrlosten Rosenbeet eingefasst war. Da eine Frau in Afghanistan nach seiner Vorstellung nichts zu sagen und nichts zu fragen hatte, antwortete er zu Beginn unseres Gesprächs nie auf meine Fragen, sondern wandte sich stets und ausschließlich an die männlichen Begleiter unserer Gruppe. Eine gewisse Zeit ließ ich mir das gefallen, aber dann unterbrach ich ihn und ich sagte ihm direkt ins Gesicht, dass ich der Boss dieser Gruppe sei und er entweder mit mir rede oder das Gespräch augenblicklich zu Ende sei. Eine entsetzliche Stille trat ein, in der wir unser eigenes Atmen hören konnten. Mutawakkils Dolmetscher, ein alter, weißbärtiger Mann, zitterte und wagte nicht, meine Worte zu übersetzen. Als er es schließlich doch tat, sah es einen Moment so aus, als wollte Mutawakkil den Raum verlassen. Doch nach einer kleinen Ewigkeit, wie es mir schien, änderte er sein Verhalten, beantwortete unsere Fragen, und es entstand tatsächlich eine Art von Gespräch. Als er mir dann noch einen ganzen Nachmittag zur weiteren Diskussion anbot, war das für uns mehr eine Strafe als ein Erfolg.

Im ehemaligen Königspalast wurde nach dem Gespräch mit dem Außenminister für uns ein großes Essen gegeben, das erste Essen, zu dem diese Taliban-Truppe ausländische Gäste einlud. Um einen riesigen nackten Tisch saßen sehr viele, martialisch aussehende Gotteskrieger, für die wir ganz offensichtlich wie eine Erscheinung aus einer feindlichen Welt waren. Mir ging es umgekehrt ebenso. Und in diesem Moment wünschte ich, das wären Szenen aus dem Mittelalter, ein Ritter-Festmahl und höfische Kultur. Doch weit gefehlt.

Am Kopf des Tisches saß der Stellvertreter des Taliban-Chefs, in seiner Riesenhaftigkeit auch körperlich bedrohend. In meinem Kopf lief die Filmszene aus »Star Wars III«, als Luke Skywalker vor Jabba the Hutt steht.

Der Taliban-Vize hatte einen Vorkoster, der alle Speisen probierte. Ich saß zwischen ihm und dem Informationsminister Amir Chan Muttaqi, einem Gynäkologen, der in Amerika studiert und praktiziert hatte und jetzt zurück nach Afghanistan gekommen war und mit dem ich darüber stritt, wie er nach seinem bisherigen Leben einen solchen Zivilisationsbruch rechtfertigen könne. Mir gegenüber saß der Chefideologe, ein Universitätsprofessor, der maliziös und mit vernichtender Arroganz über den westlichen Menschenrechtsimperialismus in der Frage der Gleichberechtigung von Mann und Frau dozierte. In diesem Moment wünschte ich mir Heiner Geißler an meiner Seite.

Dann wurde eher eine Art Gelage als ein offizielles Mittagessen eröffnet – die Männer langten mit den Händen in die Schalen und stopften sich das Essen in den Mund. Es war keine sonderlich appetitliche Situation, und ich achtete sehr genau darauf, von welcher Schale oder Platte einer dieser Herren etwas zu sich genommen hatte, damit die wenigen Bissen, die ich nahm, mir nicht im Hals stecken blieben. Und wieder brach die nervenzerreißende Stille aus, als ich den Taliban-Stellvertreter ansprach und nach den unveräußerlichen Rechten der Frauen und Mädchen fragte. In dieses Schweigen hinein raunzte er mich an, ich solle gefälligst den Mund halten und essen. Ich antwortete, essen könne ich zu Hause; ich sei hier, um mit ihm zu reden. Daraufhin wurde es abermals totenstill, niemand rührte sich in dem großen Festsaal, die Pause dauerte eine ganze Ewigkeit.

Schließlich nickte mein Gegenüber, und sagte: »Deutsche sind Arier. Es gibt eine alte Freundschaft mit den Taliban. Ihr müsst endlich in Kabul investieren.«

Mir war klar, was er meinte, und ein Mann wie der iranische Staatspräsident Mahmud Ahmadinedschad spricht es heute ja auch offen aus. Der fundamentalistische Islam hält den Holocaust für eine gute Sache – oder er leugnet ihn. Der Hass auf Israel ist so groß, dass er zwischen gegenwärtigen Konflikten und dem Genozid der Nazis an den Juden nicht differenziert. Ich überlegte, ob ich das Gespräch abbrechen sollte. Mir war danach zumute. Aber ich wollte nicht als Beleidigte gehen, sondern diesem widerlichen Mann selbstbewusst begegnen und offensiv antworten. Deshalb bot ich ihm einen Deal an, der meine Kompetenzen ziemlich überschritt. Ich antwortete: »Gut, abgemacht, wir bauen hundert Schulen in Kabul und Umgebung, unter der Voraussetzung, dass die Hälfte der Schüler Mädchen sind.«

Er war verdutzt, sprachlos, antwortete dann, dass man mit den Jungen anfangen müsse, und lehnte mein Angebot ab. Ich hakte nach und fragte, wieso deutsche Unternehmen in seinem Land investieren, seine Eisenbahn und seine Staudämme wieder aufbauen sollten, wenn die Hälfte der Menschen in Afghanistan keinerlei Rechte hätte; ich würde keinen deutschen Unternehmer kennen, der unter solchen Bedingungen zu Investitionen bereit wäre. Dann gingen wir – ohne Ergebnis, verstört und ziemlich hungrig.

Aber es warteten noch weitere Erfahrungen auf uns. Im Indira-Gandhi-Krankenhaus trafen wir einen jungen deutschen Arzt, der in einer Kinderstation arbeitete, die von den »Hammer-Ärzten« errichtet worden war, einer weltweit tätigen humanitären Organisation. Dort operierten sie unter erbärmlichen Bedingungen. Ihre Tätigkeit bestand fast ausschließlich darin, Kindern, die auf Minen getreten waren, die Ärmchen oder Beinchen abzunehmen, um ihnen das Leben zu retten. Die Minen, die diese Kinder verstümmeln, werden extra für sie hergestellt. Sie sehen aus wie Spielzeug. Die ich sah, glichen kleinen gelben Schmetterlingen. Wenn man sie an den Flügeln berührt, detonieren sie und sprengen einem die Hand oder andere Gliedmaßen weg. Diese Minen sollen gar nicht unbedingt töten, aber sie sollen verhindern, dass kampffähige Soldaten nachwachsen, die Verstümmelten lebenslang stigmatisieren – und zeigen, wer die Macht hat. Welch abscheuliche Phantasie denkt sich so etwas aus? Das Hauptherkunftsland dieser perfiden Waffe ist übrigens Italien. Die Produktion und der Einsatz solchen Teufelszeugs muss nicht nur verboten, sondern gezielt verfolgt und hart bestraft werden. Afghanistan ist eines der am meisten verminten Länder auf der ganzen Welt – an jeder Straßenecke sieht man die erbarmungswürdigen Gestalten der Verstümmelten. Ich habe mich gerade dort zutiefst für die sadistische Phantasie hinter manchen menschlichen Erfindungen geschämt.

Eine weitere Heldin des Kampfes für die Menschen ist Karla Schefter, die seit 1993 in Afghanistan arbeitet und dort aus eigener Kraft und gegen die Widerstände und Bedrohungen des Bürgerkriegs in Chak-e-Wardak ein Hospital aufgebaut hat. Chak-e-Wardak liegt ungefähr 70 Kilometer von Kabul entfernt. Wir fuhren stundenlang durch die afghanische Ödnis, durch eine staubige, steinige Wüste ohne erkennbare Straße. Die Kulisse der gewaltigen Berge und der Natur war so grandios, erschien aber auch so feindlich, wie die politischen Verhältnisse es waren. Dann plötzlich öffnete sich ein wunderschönes, fruchtbares und besiedeltes Tal.

Karla Schefters Hospital, mit 60 Betten und einem Röntgengerät, einer eigenen kleinen Küche und einer Bäckerei, in der zwei alte Männer Brot buken, ist für 400 000 Menschen die einzige medizinische Versorgungsstelle. Als wir sie besuchten, gab es Reis mit Tomaten und dicken Bohnen. Wir setzten uns in den kleinen Garten des Krankenhauses, und es schmeckte uns so vorzüglich wie ein Fünf-Sterne-Menü.

Das Hospital wird fast vollständig von privaten Spenden finanziert. Karla Schefter lebt in einer fast klosterähnlichen Kammer. Und ungewöhnlich ist, dass sie auch unter dem Taliban-Regime Frauen behandelt hat. Solchen Menschen zu begegnen lässt einen Mut schöpfen – und an den Grausamkeiten, gegen die sie stehen, umso mehr verzweifeln.

Die langen, staubigen Fahrten durch Afghanistan gaben dem Schrecken, aber auch der Kraft der Menschen ein Bild. Auf den Landstraßen geht es sehr langsam voran, häufig mit nicht mehr als 25 Stundenkilometern. Eine Reise von 100 Kilometern dauert nicht selten vier Stunden. Und so ist auch der politische Prozess im Land – zäh, schleppend, fast zermürbend. Aber an den Wegrändern kann man auch den gut im Korn stehenden Weizen oder blühende Obstbäume und Mohnfelder sehen. Die unterschiedlichen Höhenlagen, die majestätisch-unwirtlichen Berge und die fruchtbareren Ebenen sind so gegensätzlich wie die Kulturen in diesem Land – und gehören doch zusammen. Ein Verbindungsglied sind die Pappeln, die als Bau- und Feuerholz benutzt werden, den Boden vor der Erosion durch den Regen schützen und die im Wind manchmal rascheln wie die Tonbänder an den Straßen nach Kabul.

Die Straßen ziehen sich an den Berghängen entlang, oft parallel zu Flusstälern. Und manchmal muss man diese Täler statt der Wege benutzen – so wie in jenem Vers von Antonio Machado vom Weg, den man sich beim Gehen bahnt. Ob etwas eine Straße ist, zeigt sich häufig erst dann, wenn man es befährt. Und selbst wenn es ein trockenes Flussbett ist – mitunter führt auch dies zum Ziel.

Andererseits verändert solch eine Fahrt die Erwartungen an das, was Ziel sein kann. Und es verändert sich die Farbe der Häuser mit der des Lehms, aus dem sie errichtet sind und dessen Farbe je nach Region variiert. Wie oft hört man, dass in Afghanistan die Häuser lehmfarben sind. Aber wenn man genau hinschaut, sieht man, dass sie mal rot, ocker, beige oder braun sind.

Umgeben sind die afghanischen Siedlungen oft von einem gut durchdachten Bewässerungssystem, das die Flüsse und Bäche umleitet und ihnen ein sanfteres Gefälle gibt. Im Vorüberfahren sieht es mitunter so aus, als fließe das Wasser bergauf. Das ist vielleicht das stärkste Symbol, das ich aus dieser Landschaft mitgenommen habe: Wasser bergauf fließen zu lassen. Das gleicht auch der Schwere der Aufgabe, die wir in diesem Land haben. Und wenn wir es mit dem Bau von Brunnen unterstützen, also das Wasser von unten nach oben holen, dann ist das ein wichtiger Schritt.

In Kabul liegt die Amani-Schule, eine deutsche Oberrealschule, die bereits 1924 gegründet wurde mit dem Ziel der »Vorbereitung der Zöglinge auf das Studium an deutschen Hochschulen mit dem Zweck, Seiner Majestät tüchtige höhere Beamte, Ingenieure, Ärzte und Lehrer zu beschaffen und die Schüler zu selbständigen, verantwortungsvoll handelnden und charakterfesten Menschen zu erziehen«, wie die Satzung festschrieb. Auch an dieser Schule hatten die Turbulenzen im Land deutliche Spuren hinterlassen, aber immerhin gab es sie noch. Und selbst die Taliban ließen noch zwei Wochenstunden in deutscher Sprache erteilen.

Ein sehr alt wirkender, runzliger, liebenswürdiger Mann führte uns durch ein kahles und verwüstetes Gebäude. In den Klassenzimmern hockten nur Jungen, die Räume hatten keine Stühle und nur wenige Bänke. Es gab keine Stifte und kaum Papier. Wasserleitungen, Stromkabel, Heizungsrohre waren aus den Wänden gerissen worden. In den Chemie- und Biologieräumen war die Einrichtung zerstört, es gab weder Schränke noch Laborvorrichtungen. Die Bibliothek, ehemals die größte deutsche Bibliothek in der ganzen Region, war völlig ausgeräumt. Der alte Mann stellte sich uns als der Deutschlehrer der Schule vor. Er hatte auch die

Bibliothek geleitet und erzählte, dass er geweint habe, als seine Bücher in den Hof gebracht, zu einem Scheiterhaufen aufgetürmt und verbrannt wurden. Wir unterhielten uns lange in diesem leeren Raum über seine Bücher, die es nicht mehr gab, und noch einmal flossen Tränen.

Untergebracht waren wir damals im UNO-Gebäude in Kabul. In diesem Gebäude durften sich nie mehr Menschen aufhalten, als es Plätze im Luftschutzbunker gab. Denn immer wieder kam es zu Angriffen und Überfällen auf UNO-Einrichtungen.

Neben dem Luftschutzbunker gab es jedoch noch eine Besonderheit: eine heimliche Bar. Sie war der einzige Ort in Süd-Afghanistan, an dem es Alkohol gab, allerdings nicht mehr viel. Als wir dort zu Gast waren, gab es nur noch Whisky und Blue Curaçao. Freunde vom UNHCR hatten zwei Dosen Bier ins Land geschmuggelt. Das halbe Gläschen, das sie mir abgaben, war das schmackhafteste Bier meines Lebens. Es war weder kalt noch besonders gut, und aus einer Alu-Dose kam es außerdem. Aber ich trank es gegen den Willen der Taliban und auf das Wohl all der unterdrückten Frauen, der gequälten Kinder und des Deutschlehrers, auf den Kinderarzt und auf Karla Schefter. Und ich dachte an den alten Mann ohne Zähne, der mir im Norden eine schmutzige Plastiktüte in die Hand gedrückt hatte, in der herrliche Lapislazulisteine versteckt waren, an den Verkäufer in einem Laden in der Chicken Street mit reich bestickten bunten Kinderkleidern, die mit kleinen Spiegelknöpfchen und farbigen Bändern geschmückt waren, an die Verfassungsrichterin und die Universitätsprofessorin, die nicht mehr arbeiten durften, und an die Witwe mit dem von Armut, Tränen und Bitterkeit zerfurchten Gesicht.

Und ich musste an eine weitere Heldin denken, die uns in diesem Land Augen und Herzen geöffnet hat, Irene Salimi, die Statthalterin in der deutschen Botschaft, deren Mann in früheren Zeiten ein hoher afghanischer Diplomat gewesen war. Sie hielt unter den härtesten Bedingungen, als fast alle ausländischen Diplomaten das Land verlassen hatten und viele Vertretungen geplündert waren, das Botschaftsleben aufrecht. Die Botschaft, dereinst von Bundespräsident Heinrich Lübke eingeweiht, war jetzt von mannshohen Sandsäcken geschützt, ihre Mauern trugen Einschüsse, und die kaputten Fenster waren mit Holzplatten vernagelt. Irene Salimi war die beste Gastgeberin, die man sich nur vorstellen kann. In einer völlig unwirklichen Umgebung lud sie zu rheinischem Sauerbraten und Apfelkuchen, an einem festlich gedeckten Tisch mit Porzellan und deutschem Adler auf dem Silberbesteck. Serviert wurde von afghanischen Mitarbeitern in weiß gestärkten Uniformen, Afghanen, die über lange Jahre fest zum Haus gehörten.

Irene Salimi war für lange Zeit gesellschaftlicher Mittelpunkt und Anlaufstelle für die mutigen Vertreter der humanitären Organisationen, die in Afghanistan geblieben waren, wie die Schweizer Ordensbrüder, die eine Leprastation unterhielten. Und sie hatte beste Kontakte in die afghanischen Kreise, die ihr durchaus mit Respekt begegneten. Bei Frau Salimi wurde gelacht und Kraft getankt, und einmal in der Woche gab es etwas ganz Besonderes und streng Verbotenes für jeden Gast: wahlweise und streng limitiert ein Gläschen Campari oder ein Gläschen von dem Doppelkorn, den sie aus der ehemaligen DDR-Botschaft gerettet hatte und den sie hütete wie einen Schatz.

Bei meinem zweiten Besuch, zusammen mit Joschka Fischer nach dem Ende des Krieges und des Taliban-Regimes, hatte ich eine große Spende aus Büchern, Hörbüchern, Kassetten und CDs mit im Gepäck. Sie wurden mit der Bundeswehr transportiert. Ich übergab das Geschenk den neuen Verantwortlichen der Amani-Schule, und es begann damit der Wiederaufbau der Bibliothek des greisen Deutschlehrers. Ein bisschen Wasser floss doch bergauf.

22. Der 11. September
und der 26. November

Am 11. September 2001 regnete es in Strömen. Für den Abend war zu unserem großen grünen Sommerfest eingeladen, und wir fragten uns in der Parteizentrale, was wir mit den vielen Menschen anstellen sollten, wenn es auch am Abend so bliebe.

Zum Mittagessen traf ich Jürgen Trittin und Fritz Kuhn. Wir diskutierten über die Frage, ob die Aufhebung der Trennung von Amt und Mandat in unserer Satzung die dazu benötigte Zweidrittelmehrheit bekommen würde, weil Fritz und ich für den Bundestag kandidieren und weiter Parteivorsitzende bleiben wollten. Ich zog mich bald zurück, um meine Begrüßungsrede für das Sommerfest zu schreiben, schloss die Tür und saß an meinem Schreibtisch, als plötzlich unser Schatzmeister, Dietmar Strehl, schrie, wir sollten sofort den Fernseher anschalten, es sei etwas Furchtbares passiert. Wir liefen zu den nächsten Geräten. Ich stand vor dem Fernseher, sah ein Flugzeug in die Zwillingstürme in New York rasen und begriff überhaupt nicht, dass dies tatsächlich gerade geschah. Ich dachte wirklich zuerst, es sei ein Scherz von Dietmar, wir würden irgendein D-Movie sehen, in dem jeden Moment King Kong auftauchte. Es dauerte, bis ich begriff, dass dies die New Yorker Wirklichkeit war, unsere Wirklichkeit, ein gezielter Angriff auf das World Trade Center. Niemand sprach. Und auch am Schweigen erkannte man, wie unfassbar real die Szenen waren, an diesem Ort in New York, den ich sehr gut kannte – mit der kleinen Kirche neben den Twin Towers, dem Geschäft des Hemdenmachers um die Ecke bei der Börse und dem nahen Fischmarkt, einem der beeindruckendsten auf der ganzen Welt. New York ist multikulturell, eine Stadt, die eine ganze Welt in sich trägt, die paradigmatische Stadt der Moderne. Hier ging es nicht einfach um einen Konflikt A gegen B. Es ging um einen Anschlag auf eine Lebensform – auch auf meine Idee von Leben.

Wir versammelten uns bei Fritz Kuhn im Büro, traurig, entsetzt, und immer noch konnten wir nicht recht glauben, geschweige denn verstehen, was passiert war. Wir sagten das Sommerfest ab, und der engste Kreis der Parteiführung traf sich im Auswärtigen Amt bei Joschka Fischer. Es war still im Raum. Joschka war ruhig und konzentriert und analysierte die Ereignisse sehr scharf mit Blick in die Zukunft: »Die Welt ist nicht mehr so, wie sie war.« Er ging fest davon aus, dass Bush eine weitreichende Antwort geben würde, und war sich der Gefahr eines neuen Krieges sehr bewusst.

Die Zeit danach gab ihm Recht. Der September war überschattet von immer neuen Spekulationen, welches Land der Gegenschlag der Amerikaner zuerst treffen würde. Der ganze Herbst 2001 war im Rückblick eine einzige Zeit des Wartens auf die Entscheidung der Amerikaner. Die Berichte über die Ausbildungslager der Al Qaida in Afghanistan überstürzten sich. Ich musste oft an meinen Besuch bei den Taliban denken. Wir Grünen und die Bundesregierung diskutierten, wie wir uns in der UNO verhalten sollten. Bush hatte bereits in seiner ersten Stellungnahme dem Terrorismus den Krieg erklärt. Kriegsschiffe wurden im Persischen Golf zusammengezogen. Am 2. Oktober zitierte der NATO-Generalsekretär George Robertson den Artikel 5 des NATO-Vertrages, wonach der Terrorakt in den USA den Bündnisfall für die 19 Mitglieder der NATO bedeutete. Artikel 5 des NATO-Vertrages besagt folgendes: »Die Parteien vereinbaren, dass ein bewaffneter Angriff gegen eine oder mehrere von ihnen (...) als ein Angriff gegen sie alle angesehen werden wird; sie vereinbaren daher, dass im Falle eines solchen bewaffneten Angriffs jede von ihnen (...) der Partei oder den Parteien, die angegriffen werden, Beistand leistet, indem jede von ihnen unverzüglich für sich und im Zusammenwirken mit den anderen Parteien die Maßnahmen, einschließlich der Anwendung von Waffengewalt, trifft, die sie für erforderlich erachtet, um die Sicherheit des nordatlantischen Gebiets wiederherzustellen und zu erhalten.«

Klar war auch, dass ein Einsatz für die Bundeswehr weit über die Dimension des Kosovo-Beschlusses hinausgehen würde, nicht nur weil das Einsatzgebiet vom Hindukusch über den Nahen Osten bis ins nordöstliche Afrika reichen würde. In Serbien waren einige Tornados der Luftwaffe eingesetzt worden, ansonsten leistete die Bundeswehr logistische Unterstützung. Nun war die Rede davon und die Erwartung an uns, größere Truppenverbände bereitzustellen – bis zu 1800 Mann Seestreitkräfte, 800 Mann ABC-Abwehrkräfte und 100 Mann Spezialkräfte.

Am 6. Oktober flog ich trotz allem mit Christian Sterzing, dem damaligen außenpolitischen Koordinator der Bundestagsfraktion, nach China, um die Situation zu sondieren und dafür zu werben, dass die Böll-Stiftung endlich auch dort die Möglichkeit bekäme, ein Büro zu eröffnen, ohne dabei auf das Engagement für die Menschenrechte zu verzichten. Die Reise war lange geplant und akribisch vorbereitet. Ich war genau einen Tag da, als die ersten Raketen Afghanistan trafen. Abends hielt ich eine Rede vor hohen chinesischen Parteikadern über grüne Politik, die ökologische Frage, aber auch über die Rechte von Frauen. Die Nacht verbrachten Christian und ich am Telefon, um über die dramatischen Ereignisse laufend informiert zu sein. Am nächsten Tag brachen wir unseren Aufenthalt ab und flogen zurück nach Berlin.

Es häuften sich die warnenden Berichte über die Gefährdung der Zivilbevölkerung und Flüchtlinge durch die Bombardements in Afghanistan und die dadurch besorgniserregend gewordene Versorgungslage kurz vor Wintereinbruch. Ich wollte mir ein eigenes Bild über die Lage direkt vor Ort machen können und mit den dortigen Vertretern der Hilfsorganisationen Kontakt aufnehmen. Deshalb reiste ich nach

Pakistan und wollte versuchen, von dort aus nach Afghanistan weiterzukommen. Die Einreise nach Afghanistan wurde mir verwehrt, aber ich konnte im pakistanischen Islamabad intensive Gespräche mit Vertretern der UNO-Organisationen, dem UNHCR und dem World Food Program führen, die unisono und vehement die Kriegführung der Amerikaner kritisierten und Belege dafür hatten, dass die Zivilbevölkerung nicht geschont wurde. Sie warnten davor, dass die Flüchtlinge und Menschen in abgeschlossenen Bergdörfern unweigerlich vom Tod bedroht seien, wenn unter Kriegsbedingungen nicht sofort Hilfe geleistet werden könne.

Als ich zurück nach Deutschland kam, forderte ich genau das – ein Aussetzen der Kriegshandlungen, um humanitäre Hilfe sicherzustellen. Viele, die allesamt nicht in Pakistan gewesen waren, wussten es aber besser, auch so mancher in der grünen Partei äußerte sich skeptisch gegenüber diesem Vorschlag. Gerhard Schröder reagierte sehr heftig, weil er ja die bedingungslose Solidarität mit den USA ausgerufen hatte. Und einige Medienvertreter stellten ob dieser Forderung öffentlich meinen Geisteszustand in Frage. Ich sah mich einem Sperrfeuer ungeahnten Ausmaßes gegenüber, und es dauerte mehrere Tage, bis Gegenstimmen laut und lauter wurden, die die Achtung humanitärer Verpflichtungen einforderten und mich in der Kritik an der bedingungslosen Solidarität des Bundeskanzlers unterstützten.

Gleichwohl war es richtig gewesen, diese Forderung zu stellen. Immerhin wurde die Aufmerksamkeit so auf das Leid der Zivilbevölkerung gelenkt. Tatsächlich erfroren dann 480 afghanische Flüchtlinge, darunter 220 Kinder, in einem Lager außerhalb Herats, weil sie kein Dach über dem Kopf und keine Decken hatten. Auch im Krieg ist dieses Elend unserer Welt nicht würdig.

Klar war zu diesem Zeitpunkt, dass Schröder eine deutsche Kriegsbeteiligung wollte, auch Joschka Fischer war für eine Beteiligung Deutschlands am Kampf gegen den Terror, sofern es ein UN-Mandat dafür geben würde. Fritz Kuhn unterstützte diese Position ebenfalls. Sie sagten, Deutschland dürfe sich nicht aus der Verantwortung ziehen. Das war richtig. Aber ich forderte kritische Solidarität ein, und die Konsequenzen und die Form einer Beteiligung waren für mich weit weniger klar ausgemacht.

Es waren dann die Kriterien, die ich bereits nannte, die mich für den Einsatz stimmen ließen: UNO-Mandatierung, Ausschöpfung aller diplomatischen, politischen und ökonomischen Sanktionen, Wahrung des humanitären Völkerrechts und das klare Ziel, die Gewalt zurückzudrängen, um Frieden zu ermöglichen.

So basisdemokratisch wir Grünen sind, ich spürte in dieser Situation, dass mir als Parteivorsitzender und Vertreterin des linken Parteiflügels eine besondere Rolle zuwuchs. Würde ich nein sagen, würde das die Partei entzweien, die Doppelspitze würde zerbrechen, eine Einigung wäre ausgeschlossen. Mindestens hätte es das Ende der rot-grünen Koalition bedeutet, was den Einsatz der Bundeswehr erst recht nicht verhindert, sondern einen Einsatz ohne UN-Mandat nur wahrscheinlicher gemacht hätte. Dennoch gab es in der grünen Bundestagsfraktion eine Gruppe von acht Leuten, die eine Zustimmung mit ihren Grundprinzipien nicht vereinbaren konnten. Und es gab andere, die eine weitgehende Kriterienfreiheit für den Einsatz forderten. Die Koalition verfügte über eine Mehrheit von sieben Stimmen. Schröder verband die Abstimmung mit der Vertrauensfrage, das heißt, er würde zurücktreten, und das rot-grüne Regierungsprojekt wäre zu Ende. Wir jedoch beharrten auf einer Diskussion des Problemkomplexes aus der Sache heraus und machten uns die Drohgebärde und das Kalkül der Macht nicht zu eigen. In vielen Regionalkonferenzen wurde tage- und nächtelang über die Lage diskutiert und über die schwierig zu treffende Entscheidung gestritten, und heute bin ich überzeugt, dass diese Debatten die Partei stärker und glaubwürdiger und nicht schwächer gemacht haben.

Unsere acht grünen Abgeordneten gaben ihre ablehnende Haltung dann schriftlich zu Protokoll und einigten sich auf einen Kompromiss. Sie beschlossen, ihre Stimmen zu »splitten«. Weil sie gegen den Kriegseinsatz der Bundeswehr, aber für den Fortbestand der rot-grünen Regierung seien, stimmten am 16. November vier mit Nein und vier mit Ja. Insgesamt stimmten 336 Abgeordnete der rot-grünen Koalition in Berlin für die Bereitstellung von Bundeswehreinheiten im Kampf gegen den Terrorismus und sicherten so die Regierungsmehrheit. Drei Stimmen mehr, als erforderlich gewesen wären.

Am 26. November 2001 trafen wir uns zum Parteitag in Rostock. Im Bundesvorstand wurde beschlossen, dass ich die Eröffnungsrede halten sollte. Mir kam es auf zweierlei an. Zum einen wollte ich deutlich machen, dass der Streit und der Gewissenskonflikt, der in der Partei virulent war, Stärken der Grünen sind. Eine Stärke ist es, um Lösungen zu ringen und dort differenziert zu bleiben, wo es kein einfaches Ja und kein einfaches Nein gibt. Andererseits wollte ich deutlich machen, dass mit den Anschlägen vom September der Terrorismus und der Weltfrieden ein neue und prekäre Dimension erreicht hatten und es hier nicht ausreichte, nur die pazifistischen Antworten aus dem Kalten Krieg zu wiederholen. Es ging um politische Konzepte zur Gewalteindämmung, die auch gezielte und begrenzte Mittel der Gewaltrepression mit umfassen. Diese dürfen aber immer nur Hilfsmittel sein in einem umfassenden politischen Konzept. Sie müssen verhältnismäßig sein, im Einklang mit den Normen, der Charta und den Beschlüssen der Vereinten Nationen stehen und dem Schutz der Zivilbevölkerung als oberstem Prinzip verpflichtet sein. Deshalb hatten wir Grünen gefordert, dass die deutschen Einheiten ausschließlich gegen Al Qaida und deren Unterstützer eingesetzt werden, dass die Spezialkräfte rein polizeilich-militärische Aufgaben haben, das Einsatzgebiet deutscher Truppen eng eingegrenzt ist und Sperren eingebaut werden, die Aktionen etwa in Irak und Somalia ausschließen, dass die Zusammensetzung der bereitgestellten Einheiten nicht ohne Beteiligung des Bundestages verändert werden darf und dass die Bundesregierung den Bundestag jederzeit umfassend über den Einsatz unterrichten muss, damit das Parlament sein verfassungsmäßiges Recht auch wirksam ausüben kann. All das versprach und beschloss die Regierung. Deshalb konnte ich zustimmen und wollte um Zustimmung werben.

Bis in die späte Nacht hinein feilte ich an meiner Rede, las sie dann meinem Freund Frithjof Schmidt vor und überarbeitete sie nochmals. Doch auch als ich fertig war, fand ich keinen Schlaf. Als ich morgens aufstand, hätte ich eigentlich hundemüde sein müssen, war jedoch hellwach vor Anspannung. Ich kam in den Frühstücksraum, und die ersten Freunde, die ich traf, sagten mir, ich solle heute besser keine Zeitung lesen. Heribert Prantl hatte in der »Süddeutschen Zeitung« »Grün grün olivgrün« getitelt, andere läuteten uns das Totenglöckchen, und ausgerechnet die »tageszeitung« fuhr auf der Titelseite einen bösen, hämischen Angriff auf mich persönlich und kürte mich zur »Gurke des Jahres«. Das war so daneben, dass manche Grüne anfingen, Kündigungen von »taz«-Abos zu sammeln. Aber es war mehr Trauer als Ärger, die ich darüber empfand. Bei allem Verständnis für Aufmacher, scharfe Kommentare und bissige Schlagzeilen, bei allem Wissen, dass wir Grüne Lieblingsgegner in der Medienlandschaft sind, war diese Art von Journalismus dem Tag und der Entscheidungssituation nicht angemessen. Es ging ja nicht um irgendeine parteiinterne Satzungsänderung, es ging um eine Entscheidung über Leben und Tod, bei der statt Polterei Nachdenklichkeit angemessen gewesen wäre.

Tatsächlich dachte ich einen Moment lang daran, auf diesem Parteitag zurückzutreten. Die Art des Diskurses, das laute, öffentliche Draufschlagen schienen mir unvereinbar mit einem sachlichen Abwägen der Argumente in dieser wichtigen Debatte, die abermals an die Grundfesten grüner Überzeugungen rührte. Ich wollte mich weder innerlich verbiegen lassen noch öffentlich diffamiert werden. Immer war es meine Hoffnung, durch das Zugehen auf Menschen, durch Dialog und Engagement Prozesse, die im Innern des bundesdeutschen Machtgefüges ablaufen, öffentlich zu machen und auch der Kritik auszusetzen. An diesem Morgen des Rostocker Parteitages schien mir dieser Versuch gescheitert, jedenfalls was den Beschluss zum Afghanistan-Einsatz anging.

Wir, der grüne Bundesvorstand, hatten nach langen intensiven Diskussionen und heftigem Ringen den Antrag gestellt, den Beschluss des Bundestags vom 16. November zu einer militärischen Beteiligung Deutschlands im Kampf gegen den Terrorismus zu akzeptieren. Joschka Fischer machte unmissverständlich klar, dass eine Ablehnung des Antrags gleichbedeutend mit dem Ende der rot-grünen Koalition in Berlin sei, und deutete auch persönliche Konsequenzen an. Fischer wurde mit Standing Ovations gefeiert. Gegen die Annahme des Antrags redeten Christian Ströbele, Annelie Buntenbach und andere Vertreter des linken Flügels. Sie forderten ein »klares Nein zum möglichen Einsatz der Bundeswehr in Afghanistan«. Ströbele wurde ebenfalls frenetisch beklatscht. Ein Patt zeichnete sich ab. So setzten sich alle noch einmal zusammen, gingen aufeinander zu, anstatt die Konfrontation zu suchen, und überarbeiteten den Antrag des Bundesvorstandes. Den Kompromiss formulierte schließlich mit großem Geschick und Gespür Reinhard Bütikofer. Mehr als zwei Drittel der 700 Delegierten stimmten schließlich für den Antrag, der eine auch militärische Beteiligung der Bundesrepublik mit einschloss – auf der Basis sehr klarer Kriterien, die Leitmaßstab für unser Nein zum Irak-Krieg werden sollten.

Welche praktische Relevanz die strikten Bedingungen für den Bundeswehreinsatz, auf denen wir immer bestanden, tatsächlich haben, das zeigte sich bei den Kriegsvorbereitungen der Administration von George W. Bush gegen den Irak.

Die Bundesrepublik gehörte nicht zur »Koalition der Willigen« – im Unterschied zu Ländern wie Spanien, Italien, Großbritannien, Polen und anderen. Saddam Hussein war ein schlimmer Diktator, ohne jeden Zweifel ein grausamer Menschenrechtsverletzer, doch der Krieg gegen den Irak war nicht gerechtfertigt. Die Begründungen der US-Administration haben sich als »Irrtümer« erwiesen. Der ehemalige US-Außenminister Colin Powell bezeichnet seine Rede vom Februar 2003 vor dem UNO-Sicherheitsrat, in der er angebliche Beweise für den Besitz von Massenvernichtungswaffen des Irak vorlegte, inzwischen als Schandfleck in seiner Karriere. Es konnten auch keine Belege für eine Verwicklung des Irak und Saddam Husseins in die Anschläge vom 11. September 2001 erbracht werden.

Die rot-grüne Regierung hat das schon damals mit aller Klarheit gesehen, allen voran die Grünen und Joschka Fischer: »In this democracy my generation has learnt, you have to make the case, and to make the case in a democracy, you have to be convinced yourself, and excuse me, I am not convinced. This is my problem and I cannot go to the public and say, ›well, let's go to war because there are reasons and so on‹, – and I don't believe in [them]«, wie er Donald Rumsfeld ins Gesicht sagte.

Andere Politiker in der Bundesrepublik waren gutgläubiger – oder wollten es sein – und zeigten eine ganz besondere Form des vorauseilenden Gehorsams. Drei Tage nach der Rede von Colin Powell befürwortete Frau Merkel auf der Münchner Sicherheitskonferenz eine Beteiligung Deutschlands am Irak-Krieg: »Die Bedrohung durch die Massenvernichtungswaffen von Saddam Hussein ist real, nicht fiktiv.« Selbstkritik angesichts dieser eklatanten Fehleinschätzung habe ich von ihr bisher nicht gehört, ebenso wenig von Guido Westerwelle, der gleichfalls die Kriegstrommel rührte, indem er überall erzählte, dass irakische Raketen in wenigen Minuten die Bundesrepublik erreichen könnten.

Eine Regierung Merkel/Westerwelle wäre den Weg der

Regierungen Blair, Aznar und Berlusconi gegangen. Sie wäre an der Seite von Bush in den Irak einmarschiert. Rot-Grün hat das verhindert. Das war die wichtigste außenpolitische Entscheidung der rot-grünen Regierungszeit. Wir haben unsere Soldatinnen und Soldaten vor einem unverantwortlichen und ungerechtfertigten Abenteuer und Deutschland vor dem größten Debakel seiner Nachkriegsgeschichte bewahrt. Daran änderten auch die Versuche von Unions- und FDP-Politikern nichts, die Zustimmung zum Krieg im Nachhinein als bloß taktische darzustellen, so als könne man die ersten sieben Schritte in den Krieg mitgehen, um dann, wenn es zum Schwur kommt, so zu tun, als sei nichts gewesen. Wer so argumentiert, der kennt entweder die politische Logik nicht, in die er sich begibt, oder er tut so, als wäre sie ihm unbekannt. Und ich weiß nicht, was davon schlimmer ist.

23. Mein Name ist Mensch

Am 28. Februar 1933, dem Tag nach dem Reichstagsbrand, dem Tag, an dem die Reichsnotverordnung »zum Schutz von Volk und Staat« die wichtigsten Grundrechte der Weimarer Verfassung aufhob und für eine Reihe von Straftaten die Todesstrafe einführte, floh Bertolt Brecht mit seiner Familie aus Berlin. Er entkam den Nazi-Schergen und erreichte über Prag, Wien und Zürich Dänemark, lebte im schwedischen und finnischen Exil und konnte 1941 über Wladiwostok in die USA einreisen. Das Exil wurde für viele Jahre Brechts Lebenswirklichkeit.

Nach mehr als einem Jahrzehnt im Exil schrieb er das Gedicht »Die Rückkehr« über Augsburg, seine Vaterstadt. Und es scheint, als schließe sich darin ein Kreis des Schreckens und der Vernichtung, der mit dem Reichstagsbrand und der Flucht vor den Nazis seinen Ausgang genommen hatte, wenn es darin heißt:

»Die Vaterstadt, wie find ich sie doch? / Folgend den Bomberschwärmen / Komm ich nach Haus. / Wo denn liegt sie? Wo die ungeheueren / Gebirge von Rauch stehn. / Das in den Feuern dort / ist sie.«

Der bei weitem verheerendste Luftangriff auf Augsburg – die Stadt, in der heute mein Wahlkreis liegt und die ich im Bundestag vertrete – war der vom Februar 1944. Brecht denkt an Rückkehr in die zerstörte Stadt, in der er aufgewachsen ist, die Stadt des Religionsfriedens, in der er in einer anderen unfriedlichen Zeit, am Ende des Ersten Weltkriegs, in einem Lazarett Kriegsdienst tat, die alte Handelsstadt, die Stadt der Fugger und Welser, die Stadt von Leopold Mozart – die Stadt, deren berühmtester Sohn Bertolt Brecht selbst einmal werden sollte.

Aber an was für eine Rückkehr denkt Brecht, der Emigrant, der sein nacktes Leben retten konnte und in seinem Arbeitsjournal lakonisch die 30 Gegenstände aufführte, die er noch besaß, der staatenlose Brecht, dem die Nazis »wegen Schädigung der deutschen Belange und Verstoßes gegen die Pflicht zur Treue gegen Reich und Volk« 1935 die deutsche Staatsangehörigkeit entzogen hatten. Er denkt an eine Heimat hinter Gebirgen von Rauch, in der so viele vom Terror der Nazis noch schlimmer betroffen waren als er, der verlorene Sohn, der fliehen musste, weil er in Not und im Recht war und nur um den von den Nazis heraufbeschworenen Preis der Vernichtung zurückkehren kann. Brecht triumphiert nicht, er fragt bang, was für eine Rückkehr es sei, der Feuersbrünste vorausgingen.

Doch Brechts Odyssee sollte noch lange nicht zu Ende sein. 1947 entkam er nur knapp den Verfolgungen durch den Ausschuss für unamerikanische Aktivitäten. Er verließ die USA der McCarthy-Ära – ohne Pass und nur mit einer amerikanischen Identity Card versehen. Die Einreise nach Deutschland wurde ihm untersagt, einzig die Schweiz gewährte ihm Zuflucht. Erst 1950 ging die Zeit der Staatenlosigkeit für ihn zu Ende. Er erhielt die österreichische Staatsbürgerschaft – und die reaktionäre Wiener Presse kommentierte: »Kulturbolschewistische Atombombe auf Österreich abgeworfen«.

Was der Besitz eines Passes bedeutet, das wusste der Emigrant Bertolt Brecht wohl wie kaum ein anderer. In seinen Flüchtlingsgesprächen schrieb er: »Der Pass ist der edelste Teil von einem Menschen. Er kommt auch nicht auf so einfache Weise zustand wie ein Mensch. Ein Mensch kann überall zustandkommen, auf die leichtsinnigste Art und ohne gescheiten Grund, aber ein Pass niemals. Dafür wird er auch anerkannt, wenn er gut ist, während ein Mensch noch so gut sein kann und doch nicht anerkannt wird.«

Brecht verfremdet die Dinge zur Kenntlichkeit. Sein Text wirft die Frage auf, wie es um eine Welt bestellt ist, in der ein Pass, eine attestierte Staatsangehörigkeit, als etwas Vorzügliches, als der »edelste Teil von einem Menschen« gilt, während die Existenz des Menschen grundlos und leichtsinnig erscheint, als etwas, das an sich nicht anerkannt wird. Der Mensch ist erst dann Mensch, wenn eine höhere Staats- und Behördeneinsicht ihn mit einem Pass versieht – und zwar nicht mit einem x-beliebigen, sondern mit einem Pass, der »gut ist«, von einer gediegenen Qualität, die anerkannt wird. Die Verkehrung, die den Menschen zum Anhängsel eines Dokumentes macht, ist die Erfahrung von Millionen Migranten und Emigranten – zu Brechts Zeit und heute immer noch. Die verkehrte Welt, die Brecht beschreibt, ist unsere Welt.

Brecht war staatenlos, nachdem die Nazis ihm wie so vielen anderen die deutsche Staatsangehörigkeit aberkannt hatten. Mein Mitarbeiter Ali Mahdjoubi hat zwei Staatsangehörigkeiten, zwei Pässe. Er ist Gott sei Dank nicht mehr von der Willkür eines theokratischen Regimes abhängig. Von einigen Vertretern der deutschen Hochfinanz geht die Rede, sie hätten bis zu vier unterschiedliche Pässe – von jeweils ganz vorzüglicher Qualität …

Das erste große Demokratisierungsprojekt, das die rot-grüne Regierung in Angriff nahm, war ein modernes Staatsbürgerschaftsrecht. Es ging um ein Recht, das der Realität unserer heutigen Gesellschaft entspricht, nämlich der einer Einwanderungsgesellschaft, in der viele Menschen leben, deren Wurzeln in anderen Ländern liegen. Zugleich musste ein solches zeitgemäßes Recht das alte Blutsrecht überwinden. Das Erlangen der deutschen Staatsbürgerschaft sollte in einer modernen Welt nicht mehr vom »deutschen Blut« – was immer das sein mag – abhängig sein. Und wir wollten die generelle Anerkennung der doppelten Staatsbürgerschaft, den Doppelpass.

Anders als bei der Frage von Krieg und Frieden, wo ich meine Haltung verändert habe, weil die Welt sich verändert hat, hat die Veränderung der Welt meine Position zur Frage von Migration und Flucht nicht in Frage gestellt, sondern nur mehr ihre Dringlichkeit aufgezeigt. Diese Frage ist in einem demokratischen Rechtsstaat eine Grundfrage menschlichen Zusammenlebens. Es geht um die Frage, wie die Beziehungen zwischen Menschen sich gestalten, in welchem Land wir leben wollen.

Roland Koch startete zur Landtagswahl in Hessen 1999 eine Unterschriftenkampagne gegen die Reform des alten, in wesentlichen Teilen ja noch aus dem Jahr 1913 stammenden »Reichs- und Staatsangehörigkeitsgesetzes« und schuf damit ein gesellschaftliches Klima, das bis heute die Diskussion vergiftet. Seine populistische Demagogie richtete sich vordergründig gegen die Einführung der doppelten Staatsbürgerschaft, tatsächlich wirkte sie ausgrenzend gegen alle Ausländer in unserem Land, weil gegen sie Unterschriften gesammelt wurden. »Hier können Sie gegen Ausländer unterschreiben« – das war die eigentliche Botschaft an den Infoständen der Koch-CDU. Die ausländerfeindliche Dynamik, die von ihr ausging, hatte ich absolut nicht für möglich gehalten und völlig unterschätzt. Einer meiner größten politischen Fehler.

Für mich ist Mehrstaatlichkeit überhaupt kein Problem, weil sie zu vielen Biographien in einer Welt der freiwilligen oder erzwungenen Wanderungsbewegungen passt. Warum sollte ein Mensch, dessen Großeltern aus Antalya stammen und der hier in Deutschland geboren ist, nicht den türkischen und den deutschen Pass haben? Der Doppelpass ist die Konstruktion, die der Lebenswirklichkeit und -geschichte von vielen Menschen heute am besten entspricht, die Konstruktion, die man wählt, wenn die Menschen an erster Stelle stehen, wenn man davon ausgeht, dass der Staat für den Bürger da sein soll. Anders verhält es sich, wenn man vom Obrigkeitsstaat ausgeht, von dem Staat, der den Menschen zum Anhängsel seines Passes macht. Aus dieser Perspektive sieht man nicht die Menschen und ihre Ansprüche, sondern nur noch »Loyalitätskonflikte«. Der Doppelpassinhaber ist ein Grauen für denjenigen, der den Staat als

Herrn denkt – und den Bürger als Knecht, denn dann wäre der Doppelpassinhaber ja ein Diener zweier Herrn, und so etwas macht bekanntlich jeden Herrn nervös, auch Herrn Koch. Genau diesen Unterschied hätten wir stärker herausarbeiten, diese Auseinandersetzung hätten wir viel offensiver führen sollen, um mehr Akzeptanz für etwas zu gewinnen, das für mich selbstverständlich ist.

Als dann der damalige CDU-Fraktionsvorsitzende Wolfgang Schäuble eine ebensolche Unterschriftenkampagne für ganz Deutschland ankündigte, standen die Zeichen auf Sturm. Koch hatte Erfolg mit seiner üblen Stimmungsmache und liefert seither zum Schaden für unsere Demokratie das von Unionspolitikern oft kopierte und bisher – der Vernunft der Wähler sei Dank – nie erreichte Vorbild für Wahlkämpfe nach Kochscher Manier.

Rot-Grün verlor die Wahl in Hessen, im Bundesrat gab es fortan keine Mehrheit mehr für eine Politik, die die längst überfälligen Reformen konsequent mit getragen hätte. Und die SPD, die es eigentlich hätte besser wissen müssen, knickte beim Versuch einer in sich schlüssigen, zeitgemäßen, liberalen und demokratischen Reform ein.

Durch die neuen Mehrheiten im Bundesrat waren wir, wenn wir überhaupt etwas erreichen wollten, auch auf die SPD/FDP-Regierung in Rheinland-Pfalz angewiesen. Und da erwies sich, was Liberalität der FDP meint, wenn nur die Verwertbarkeit von Menschen zählt, der Profit hier und jetzt, und nicht das, was Menschen für unser Gemeinwesen geleistet haben, nicht die Wertschätzung von Lebensgeschichten. Wir hatten nämlich vorgeschlagen, wenigstens der ersten Einwanderergeneration, die als Gastarbeiter zu uns geholt worden ist, die doppelte Staatsbürgerschaft zu erleichterten Bedingungen anzubieten, als Zeichen der Wertschätzung und Ausdruck des Wissens um unterschiedliche Biographien. Das wurde kalt abgelehnt und ist bis heute sicher ein Grund dafür, dass sich viele Kinder und Enkel der ersten Generation nicht einbürgern lassen.

Ich wusste nicht, ob ich mich mehr über die CDU oder die SPD ärgern sollte. Politisch gerieten wir Grünen jedenfalls zwischen die Fronten. Wir mussten das neue Staatsbürgerschaftsrecht gegen die Union verteidigen, obwohl der Gesetzentwurf nicht ganz unseren Vorstellungen entsprach, und gleichzeitig gegenüber der SPD auf Veränderungen drängen. Im März 1999 standen wir vor der Alternative, entweder alles platzen zu lassen oder auf die doppelte Staatsbürgerschaft zu verzichten.

Wir gingen einen Weg, der wenigstens an einem Kernpunkt Bewegung in die Sache brachte und dem alten Blutsrecht, dem »ius sanguinis«, seine Ausschließlichkeit nahm. Seit dem 1. Januar 2000 ist das Territorialprinzip, das »ius soli«, Teil unseres Staatsbürgerschaftsrechts. Bei allen schmerzlichen Einschränkungen, die wir hinnehmen mussten, haben wir damit doch eine historische Reform auf den Weg gebracht – hin zu einem zeitgemäßen Staatsbürgerschaftsrecht, wie es in vielen wichtigen westlichen Demokratien, in Frankreich, Großbritannien, den USA und anderen Ländern, längst schon Teil des Rechtssystems ist –, eine Reform, der jetzt weitere Verbesserungen und nicht Verschärfungen folgen müssen.

Aber nicht nur hier fanden wir einen großen Reformstau und jahrzehntelange Versäumnisse vor. Die meisten Unionspolitiker und sogar einige aus der SPD hatten vor der Einsicht, dass Deutschland seit den sechziger Jahren ein Einwanderungsland ist, vollkommen die Augen verschlossen. Einige sprechen noch immer von »Gastarbeitern« – und denken, dass Menschen, die ihr Arbeitsleben hier verbracht haben, die hier Kinder und Enkelkinder bekommen haben, »Gäste« seien mit vorübergehendem Aufenthalt. Auch ein zeitgemäßes Zuwanderungsrecht war überfällig in der Bundesrepublik und ein Umdenken in einem großen Teil der politischen Eliten, die tatsächlich noch in der Problemwahrnehmung der sechziger Jahre feststeckten. So lagen die Dinge, und so liegen sie teilweise immer noch, auch wenn

Unionspolitiker heute auf »Integrationsgipfeln« erzählen, dass Integration wichtig sei und dass alle anderen blind seien – vor allem diejenigen, die der Union schon seit vielen Jahren händeringend jeden kleinen Reformschritt abkämpfen mussten oder in der Union selbst als »Auslaufmodell« diffamiert wurden, etwa Rita Süssmuth.

Das Zuwanderungsgesetz war neben dem Staatsbürgerschaftsrecht ein zweiter wichtiger Demokratisierungsbaustein in unserer Reformpolitik. Schon beim Staatsbürgerschaftsrecht sind wir davon ausgegangen, dass wir die Einbürgerung erleichtern müssen und nicht neue Hürden aufbauen dürfen. Es ist in unserem Sinne, im Sinne einer stabilen Demokratie, für die Einbürgerung zu werben. Denn die Demokratie gerät ins Wanken, wenn Millionen Menschen hier ihren Lebensmittelpunkt haben, hier leben, lieben, arbeiten – und dann doch ausgeschlossen sind von staatsbürgerlichen Rechten.

Die tatsächlichen Verhandlungen über die erste Fassung des Zuwanderungsgesetzes gehören zu den härtesten, an denen ich je beteiligt war. Sie wurden vom Innenministerium geführt, und Otto Schily zeigte, dass er zu Recht nicht mehr bei den Grünen war. Uns ging es mit diesem Gesetz um die Gestaltung unseres Landes in drei Bereichen: Wir wollten moderne Einwanderungsverfahren, wie zum Beispiel ein Punktesystem, wir wollten ein humanes liberales Asylrecht, und zum dritten wollten wir den Rechtsanspruch auf Integration und entsprechende Förderung der Integration. Führende Sozialdemokraten hatten sich jedoch dafür entschieden, hier nicht zu kämpfen. Sie duckten sich lieber weg. Die Diffamierungen und die Kampagnenpolitik der CDU hinterließen Eindruck.

Besonders enttäuschend war das Verhalten der PDS, die ihr ganz eigenes Süppchen kochte und uns in der schwierigen Situation permanent Verrat vorwarf. Das war nicht nur schlecht für das Reformvorhaben, es war auch heuchlerisch mit Blick auf die eigene Politik. Denn die PDS war in Berlin und in Mecklenburg-Vorpommern an der Regierung und hätte sich über den Bundesrat durchaus entscheidend einbringen können. Doch da, wo sie praktisch etwas hätten tun können, da hielten sich Holter, Gysi und Pau vornehm zurück. Sie ließen sich von Schröder einladen, der sie mit ein paar Zusagen einkaufte. So viel zur Standhaftigkeit der »stärksten der Parteien«.

Aus den wüsten Attacken des konservativen Lagers gegen die doppelte Staatsbürgerschaft zogen wir den Schluss, von vornherein den Konsens zu suchen und realistische und reformorientierte Kräfte der Union mit einzubeziehen. So wurde im Jahr 2000 zunächst die »Unabhängige Kommission Zuwanderung« eingesetzt. Rita Süssmuth, die schon in der Kohl-Ära den Mut hatte, in ihrer Partei auf die Probleme hinzuweisen, übernahm die Leitung. Nun war das Bundesinnenministerium am Zug. Aber dessen Gesetzentwurf griff nur einen ganz kleinen Teil der Vorschläge der Süssmuth-Kommission auf und war von einem wesentlich restriktiveren Geist erfüllt. Im Verlauf heftiger innerkoalitionärer Nachverhandlungen konnten wir viele Verbesserungen durchsetzen.

Im Bundesrat kam es jedoch zum Eklat, wobei nicht zuletzt das Land Brandenburg eine unwürdige Rolle spielte und Roland Koch verabredungsgemäß am stärksten die Fassung verlor. Im Bundesrat gab es eine Patt-Situation zwischen Opposition und Koalition, die auch das Abstimmungsverhalten Brandenburgs kennzeichnen sollte, wobei Sozialminister Alwin Ziel für die SPD mit Ja, aber Innenminister Jörg Schönbohm für die CDU mit Nein stimmte. Der amtierende Bundesratsvorsitzende Klaus Wowereit fragte den Ministerpräsidenten Brandenburgs, Manfred Stolpe, wie sein Land denn abstimme, und Stolpe sprach sich für die Annahme des Gesetzes aus, was Wowereit als Zustimmung des Landes Brandenburg wertete. Die CDU rief jedoch das Verfassungsgericht an, und im Dezember wurde die Annahme durch den Richterspruch der Verfassungsrichter wieder kassiert. Wir waren gezwungen, das ganze Paket erneut zu verhandeln. Und was die CDU nun forderte, hatte mit dem Begriff »Zuwanderung« nichts mehr zu tun, sondern verkehrte ihn in sein Gegenteil.

Edmund Stoiber wollte das Nachzugsalter auf sechs Jahre beschränken und unterbot damit sogar die CDU-Forderung um vier Jahre. Die Anerkennung nichtstaatlicher oder geschlechtsspezifischer Verfolgung wurde in Frage gestellt – und damit eine Annäherung an die politischen Verschiebungen und Verwerfungen des letzten Jahrzehnts und im Übrigen auch an die Praxis in anderen europäischen Ländern. Nach den CDU-Vorschlägen hätten zum Beispiel von den Taliban verfolgte Frauen bei uns kein Recht gehabt, Asyl zu beantragen. Gleichzeitig wurde der saarländische Ministerpräsident Peter Müller, der zumindest vernünftig mit sich reden ließ, von den Rechtsaußen seiner Partei ausgebootet.

Was dann bei den Gesprächen im Vermittlungsausschuss herauskam, war dürftig. Menschen, die aus humanitären Gründen hier leben, haben kaum Anrechte auf Förderungen wie Kindergeld oder Bafög. Die so genannte Kettenduldung wurde teilweise eingeschränkt. Bei dieser Art der Duldung wird eine vorläufige Aufenthaltserlaubnis an die nächste gehängt, so dass es zu einer ganzen Kette von Duldungsbescheiden kommt, die nicht nur für die betroffenen Menschen eine große Unsicherheit schafft, sondern Integration insgesamt verhindert. Duldungsinhaber können von Anfang an und sollen künftig spätestens nach 18 Monaten eine rechtmäßige Aufenthaltserlaubnis erhalten. Aber bei insgesamt 200 000 Menschen, die heute so »geduldet« in Deutschland leben, manche von ihnen seit über zehn Jahren, hätte man sich eine weiter gehende Regelung gewünscht. Spanien zum Beispiel hat in einer umfassenden Amnestie 700 000 Menschen Bleiberecht gewährt. Bei uns dagegen wurde 2005 17 000 Asylberechtigten dieser Status sogar wieder entzogen, die meisten von ihnen kamen aus dem Irak, einem Land, das heute vielleicht unsicherer ist denn je.

Eine ausreichende Öffnung für neue Zuwanderer wurde mit dem Gesetz nicht erreicht. Im Grunde dürfen auch weiterhin nur die einwandern, die schon zuvor einwandern durften, unter anderem Spitzensportler, Spezialitätenköche, Wissenschaftler. Und tatsächlich hat die Zuwanderung im Folgejahr auch abgenommen, nur fünf Prozent der Anträge wurden positiv beschieden. Damit ist Deutschland eines der aufnahmeunfreundlichsten Länder Europas. Und besonders schmerzlich ist, dass die restriktiven Bestimmungen des alten Gesetzes bei den Kriterien für den Nachzug von Ehegatten, der Ortsbindung für Asylbewerber oder auch bei der Abschiebepraxis fortgeschrieben wurden. Andererseits wurde den Landesregierungen die Möglichkeit eingeräumt, Härtefallkommissionen oder ähnliche Stellen zu schaffen, die den Ausländerbehörden in Härtefällen empfehlen, den Betroffenen ein Bleiberecht zu gewähren, obwohl die gesetzlichen Voraussetzungen hierfür eigentlich nicht vorliegen. Und der Status von Asylberechtigten und Flüchtlingen wurde angeglichen: Asylberechtigte und Flüchtlinge nach dem Verständnis der Genfer Konvention erhalten mit der Anerkennung eine Aufenthaltserlaubnis. Damit können sie ihren Aufenthalt jetzt schon nach drei Jahren verfestigen, und die Verfestigung kann ohne Wiederholung des Asyl-Anerkennungsverfahrens erfolgen. Außerdem sieht das neue Recht erstmals einen Rechtsanspruch auf einen Integrationskurs für ausländische Neuzuwanderer aus Drittstaaten vor, deren Aufenthalt auf Dauer angelegt ist. Der Kurs soll ausreichende deutsche Sprachkenntnisse vermitteln und über die deutsche Rechtsordnung, Kultur und Geschichte informieren.

Ich trug dieses Gesetz schließlich mit. Nicht, weil ich es für das modernste Einwanderungs- und Flüchtlingsrecht Europas hielt, im Gegenteil. Ich trug den Kompromiss, weil unter den gegebenen politischen Umständen nicht mehr zu erreichen war mit einer Union, in der waschechte Reaktionäre wie Koch und Stoiber den Ton angaben, und mit einem SPD-Bundesinnenminister Schily, der nicht integrierte, sondern nach Gutsherrenart das Starke-Mann-Gehabe vieler Länderinnenminister der Union kopierte. So wollte man der Union das Wasser abgraben. Auch wenn das besonders pfiffig sein sollte und darstellerisch auf durchaus hohem Niveau geschah, die Ergebnisse dieser Taktik waren für das innenpolitische Klima im Land kontraproduktiv. Der Diskurs wurde weit nach rechts hin verschoben. Der Spielraum für eine an den Werten der Aufklärung orientierte Politik wurde immer enger – mit gravierenden Folgen für die SPD selbst. Die Identitätsprobleme der heutigen SPD gründen ganz wesentlich in der Entscheidung, an dieser wichtigen Stelle auf Unionskopie statt auf den Kampf gegen Populismus zu setzen.

Trotz alledem: So schmerzlich die Zugeständnisse in Einzelfeldern waren, mit dem Zuwanderungsgesetz vollzog sich ein Paradigmenwechsel in der Geschichte der Bundesrepublik. Mit der Verabschiedung des Gesetzes erkennt die Bundesrepublik – einschließlich der Partei, die dieses Land die längste Zeit führte – endlich die Realität an, dass Deutschland ein Einwanderungsland ist. Das ist nach 40 Jahren faktischer Einwanderung und in einer demographischen Situation, in der die Zukunftsfähigkeit der Bundesrepublik stärker denn je von Einwanderung abhängen wird, ein wirklicher Durchbruch. Und beim humanitären Schutz von Flüchtlingen wurden reale Fortschritte erreicht. Die Anerkennung nichtstaatlicher Verfolgung und der Verfolgung aufgrund des Geschlechts als Asylgrund nach der Genfer Flüchtlingskonvention wurde endlich klargestellt und die Rechtssicherheit gegenüber der geltenden Rechtssprechung erheblich verbessert – gegen eine heuchlerische Union, die gerade hier erbittertsten Widerstand leistete, um Joschka Fischer dann wenig später als Zuhälter und Förderer von sexueller Gewalt zu bezeichnen! Menschen, die nicht durch einen Staat und seine Organe – mittelbar oder unmittelbar – verfolgt werden, sondern etwa durch paramilitärische Organisationen, lokale Machthaber in einem Bürgerkrieg oder auch mächtige Familienclans, werden nun als Flüchtlinge anerkannt und erhalten damit einen sicheren Schutzstatus. Flüchtlinge, denen im Falle ihrer Abschiebung Folter, Todesstrafe oder die konkrete Gefahr für Leib und Leben drohen, sollen jetzt regelmäßig eine Aufenthaltserlaubnis erhalten. Wir haben sichergestellt, dass diese »Soll-Vorschrift« nicht in eine »Kann-Regelung« und damit zu einer Ermessensfrage herabgestuft werden kann und dass eine Aufenthaltserlaubnis auch zum Beispiel im Falle von Sozialhilfebezug erteilt wird.

Das große Problem, das es heute mit dem Gesetz gibt, ist seine Auslegung. Die Anwendungshinweise, die in den verschiedenen Länderinnenministerien erarbeitet wurden, bringen fast ausschließlich Verschärfungen, sie beziehen sich fast nie auf die liberalen Bestandteile des Textes. Ich hatte diesem Gesetz nur unter der Zusicherung zugestimmt, dass damit einem Großteil der geduldeten Menschen ein sicherer Aufenthalt gegeben wird. Doch heute wird die Intention des Gesetzes verdreht, und plötzlich werden noch mehr Menschen nach Afghanistan und in den Kosovo abgeschoben. Und während mir als Politikerin auf das eindringlichste geraten wird, aus Sicherheitsgründen nicht in den Irak zu reisen, wird geflohenen Irakis tausendfach der Flüchtlingsstatus aberkannt. Sie werden auf Vorrat ausreisepflichtig gemacht – auf Kosten ihrer sozialen Rechte, der Arbeitsgenehmigung und des Familiennachzugs. Sie werden in jenen Wartestatus gedrängt, den das Zuwanderungsgesetz gerade überwinden sollte. Die Welt, in der der Flüchtling Walter Benjamin verzweifelte, Bertolt Brechts verkehrte Welt, in der Papiere mehr wert sind als der Mensch, das ist die Welt, in der wir immer noch leben.

24. Links ohne Dogma

Für uns Grüne gibt es einen besonderen Maßstab in Sachen Glaubwürdigkeit. Die grüne Partei ist weder Wahlverein noch Lobbyistenverbindung, sie ist eine Programmpartei, die sich ihre Zukunftsprojekte in offenen, intensiven und oft auch kontroversen Diskussionen erarbeitet und diese Entwürfe dann nicht als politische Prosa abheftet, sondern als Grundlage für konkretes Handeln begreift. Weil das so ist, sehen wir und unsere Wähler oft eher den Misserfolg als den Erfolg, wenn wir nur Teilziele umzusetzen in der Lage sind. Die Frage ist dann immer wieder, ob es mehr ist, in der Kompromisssuche mit anderen Parteien hundert Prozent der Forderungen aufrechtzuerhalten um den Preis, dass dabei auch die realisierbaren Teilziele unter den Tisch fallen. Der normative Anspruch an eine Definition von Glaubwürdigkeit, die Inhalte vor Machtanspruch setzt, ist eine besondere Triebkraft grüner Politik. Gleichzeitig macht sie jedoch den politischen Alltag nicht leichter. Das hat sich auch in den rot-grünen Regierungsjahren gezeigt. An vielen Punkten fielen uns Kompromisse schwer. Und ich bin froh, dass sie uns schwerfielen. In der nächsten Zeit wird es auch darum gehen, genauer nachzuzeichnen, wie welche Entscheidungen gefallen sind, wo sie die programmatische Entwicklung beeinflusst haben und wo wir gegensteuern oder inhaltlich weitergehen müssen. Die Wahrhaftigkeit der Politik ist nicht statisch, sie ist dynamisch und komplex. Aber sie darf nicht kriterienlos sein. Die unbequeme Selbstbefragung ist ein Kriterium, an dem sich die Glaubwürdigkeit bemisst. Dazu braucht es programmatische Klarheit ohne Dogmatismus. Rein machtpolitische Debatten um eine Ampel-, Links- oder gar Jamaika-Koalition sind dabei wenig hilfreich. Sie verengen den Blickwinkel auf die Probleme, die grüne Politik vordringlich anzugehen hat. Sie würden eine nüchterne Bestandsaufnahme und die inhaltliche Akzentuierung von grüner Politik lähmen.

Angesichts solcher Debatten wurde ich in letzter Zeit oft gefragt, ob ich mich als »linke Politikerin« bezeichnen würde in Zeiten, in denen starre politische Gegensätze aufbrechen und »links« vielleicht nicht mehr ganz so schick ist. Und jedes Mal antwortete ich: Ja. Was ich mit »links« meine und worauf ich beharre, ist der Kampf darum, den Menschen nicht nur in seiner Anonymität und Verfremdung zu sehen. Links zu sein ist für mich eine emanzipatorische Haltung, die soziale Probleme gerecht, tolerant und solidarisch lösen will. Ganz grundsätzlich geht es mir um Autonomie, um die Kritik von Macht, um den Kampf für ein selbst bestimmtes Leben.

Bei seinem Regierungsantritt Anfang der achtziger Jahre kündete Helmut Kohl neben einer geistig-moralischen Wende einen Kampf um Begriffe an. In den siebziger Jahren hatte es unter Generalsekretär Kurt Biedenkopf in der CDU sogar eine Kommission mit dem Namen »Begriffe Besetzen« gegeben – zu einer Zeit, als andere ja noch Häuser besetzt haben. Seit dieser Zeit besetzt die Union also Begriffe. Sie forderte »Freiheit statt Sozialismus«, stellte fest: »Die Pazifisten haben Auschwitz erst möglich gemacht«, oder propagierte »Hart durchgreifen« (Roland Koch) und »Kinder statt Inder« (Jürgen Rüttgers), sie fuhr zwei »Rote Socken«-Kampagnen (Peter Hintze), als letztes hat sie nun »deutsche Leitkultur« aufgelegt (Friedrich Merz und andere). So weit, so schlecht. Den wirklichen Kampf führen konservative Politiker, um Worte wie »Freiheit«, »Solidarität« oder auch »Europa« einseitig umzuinterpretieren. Freiheit wurde zur neoliberalen Ellenbogenfreiheit, Solidarität von einem höheren, meist ökonomischen, Ziel abgeleitet und Europa mit einem liberalisierten Markt gleichgesetzt.

Heute wird dieser Kampf um Begriffe auch auf einer vermeintlich linken Seite angezettelt. Und dabei geht es vor allen Dingen um die Deutungshoheit des Terminus »links«

selbst. Wer Oskar Lafontaine reden hört und seine Auftritte beobachtet, wer seine Bücher genau gelesen hat, wird erkennen können, was man unter dem Label »links« so alles an reaktionärem Gedankengut verbraten kann. Das Werben für »ein bisschen Folter«, eine ausländerfeindliche Grundhaltung, die Verwendung von Vokabeln aus dem Nationalsozialismus, zu dem die Rede von den »Fremdarbeitern« gehört ebenso wie der Kampf gegen die »Schlammfluten der Fremdwörterei«, der im zitierenden Rückgriff auf Nazi-Ideologen erfolgt, oder auch das Verständnis für eine iranische Atombombe »wegen Israel« – all das macht es mehr als fraglich, ob solche Politik wirklich »links« ist, also für das ökonomisch-soziale und politisch-kulturelle Projekt einer human und gerecht gestalteten Gesellschaft unter den Bedingungen der Globalisierung steht. Mit Lafontaine glauben immer noch viele Linke, dass Gerechtigkeit sich auf Fragen der Verteilungsgerechtigkeit reduzieren lässt. Demgegenüber möchte ich betonen, dass neben den Verteilungsfragen vor allen Dingen Beteiligungsfragen neu zu beantworten sind. Zugang von Minderheiten, Behinderten, Benachteiligten lässt sich nicht immer nur über Geld regeln, sondern muss durch eine umfassende, bürgerrechtliche Politik gewährleistet werden.

Die Gründe für den Fortbestand einer alten politischen Vorstellungswelt liegen unter anderem in den neunziger Jahren, als es in Deutschland trotz aller faktischen Umbrüche eine Stillstandspolitik gab, die Kontinuität fingierte. Manche fanden das beruhigend, für viele war es eine Art komatöser Zustand, eine lähmende Starre. Weitgehender Stillstand in der Bildungs-, Wissenschafts-, Familien-, Integrations-, Umwelt- oder Verbraucherpolitik, die prekäre Finanzierung der deutschen Einheit durch den Griff in die Sozialkassen, die Unterschätzung der neuen globalen Herausforderungen – man lebte mit dem Bild einer bloß erweiterten Bundesrepublik, dem Bild der alten Fernsehwetterkarte, aus der lediglich die innerdeutsche Grenze getilgt war.

Auch der Appell der heutigen traditionellen Linken an die Motive der siebziger Jahre, an die klassischen Reformkonzepte dieser Zeit, liefert keinen brauchbaren Gegenentwurf. Die vorvergangenen Politikkonzepte geben keine hinreichenden Antworten auf die neuen Probleme, auf die Globalisierung, auf den demographischen Wandel, in dessen Verlauf sich der Aufbau unserer Gesellschaft grundlegend verändert. Sie übersehen das Ausmaß der Gefahren für Klima und Umwelt. Und sie gehen an der tief greifenden Pluralisierung vorbei, die unsere Gesellschaft erfahren hat.

Wir haben Verteilungsprobleme, die gelöst werden müssen, das ist richtig. Aber neben der gerechten Verteilung der Güter geht es auch um Geschlechter-, Zugangs- und Generationengerechtigkeit. Es kann auch nicht einfach mehr um eine eindimensionale industrialistische Wachstumspolitik gehen, sondern um qualitatives Wachstum, um die nachhaltige Ökologisierung der Produktion. Eine Politik, die blind Schulden macht und immer mehr Atommüll aufhäuft, führt ins finanzielle und ökologische Desaster, sie ist ungerecht gegenüber den nachfolgenden Generationen. Zu einer linken Politik gehört wesentlich der Einsatz für Nachhaltigkeit, für Klimaschutz und gerechte Globalisierung, für das Verständnis für kulturelle Differenzen und das menschenrechtliche Engagement.

Ich habe eine Berliner Familie kennengelernt, die aus dem Iran geflohen ist. Er war Akademiker, jetzt ist er Taxifahrer. Sie, gelernte Ingenieurin, kam später mit ihrem Sohn nach Deutschland nach. Sie wurden auch umgehend als Flüchtlinge anerkannt, lernten schnell Deutsch und konnten nach der Reform des Staatsangehörigkeitsrechts eingebürgert werden – allerdings nur die Eltern, nicht das Kind.

Wegen der Ablehnung des Einbürgerungsantrages bei ihrem Sohn schrieben sie mir. Sie waren völlig verzweifelt, weil sie das Gefühl hatten, ihre Familie sollte auseinandergerissen werden. Denn wenn der Sohn keine deutsche Staatsbürgerschaft bekommt, würde er irgendwann auch ausgewiesen werden können, so fürchteten sie. Der Grund für die Verweigerung des Antrags auf Einbürgerung war die starke geistige Behinderung des Sohns. Er ist Autist und muss rund um die Uhr betreut werden. Er wird nie reden und sich nie selbst verständigen können. Diesem jungen Mann, zum Zeitpunkt der Einbürgerung war er zwanzig Jahre alt, hat man bei uns eine Sprachprüfung vorgelegt. Wenig überraschend, konnte er den Bogen nicht ausfüllen. Daraufhin wurde der Antrag auf Einbürgerung abgelehnt. Die Eltern nahmen sich einen Anwalt, der mit ärztlichen Attesten belegte, dass der junge Mann nicht sprachfähig ist, auch in seiner so genannten Muttersprache. Daraufhin wurde ein neues Prüfungskriterium eingeführt. Der junge Mann musste belegen, dass er sich selbstständig versorgen könne und in der Lage wäre, ökonomisch auf eigenen Beinen zu stehen. Es wurde im Grunde nichts Geringeres verlangt, als dass ein Autist und geistig Behinderter eine Firma gründet. Die Mutter war kurz davor, vor Angst und Verzweiflung verrückt zu werden.

Als ich von diesem Fall erfuhr, machte ich ihn öffentlich. Ich traf mich mit einem Journalisten des »Tagesspiegel«. Er veröffentlichte die Geschichte dieser Familie und spitzte sie auf die Frage zu, ob unser Staatsbürgerschaftsrecht noch immer nach lebenswertem und lebensunwertem Leben sortiert. Zeitgleich wandte ich mich an die katholische und protestantische Kirche in Berlin und bat sie, etwas für ihren Bruder im anderen Glauben zu tun.

Der Skandal war groß, und mein Ärger mit dem Berliner Innensenator Ehrhart Körting war es auch. Tatsächlich wandte ich mich in einem Interview direkt an ihn und sagte, es sei bei einer Integrationslogik, die unterstellt, dass in Deutschland nur Nichtbehinderte das Recht auf Staatsbürgerschaft haben, nur konsequent, auch meine behinderte Schwester auszubürgern. Das war zugegebenermaßen überspitzt und skandalisierte den Fall bewusst, hatte aber den Erfolg, dass nun auch das ZDF einen Beitrag über diese

Familie drehen wollte. Und innerhalb von zwei Wochen hatte der junge Mann die Staatsbürgerschaft.

War das Politik, oder habe ich mich für einen humanitären Einzelfall eingesetzt? Bei den Defiziten, die unser Staatsbürgerrecht hat, scheint das kein Widerspruch zu sein. Aber für mich hat dieser Fall grundlegendere Bedeutung.

Was macht Politik aus? Die großen Reden auf Wahlkampfbühnen oder bei Parteitagen? Koalitionsverhandlungen oder Gesetzesinitiativen? Oder der Einsatz für Einzelschicksale, für Menschen? Und wenn durch meinen Einsatz die Freilassung eines Unschuldigen einen Tag früher erfolgte – ist das nicht auch Politik?

Ich bin nicht so naiv, Politik auf zwischenmenschliche Begegnung reduzieren zu wollen. Und es gibt nicht nur den einzelnen Fall, es gibt zigtausende von einzelnen Fällen, die die Kräfte der Menschen, die sich engagieren, schnell übersteigen. Aber dennoch darf Politik sich nicht von den individuellen Schicksalen lösen, sonst wird sie zu kalter Technokratie.

Das gilt auch und gerade, weil wir es so oft mit anonymen Systemen zu tun haben, die Individuen und ihre Sorgen nur zu leicht an den Rand drängen. Die Erfahrungen der Einzelnen müssen Ausgangspunkt sein für eine Kritik an Unrecht, das systematisch ist. Ich bin zutiefst überzeugt, dass nicht alle Rechtssysteme ein gleiches Recht haben. Wenn ich gegen die Todesstrafe oder Folter eintrete, dann bestreite ich, dass das Rechtssystem, das sie zulässt, richtig ist. Ich stelle seine Legitimität in Frage. Ich beanspruche für mich, bessere Positionen mit besseren Argumenten zu vertreten als andere.

Was gerecht ist, ist nicht immer auf den ersten Blick zu sagen. Das gilt für einzelne Menschen ebenso wie für Staaten und für Politik. Ob man einen höheren Strompreis in Kauf nimmt, um damit schneller zu einem niedrigeren Kohlendioxidausstoß zu kommen, ob man beim Schutz von einzigartigen Tieren oder Pflanzen an mehr denkt als an den schnellen Euro, an mehr als an das borniete Spiel Ökonomie versus Ökologie, ob man will, dass alle Einkommensarten zur Finanzierung der Sozialsysteme herangezogen werden, oder man der Meinung ist, dass dem Staat bestimmte Zugriffsrechte entzogen bleiben sollen, ob man Hartz IV für einen Schritt in die richtige Richtung oder für einen Fehltritt hält – ständig geht es um die Frage, was gerecht ist und was nicht.

Aber wenn Gerechtigkeit eine Waage ist, dann sollte sie nicht einfach eine Gemüsewaage auf dem Markt sein, bei der es darum geht, die Nadel in der Mitte auszupendeln, sondern eher eine Personenwaage, bei der Ausschlagen eine Zunahme an Gerechtigkeit bedeutet. Es gilt, im Widerstreit der Ansprüche die Perspektive der Nachhaltigkeit zu stärken, die Lösung, in der Ungerechtigkeit aufgehoben wird in Richtung auf eine weitere Lösung, die dauerhaft und für alle tragbar ist. Solche Lösungen gibt es öfter, als die Konflikte des politischen Alltags erahnen lassen. Die Suche nach diesen und der Kampf für solche Lösungen – das ist für mich heute grüne, moderne, linke Politik. Und wenn viele Sozialdemokraten das ähnlich sehen und sich von einem alten strukturkonservativen Industrialismus lösen und wenn wertkonservative Menschen wie Rita Süssmuth, Heiner Geißler oder Christian Schwarz-Schilling für eine offene Gesellschaft, für Menschen- und Bürgerrechte kämpfen, dann kann ich nur sagen: Ich freue mich auf eine spannende und konstruktive Debatte.

Wenn man Recht verändern will, muss man mehr Gewicht in die Waagschalen der Gerechtigkeit legen. Man muss neue Argumente finden, bessere Beispiele suchen, Unrecht aufspüren. Nicht dass jemand eine gute Jura-Ausbildung hat und die Paragraphen des Gesetzes aus dem effeff beherrscht, entscheidet darüber, ob er ein guter Politiker ist, sondern die Schärfe des Blicks, mit der sie oder er Unrecht erkennt. Das sind persönliche Akte, Akte der Erkenntnis, Akte des Widerstandes, die politischen Fortschritt bringen. Nur wenn man riskiert, gleichzeitig persönlich und politisch zu sein, kann man etwas verändern.

Mit diesem Anspruch begibt man sich auf dünnes Eis. »Sühne« und »Rache« sind Rechtsauffassungen, die vor allen Dingen auf persönliche Befriedigung zielen. Da kein Mensch, auch der beste nicht, davor gefeit ist, solche Rachegefühle zu hegen und andere für das an ihm begangene Unrecht sühnen lassen zu wollen, kann der Anspruch, Politik nicht nur als Figur eines Spiels, sondern auch als Person gestalten zu wollen, prekär werden. Wer diesen Anspruch trotzdem hat, riskiert es, persönlich, mit seinem Gewissen, seiner Identität für Entscheidungen einzustehen und für sie zu haften.

Vielleicht bekommt unser Leben, unsere Politik und unsere Gesellschaft durch die Rückbesinnung auf die Ansprüche von Individualität und Selbstbestimmung Richtung und Bewegung. Deswegen halte ich dafür, dass Politik keine bürokratische, leidenschaftslose Angelegenheit ist. Und wenn mir das den Vorwurf einträgt, ich sei zu bunt, zu laut, zu Claudia, dann sind mir solche Urteile allemal lieber als Kantenschleifen und Bindestrich-Existenz.

Bildnachweis

Presse- und Informationsamt der Bundesregierung 18, 19
Kirchberger, Dortmund 2
Manfred Förster 5
Heinrich-Böll-Stiftung, Ulrike Dufner 10
Hermann Verbeek, Euskirchen 11
AKUD/Lars Reimann 21

Alle anderen Fotos: privat

Trotz intensiver Recherchen konnten nicht alle Rechtsinhaber ausfindig gemacht werden. Berechtigte Ansprüche bitten wir an den Verlag zu richten.

»Man muß sich die Kunden des Aufbau-Verlages als glückliche Menschen vorstellen.«

SÜDDEUTSCHE ZEITUNG

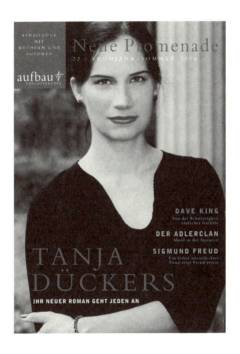

Streifzüge mit Büchern und Autoren:
Das Kundenmagazin der Aufbau Verlagsgruppe finden Sie kostenlos in Ihrer Buchhandlung und als Download unter www.aufbau-verlag.de. Abonnieren Sie auch online unseren kostenlosen Newsletter.

Harald Klimenta
Das Gesellschaftswunder
Wie wir Gewinner des Wandels werden
Mit einem Vorwort
von Wolfgang Kessler
256 Seiten. Gebunden
ISBN 3-351-02629-3

Fortschritt ist nicht gleich Wachstum

Harald Klimenta (»Die 10 Globalisierungslügen«) greift mit diesem motivierenden Buch einen hochaktuellen gesellschaftlichen Trend auf: Er bündelt Ideen und Initiativen, die verdeutlichen, wie jeder einzelne unser Land verändern kann – ob bei »Mehr Demokratie e.V.«, »Attac« oder »Greenpeace«. Als Mitglied im Wissenschaftlichen Beirat der globalisierungskritischen Bürgerbewegung »Attac« zeigt Klimenta, was Bürger, Arbeitnehmer oder kritische Konsumenten erreichen können, die Fortschritt nicht mit Wachstum gleichsetzen und sich für eine zukunftsfähige Zivilgesellschaft engagieren. Das Buch stellt Initiativen und Projekte vor, die das Selbstwertgefühl stärken, ökologischen Belangen Rechnung tragen und gesellschaftlichen Zusammenhalt fördern.

Weitere Informationen erhalten Sie unter
www.aufbau-verlag.de oder in Ihrer Buchhandlung

Richard Wagner
Der deutsche Horizont
Vom Schicksal eines guten Landes
399 Seiten. Gebunden
ISBN 3-351-02628-5

»Zu Deutschland gehört auch ein Traum von Deutschland.«

Marlene Dietrich, das Wunder von Bern, Friedrich Schiller, der Kölner Karneval – was ist deutsch? In seinem fundierten wie geistreichen Buch schreitet Richard Wagner den deutschen Horizont ab. Als brillanter Literat und messerscharfer Analytiker führt er uns vor Augen, wer wir sind und was wir können. Sein Buch ist ein leidenschaftliches wie hochaktuelles Plädoyer für eine tabufreie, selbstbewußte Nation.

»*Der deutsche Horizont* hält den Deutschen vor, was sie alles falsch machen.« SÜDDEUTSCHE ZEITUNG

Von Richard Wagner als Taschenbuch lieferbar:
Ausreiseantrag, Begrüßungsgeld. Erzählungen. AtV 1815
Miss Bukarest. Roman. AtV 1951
Habseligkeiten. Roman. AtV 2245

Weitere Informationen über Richard Wagner erhalten Sie unter www.aufbau-verlag.de oder in Ihrer Buchhandlung

Wolfgang Engler
Bürger, ohne Arbeit
*Für eine radikale Neugestaltung
der Gesellschaft*
416 Seiten. Gebunden
ISBN 3-351-02590-4

Der Weg aus der Krise

Englers Analyse zeigt, wie angesichts des großen Widerspruchs zwischen Produktivität, Wachstum und Beschäftigung Bürger ihre Existenz auch ohne Lohnarbeit sichern und die persönliche Würde wahren können. Der nötige Umsturz unserer Wirtschaftsgesellschaft läßt sich nicht von den politischen oder gesellschaftlichen Eliten bewerkstelligen, sondern hängt vom Willen jedes einzelnen ab. Erst wenn jeder die eigene Urteilskraft wiederentdeckt, finden wir zurück zur Keimzelle des Politischen und können neue Modelle der Lebensführung und des sozialen Zusammenhalts entwickeln.

»**Ein Meister griffiger Formulierungen, der interessante
Betrachtungen mit anregenden Thesen mixt.**«
DEUTSCHLANDFUNK

Mehr von Wolfgang Engler im Taschenbuch:
Die Ostdeutschen. AtV 8053-0
Die Ostdeutschen als Avantgarde. AtV 8113-8

*Weitere Informationen über Wolfgang Engler erhalten Sie unter
www.aufbau-verlag.de oder in Ihrer Buchhandlung*

Egmont R. Koch
Atomwaffen für Al Qaida
*»Dr. No« und das Netzwerk
des Terrors*
Mit etwa 25 Abbildungen
Etwa 352 Seiten. Gebunden
ISBN 3-351-02588-2

Brisante Enthüllungen über hochexplosiven Terror

Immer weitgreifendere Erkenntnisse über die Terrorgefahr durch islamische Fundamentalisten halten Geheimdienste, Politik und die Medien in Atem. Mit seinem Porträt von Abdul Qadeer Khan, dem Vater der pakistanischen Atombombe, wirft der Journalist und Autor Egmont R. Koch ein erschütterndes Schlaglicht auf das tatsächliche Ausmaß der aktuellen Bedrohung.

Egmont R. Koch führte in Islamabad ein Exklusiv-Interview mit Khan. Gestützt auf zahlreiche Quellen aus Politik und Geheimdiensten deckt Koch auf, wie es Khan gelang, die Bombe zu bauen und welchen Profit er aus dem Wissen zog. In den 90er Jahren verkaufte Khan sein Know-how zudem an Libyen, Nordkorea und den Iran. Weitere Staaten wie Saudi-Arabien, Syrien, Taiwan und das Terrornetzwerk Al Qaida stehen im Verdacht, auf seine Offerten eingegangen zu sein.

»**Wir haben das Recht, uns zu verteidigen und unser heiliges Land zu befreien.**«
Osama Bin Laden, Newsweek, Januar 1999

*Weitere Informationen über Egmont R. Koch erhalten Sie unter
www.aufbau-verlag.de oder in Ihrer Buchhandlung*

Recht ist, was den Waffen nützt
Justiz und Pazifismus im 20. Jahrhundert
*Herausgegeben von Helmut Kramer
und Wolfram Wette
Mit einem Vorwort von Hans-Jochen Vogel
Mit 33 Abbildungen
432 Seiten. Gebunden*
ISBN 3-351-02578-5

Pazifisten im Visier der Justiz

Erstmals zeichnen Juristen und Historiker ein Gesamtbild des Verhältnisses von Justiz und Pazifismus im kriegerischen 20. Jahrhundert Fazit des Gemeinschaftsprojektes ist: Im Konflikt zwischen Macht und Freiheit hat sich die Justiz im Kaiserreich, in der Weimarer Republik, im NS-Staat und bis in die jüngste Zeit häufig auf die Seite der Machthaber geschlagen. Sie bediente sich dabei der strafrechtlichen Vorwürfe des angeblichen Landesverrats, der Wehrkraftzersetzung, der Nötigung etc.
Die »kalte Amnestie« für Wehrmachtsjuristen, die Versuche zur Kriminalisierung von Gegnern der Wiederbewaffnung und zur Aushöhlung des Grundrechts auf Kriegsdienstverweigerung verweisen auf die Autoritätsgläubigkeit von Richtern und deren Nachgiebigkeit gegenüber militärischen Interessen auch nach 1945. Aber es gibt dennoch ermutigende Versuche, diese dominante Strömung der Justiz zu durchbrechen.

»**Dem Buch gebührt weite Verbreitung.**« DAS PARLAMENT

*Weitere Informationen erhalten Sie unter
www.aufbau-verlag.de oder in Ihrer Buchhandlung*

Astrid Proll
Hans und Grete
Bilder der RAF 1967–1977
Mit 106 Abbildungen
159 Seiten. Broschur
ISBN 3-351-02597-1

Die RAF und ihre Bilder

Diese aktualisierte und erweiterte Neuausgabe des vielbeachteten Bildbandes von 1998 enthält neben den legendären Motiven erstmals auch die letzten Fotos von Gudrun Ensslin und Andreas Baader, aufgenommen mit einer heimlich ins Gefängnis geschmuggelten Minox.
Astrid Proll reflektiert in ihrem Text neben ihrer eigenen Zeit bei der RAF auch die Bilder, die die RAF inszeniert, beschworen und hinterlassen hat.
Heute ist die RAF »Kult«, die politische Revolte gegen das Establishment wurde zur Grundlage einer reinen Ästhetisierung gemacht. »Prada-Meinhof« hieß das sinnentleerte Schlagwort, viele der in diesem Band versammelten Fotos fanden sich auf T-Shirts und Plattencovern wieder – ein Grund mehr, sich die bedrückende Atmosphäre der »bleiernen Zeit« anhand dieses Bandes wieder zu vergegenwärtigen.

Weitere Informationen erhalten Sie unter
www.aufbau-verlag.de oder in Ihrer Buchhandlung

Gret Haller
Politik der Götter
Europa und der neue
Fundamentalismus
224 Seiten. Gebunden
ISBN 3-351-02608-0

»Geschichtlich fundiert, gedanklich brillant.«

NEUE WESTFÄLISCHE ZEITUNG

Welcher Zusammenhang besteht zwischen dem vom US-Präsidenten gelenkten Kampf gegen den Terrorismus und der Bedeutung von religiöser Identität? Lassen sich Demokratie und Menschenrechte mittels Militärschlägen exportieren? Stellen Christentum und Islam mit ihrem Wahrheitsanspruch die europäische Identität in Frage? Wie läßt sich Streit zwischen den Religionen verhindern? Gret Haller betrachtet die Achtung der Menschenwürde, Rechtsstaatlichkeit und die Stärkung des Völkerrechts als Maßstab für verantwortliches politisches Handeln. Das Buch erörtert, warum es für Europa keine Alternative zur Trennung von Religion und Politik gibt.

Mehr von Gret Haller im Taschenbuch:
Die Grenzen der Solidarität. Sachbuch. AtV 8108-1

Weitere Informationen erhalten Sie unter
www.aufbau-verlag.de oder in Ihrer Buchhandlung

Heiko Engelkes
König Jaques
Chiracs Frankreich
Mit etwa 16 Abbildungen
Etwa 300 Seiten. Gebunden
ISBN 3-351-02598-X

Insider-Bericht über die »Grande Nation«

Heiko Engelkes, langjähriger ARD-Korrespondent in Paris, hinterfragt mit Sachkenntnis, Esprit und feinem Gespür den Mythos von »König Jacques« und berichtet aus dem Zentrum der französischen Macht. Ein facettenreiches Porträt des Staatspräsidenten, das zugleich einen tiefen Einblick in die Geschichte sowie die aktuellen Entwicklungen Frankreichs gibt.

Als eine der schillerndsten Figuren der europäischen Politik repräsentiert Jacques Chirac – nach außen und nach innen – wie kein anderer das Selbstverständnis der »Grande Nation«. Charmeur, Medienprofi und Machtmensch zugleich, inszeniert er sich häufig in der Manier des »Sonnenkönigs« Ludwig XIV.

Eine erhellende politische Analyse mit viel Sinn für das Charisma eines großen europäischen Staatsmannes.

Weitere Informationen über Heiko Engelkes erhalten Sie unter
www.aufbau-verlag.de oder in Ihrer Buchhandlung

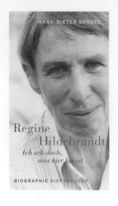

Hans-Dieter Schütt
Regine Hildebrandt
Ich seh doch was hier los ist
Biographie
342 Seiten. Gebunden
ISBN 3-378-01077-0

Die erste umfassende Biographie

Basierend auf unveröffentlichtem Material aus dem Familienarchiv und Gesprächen u. a. mit Günter Grass, Matthias Platzeck, Gerhard Schröder, Manfred Stolpe und Richard von Weizsäcker.
Regine Hildebrandt war nach der Wende die beliebteste Politikerin Ostdeutschlands. Wortgewaltig setzte sie sich als Anwältin der kleinen Leute ein – oft eigenwillig und umstritten. 2001 starb Regine Hildebrandt. Hans-Dieter Schütt geht Fragen nach, die uns ihr Lebensweg aufgibt: Was trieb sie, die von sich behauptete, unpolitisch zu sein, in die Politik? Woher nahm sie die Energie, zu jeder Zeit für alle dazusein? Die Biographie ist auch ein Bekenntnis zu jenen ungeschminkten Wahrheiten, für die Regine Hildebrandt stand.

»Sie war ein Original im eigentlichen Sinne des Wortes: einmalig und unverwechselbar!« NORBERT BLÜM

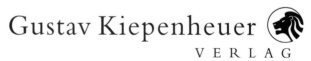

Mehr Informationen über erhalten Sie unter
www.aufbau-verlag.de oder in Ihrer Buchhandlung

Che
Der Traum des Rebellen
Hrsg. von Fernando Diego García
und Oscar Sola
Mit einem Essay von Matilde Sánchez
Mit 399 Fotos
Broschur, 240 Seiten
ISBN 3-352-00647-4

»Ein einzigartiges Porträt des großen Rebellen.« ORF

Diese reichhaltige Dokumentation ist mit keiner aktuellen Biographie zu vergleichen: 400 Fotografien zeichnen wie ein Drehbuch Che Guevaras Weg nach. Ausschnitte aus seinen Tagebüchern sowie Zeugnisse namhafter Schriftsteller und politischer Persönlichkeiten verbinden sich zu einem einzigartigen Porträt dieser legendären Polit-Ikone des 20. Jahrhunderts.

»Ein Muss für alle, die Che noch immer in seinen Bann zieht, für alle anderen sowieso!« SAARBRÜCKER ZEITUNG

»Diese reichhaltige Dokumentation ist mit keiner anderen Biografie Che Guevaras zu vergleichen.« NEUES DEUTSCHLAND

»Ein Buch, das mehr als eine Biografie ist. Mit überraschenden Fotos.« FF DABEI

Rütten & Loening

Mehr Informationen erhalten Sie unter
www.aufbau-verlag.de oder in Ihrer Buchhandlung